禅門《ぜんもん》に入《いり》しより、
僧都《そうず》玄賓《げんぴん》の跡《あと》を追《お》ひ《い》……

〈貞心尼《ていしんに》筆『蓮の露』より〉

もくじ

第一章　良寛《りょうかん》最後の弟子 貞心尼《ていしんに》……1
第二章　釈良寛《しゃくりょうかん》と河井継之助《かわいつぎのすけ》……15
第三章　古《いにしえ》から変《か》わらないもの……29
第四章　行基菩薩《ぎょうきぼさつ》……51
第五章　玄賓《げんぴん》（隠徳《いんとく》のひじり）と空海《くうかい》（真言宗開祖《しんごんしゅうかいそ》）……69
第六章　玄賓僧都《げんぴんそうず》の伝承《でんしょう》……87
第七章　玄賓《えんぴん(げんぴん)》さん 備中《びっちゅう》での言い伝《つた》え……105
第八章　徳翁良高《とくおうりょうこう》（円通寺開山）……123
第九章　良寛　円通寺へ……139
第十章　洞松寺《とうしょうじ》（沙門良寛《しゃもんりょうかん》 竹篦《しっぺい》と椀頭《わんじゅう》のお役《やく》を）……157
第十一章　長川寺《ちょうせんじ》（沙門良寛 年始《ねんし》の挨拶《あいさつ》を）……167
第十二章　長連寺《ちょうれんじ》（沙門良寛 国仙和尚に年始の挨拶を）……179
第十三章　大通寺《だいつうじ》（沙門良寛 玄賓庵跡《げんぴんあんあと》へ）……189

第十四章　僧都玄賓《そうずげんぴん》のあとを追《お》い
（湯川寺《とうせんじ》・大椿寺《だいちんじ》・四王寺《しおうじ》・定光寺《じょうこうじ》・松林寺《しょうりんじ》・臍帯寺《ほそおじ》）……209
第十五章　良寛　坐禅石《ざぜんいし》（玉島　円通寺境内）……231
第十六章　越後《えちご》へ帰った良寛様……253
第十七章　てまり上人《しょうにん》　はるかな道へ……273
おわりに……283
巻末附録
（備中良寛《びっちゅうりょうかん》さんこころの寺巡《てらめぐ》り・五ヶ寺《ごかじ》）……296
①円通寺……296
円通寺境内　白華苑《はっかえん》　良寛様坐禅石……302
漫画「補陀洛山圓通寺　圓通寺物語」南一平作画……312
円通寺境内　西国三十三か所巡り……313
第二十三番施主　井上家について……322
良寛椿の会のホームページ……327
②長連寺……328
③洞松寺……333
④大通寺……338

⑤長川寺……344
（備中《びっちゅう》での玄賓僧都伝承）……349
①臍帯寺……349
②湯川寺（定光寺末寺）……350
③定光寺……351
④四王寺……352
⑤大椿寺……354
⑥松林寺（深耕寺末寺）……356
⑦玄賓庵跡《げんぴんあんあと》（大通寺末）・倉見池《くらみいけ》・山野神社《やまのじんじゃ》・僧都橋《そうずばし》など……358
（本文に出てきたその他のお寺）……361
①妙泉寺《みょうせんじ》……361
②観照寺《かんしょうじ》……362
③圀勝寺《こくしょうじ》……363
（貞心尼自筆『蓮の露』より）……364
（河井継之助と玉島）……367
参考文献・資料・絵の模写先……375

第一章　良寛《りょうかん》最後の弟子　貞心尼《ていしんに》

たった四年ほどの間でしたのに、実に多くのことをお教え下さった……、まことに不思議なご縁だった、と良寛禅師最後の弟子、貞心尼は感慨深く空を見上げました。

「ふぅ……」

貞心尼《ていしんに》は長く静かに息をはき、硯《すずり》のそばにそっと筆を置きました。

庵室《あんしつ》には墨《すみ》の香りがただよっています。

『蓮《はちす》の露《つゆ》』という題の一冊、最後の一文字《ひともじ》を書き上げたのでございました。

まだ墨の乾かぬ文字。

貞心尼は目が潤《うる》んでくるのがわかりました。

「やっと。やっと、書き上げることができました」

そうつぶやく声は、かすかに震《ふる》えています。

天保六年（一八三五年）、五月《さつき》の一日《ついたち》の日《ひ》。

この日に書き上げた『蓮の露』は良寛禅師と貞心尼との間で交わされた相聞歌集ともいうべきものでした。貞心尼は三十八歳になっておりました。

天保二年（一八三一年）正月六日に七十四歳で良寛禅師が遷化なさってから、四年の月日が経っていました。

世に良寛禅師は名高く、漢詩、和歌、俳句などを通して、その徳の高さは人々に知られておりましたが、貞心尼が訪庵の折に良寛禅師と交わした歌がすべて世に残るはずもなく、また、忘れ去られてしまうかもしれない良寛禅師の歌がほかにもあるかもしれぬ、と思い、いろいろなところへ行っては良寛様の歌を集めたりして、一冊の本にすべく、筆を染める気持ちになったのでございました。

別段、何も所有なさろうとはしなかった良寛禅師は、唯一、師国仙和尚から賜った印可の偈《げ》（お寺の修行の卒業証書のようなもの）を生涯肌身離さず、持っておられました。それと同じような思いで、貞心尼は『蓮の露』を著したのです。

まず、良寛禅師の略伝から始まり、良寛様の歌、貞心尼との唱和の歌、山田静里翁《やまだせいりおう》が『蓮の露』と名づけて下さったこと、「良寛禅師戒語《かいご》」（九十ヶ条）が記され、「雁島《がんじま》なる稲川《いながわ》惟清翁《これきよおう》の書《かき》そへ《え》しこと葉《ば》」（あとがき）で結ばれています。すべて貞心尼の自筆。良寛様が「秋萩帖《あきはぎちょう》」（和歌の書写や中国 東晋《とうしん》時代の書家 王羲之《おうぎし》の手紙の臨書《りんしょ》などの、平安中期の小野《おのの》道風《とうふう》や藤原行成《ふじわらのゆきなり》 筆跡《ひっせき》と伝わる本）を手本になさっておられるのを知り、貞心尼も懸命にその字を学び取ろうとした日々がありました。

『蓮の露』一巻《ひとまき》には、その心も込められているのでございましょう。

思い返せば、良寛禅師に教えを請いたいと、文政十年（一八二七年）亥歳《いのししどし》の四月十五日頃。良寛禅師がお暮らしという三島郡《さんとうぐん》 和島村《わしまむら》の木村家《きむらけ》庵室《あんしつ》に、閻魔堂《えんまどう》（古志郡《こしぐん》 福島村《ふくしまむら》・現長岡市《ながおかし》 福島《ふくしま》）から、はるばる五里（約二十㎞）の道のりをやって来たのでした。

道中には与板《よいた》の塩之入峠《しおのりとうげ》があり、そこを越えねばたどり着けません。

女性の身で、一人で良寛様を訪ねて行ったのでした。

良寛様は「手まり上人」などと呼ばれ、村の子供たちと手毬をついているということでした。貞心尼は修行の合間をぬって、良寛様のために手まりを作りました。その手まりを持って、塩之入峠を越えたのです。

「この手毬をお喜び下さるかしら、それとも、私とはお会いして下さらないかしら……」

まだ見ぬ良寛様のお姿を想像し、期待と不安の入り混じる貞心尼でございました。

木村家に着き、良寛様にお会いしたい旨を伝えました。しかし、良寛様は寺泊《てらどまり》の照明寺《しょうみょうじ》密蔵院《みつぞういん》にお出かけになっておられるとのことでした。木村家庵室はもぬけの殻《から》でした。

そこで貞心尼は持参の手まりに和歌を添えて木村家に預かっていただくことにしました。古来、和歌とは何かに添えて、例えば、正月早々であれば、若菜に添えて、梅の季節には梅の一枝に、桜の季節には桜の一枝に添えてそれに因む一首を紙に書いて贈るものでございました。貞心尼は、

これぞこの　仏《ほとけ》の道《みち》に遊《あそ》びつつ　つくや尽《つ》きせぬ　御法《みのり》なるらむ

（これこそがあの仏道に遊戯《ゆげ》（心にまかせて自由自在に振る舞うこと）しつつ、手まりをつくのでしょうか、それは尽《つ》きることのない御法（仏法）なのでございましょう）

〈貞心尼の歌『蓮の露』より〉

という一首を手まりに添えたのでございました。

良寛様がご不在だったのが残念なような、ほっとしたような。
兎《と》も角《かく》も貞心尼は、帰路につきました。

六月になってからようやく、良寛様は木村家庵室に戻って来ました。貞心尼からの手まりと和歌を受け取ったのでした。

ここへ来られたのは、卯月《うづき》（四月）十五日のことであったという。望月《もちづき》（満月《まんげつ》）の日にお越しだったのか、と会ったことのない尼僧を思い浮かべました。

その手まりをじーっと見ては、和歌を声に出して読み上げました。

「この和歌の調べ、並の人物ではあるまい」

心を込めて作られた手まりであることが良寛様にはわかりました。

仏道を求め、御法を求めている。「御法」とは、『源氏物語』第四十帖の巻名でもある。「法華経」の声響く一巻《ひとまき》。主人公、光源氏と苦楽を共にした紫の上が露のように消え入っていく巻。『源氏物語』は仏教の話でもあります。おそらく貞心尼は『源氏物語』にも造詣が深いのでありましょう。一求道者《いちぐどうしゃ》として。

良寛様は貞心尼に返歌をいたしました。

つきてみよ　一二三四五六七八《ひふみよいむなや》　九十《ここのとお》 十《とお》とおさめて また始《はじ》まるを

〈あなた様も思いきって手まりをついてごらんなさい。一二三四五六七八《ひふみよいむなや》　九十《ここのとお》と。十《とお》とつき納め、唄い納めて、また一から始まるのですね〉

〈良寛禅師の歌『蓮の露』より〉

貞心尼はこの和歌を受け取り、再び木村家庵室へと足を運びました。

良寛様と貞心尼の間には手毬《てまり》がひとつ、ありました。

「良寛様、御返歌をありがとう存じました。私も手まりをご一緒につきたく存じまして、本日は馳せ参じました」

「さようでございますか。塩之入峠《しおのりとうげ》を越えてのご来訪とか」

「はい。その道のりが楽しゅうございまして」

「それこそ、遊戯《ゆげ》でございますね」

遊戯とは、菩薩が自由自在に人を導き、それによって自ら楽しむことです。たとえそれが辛いことであっても、嫌なことであっても、それが必要ならば「為すことを楽しむ」のです。どんなことでも、楽しそうに融通無碍《むげ》に行う、はたから見れば、楽しそうでも、本人が苦しければ、遊戯ではありません。はたから見て苦しそうでも、本人には楽しいばかり、ということがあります。それが遊戯の境地です。発する心が清らかであれば、何でもなくなるのでございます。

「拙僧の手まりつきを、遊び、と表現なさった。遊戯三昧《ゆげざんまい》と？」

「私も、その遊戯三昧にお導きいただきたく存じまして。つきてみよ、と良寛様はお詠み下さいました。弟子としてついて行くことをお許し下さったものと」

貞心尼はにっこりしました。

ここから、貞心尼は良寛禅師について修行をすることになったのでした。

人生は、会うべく人に会うべき時に出会う、と言います。

貞心尼にとって、良寛様はまさに会うべき師匠でした。

そして良寛様にとっても貞心尼は、この時に出会うべき弟子だったのです。

初めてお会いしたのは貞心尼三十歳、良寛様は七十歳のときでした。

貞心尼は、良寛様のところへ通っては、禅を組み、求法《ぐほう》の日々を送りました。

その間、四年ほど。

いろんなやりとりも思い出になりつつ、

うらを見せ　おもてを見せて　ちるもみぢ
（裏を見せ、表を見せて、散る紅葉であることよ）

の一句を残して、天保二年（一八三一年）正月六日、雪の日、良寛禅師が遷化なさいました。


あれから、四年が経ち、貞心尼筆の『蓮の露』の冊子が完成したのでした。

『蓮の露』という題の本ですが、表紙には何も書かれていません。そこが貞心尼らしさかもしれません。

この本はずっと肌身離さず持ち続けるつもりなのでございます。良寛禅師にとっての印可の偈のごとく。

書いた文字を追えば、良寛様との日々が心に鮮やかに思い浮かぶのです。
その時の季節。その時の花の香り。良寛禅師の笑顔。

『蓮の露』冒頭は良寛様の略伝です。

良寛禪師《りょうかんぜんじ》と聞《きこ》えしは、出雲崎《いずもざき》なる橘氏《たちばなし》の太郎《たろう》のぬしにておは《わ》しけるが、十八歳といふ《う》年に、かしらおろし給《たま》ひ《い》て、備中《びっちゅう》の國《くに》玉嶋《たましま》なる圓通寺《えんつうじ》の和尚《おしょう》國仙《こくせん》といふ《う》大徳《だいとこ》の聖《ひじり》におは《わ》しけるを師《し》となして……

（良寛禅師と世に聞こえた方は、出雲崎の橘氏の長男でいらっしゃったが、十八歳という年に、頭を下ろしなさって、備中の国、玉島の円通寺の国仙和尚という大徳の聖（徳の高い聖僧）でいらっしゃった方を師匠として……）

という書き出しです。
そのあと、良寛禅師の和歌や俳句を連ねています。
中には、

新池《あらいけ》や　蛙《かわず》飛《と》び込《こ》む　音《おと》もなし

（新しい池には、蛙の飛び込んでくる音もしない）

という一句もあります。これは、松尾芭蕉の「古池や　蛙飛び込む　水の音」を踏まえています。国上山の五合庵の裏に清水の湧き出る瓢箪の形をした池がありました。この瓢箪池には飛び込む蛙もいない、というので詠んだともいわれています。もし良寛様は、自分の進んでいる仏道の新池に飛び込んでくる弟子がいない、訪ねて門を叩く音がしない、という意味も肚にあったとすると、貞心尼はその新池に飛び込んだ、ということになりましょう。

良寛様ご自身、尊敬すべき方を訪ねて行脚をした若き日々がありました。それが古《いにしえ》の方ならば、その古蹟《こせき》を訪ねたのでございました。そうして、何かを一つずつ、肌で感じ取っていったのでございました。『蓮の露』のあとがきに、こんな一文があります。

家《いえ》を捨てて、禅門《ぜんもん》に入《いり》しより、僧都《そうず》玄賓《げんぴん》のあとをおひ《い》、増賀（僧伽《そうぎゃ》）、聖《ひじり》の古《いにしえ》を慕《したい》ひ、ひたぶるに名利《みょうり》を厭《いと》ひて、身《み》をなきものに思《おも》ひ捨《す》て、ここに住《す》み、かしこに隠れて……

（良寛禅師は）実家を捨てて、禅門に入って出家してから、玄賓僧都《げんぴんそうず》の軌跡《きせき》を辿って、僧や聖の古を慕い、ひたぶるに名利を嫌い、身をないものに思い捨てて、ここに住んだり、かしこに隠遁したりして……）

良寛様は、修行時代、玄賓僧都という先人の行いの跡を追いかけた日々があったのでございました。玄賓僧都は世俗的な名利を嫌って隠遁した聖です。

良寛様もまた名利を嫌い、隠遁したのは、玄賓僧都の影響があるのでございましょうか。

貞心尼は、越後ではあまり耳慣れぬ「玄賓僧都」にも思いを馳せるのでございました。

それは、良寛様のお導きでもありました。

第二章　釈良寛《しゃくりょうかん》と河井継之助《かわいつぎのすけ》

くやしくて地団駄《じたんだ》を踏《ふ》むか、くやしさをばねにして再起をはかるか。人としてどちらを取るのか。河井継之助（一八二七年～一八六八年）は、くやしさを糧《かて》として飛躍していく風雲児。良寛様の影響を受けた一人。

継之助は越後 長岡藩士《ながおかはんし》 河井《かわい》家の長男として文政十年に生まれました。父 代右衛門《だいうえもん》は長岡藩 九代藩主 牧野忠精《まきのただきよ》公（一七六〇年～一八三一年）と十代藩主　牧野忠雅《ただまさ》公（一七九九年～一八五八年）に勘定頭《かんじょうがしら》として仕えました。

父には、もう一つの顔がありました。茶道 宗偏流の茶人。その宗匠名は「聴松庵《ちょうしょうあん》」といいました。河井家の庭に二本の松があり、その松風の音を聴きながら御茶の一服を楽しむという風流人。この聴松庵へ越後の奇僧といわれた良寛様が、時折来訪されました。河井家での良寛様の漢詩も残っているのです。

聴松庵《ちょうしょうあん》を　訪《とう》ふ　　僧《そう》　良寛《りょうかん》

（「聴松庵」（長岡の河井家）を訪ねる）　　（僧　良寛）

托鉢《たくはつ》して この地《ち》に来《きた》る　冷秋《れいしゅう》　八月《はちがつ》の秋《とき》
（托鉢してこの地にやって来た。　冷秋、八月の秋）

地寒《ちさむ》くして 荷葉《かよう》枯《か》れ　天高《てんたか》くして 蝉聲《ぜんせい》 収《おさ》まる
（地は寒くて　蓮の葉は枯れ、天高く、蝉の声は静かになる）

我《わ》が性《せい》 嗜《たしな》む所《ところ》無《な》く　起座《きざ》 思《おも》ひ《い》 悠々《ゆうゆう》たり
（私の性分は嗜む所も無いが、　起座して心は悠然とする）

時《とき》に 自《みずか》ら 書帙《しょちつ》を探《さぐ》れば　萬目《まんもく》 都《すべ》て 牀頭《しょうとう》
（時にみづから書物を探し出すと、見渡す限り皆、枕元にある）

蝉の声も止んだ八月、蓮の葉も枯れ、少し寒い頃、良寛様は「聴松庵」へやって来て、何か本を探し出して読みふけっています。それほど、聴松庵、代右衛門とは親交が深かったのです。この時に読んでいた書物は、一説に、「法華経」ではなかったかともいわれています。

父と気心の知れた良寛様に継之助は幼い頃、会っています。といいましても、赤ん坊の頃か、三歳前後のことですので、継之助はとんと覚えておりません。

まわりの者がそういうので、会ったことがあるのだろうと思うだけです。

ただ、そういえば、何か得も言われぬ雰囲気のお坊さんに会ったような記憶もかすかにあって、それが良寛様だったとしたら、継之助は納得できるのでした。

天保二年（一八三一年）一月六日に七十四歳で良寛様が遷化なさった時、継之助は四歳でした。

それから半年後の七月十日、牧野忠精公が七十二歳で亡くなりました。七歳で牧野家当主となったその在位中は、多くの難題があり、さらに天明《てんめい》四年（一七八四年）の天明の大《だい》飢饉《ききん》や、それによる疫病蔓延《えきびょうまんえん》、文政《ぶんせい》十一年（一八二八年）十一月十二日の三条《さんじょう》大地震という自然災害などがあり、苦慮《くりょ》の連続でした。

そんな忠精公は文化五年（一八〇八年）に藩校の崇徳館《そうとくかん》を開校した名君でもありました。この崇徳館には十歳をすぎた頃から継之助も通い出しました。崇徳館の都講《とこう》、高野松陰《たかのしょういん》に継之助は学び、影響を受けます。高野松陰は佐藤一斎《さとういっさい》（一七七二年～一八五九年）の塾頭をしたこともある長岡藩士です。佐藤一斎の塾生として山田方谷《やまだほうこく》（一八〇五年〜一八七七年）と佐久間象山《さくましょうざん》（一八一一年〜一八六四年）もおります。継之助は、松陰から方谷や象山の話を耳にし、教えを請いたいという思いをこの頃から抱いていたのかもしれません。

継之助は二十三歳の時、十六歳のすがを妻に迎えます。その妻に「江戸は山一つ、川一つ越えれば」と言い残し、二十五歳のとき江戸に遊学。佐久間象山の門下生になります。継之助は強情で傲慢、という印象がありました。天下の佐久間象山に対しても、継之助の態度は変わりませんでした。

良いと信じることは、良い。そうでなければ、悪い。相手がたとえ師匠でも、それは曲げない。それが継之助でした。

しかし、社会では、自分は正しいことを、ただ、正しいと言っているだけなのに、その意見が通りません。身分が高くないから、何を言っても跳ね返されるのでございました。それを嫌と言うほど味わっていた、歳二十八、九の頃、自らの号を「蒼龍窟《そうりゅうくつ》」と名付けました。河井家の庭に高く聳《そび》える二本の松。その二本は屈曲しており、緑濃《みどりこ》き衣笠《きぬがさ》が地をはうようになっていて、臥龍《がりゅう》（諸葛亮孔明《しょかつりょうこうめい》を天にも昇る勢いや能力をもちながら、じっと横になって寝ている龍にたとえた言葉）がいまにも昇りそうな勢いの松でございました。この松に因み、蒼龍窟を号としたといいます。

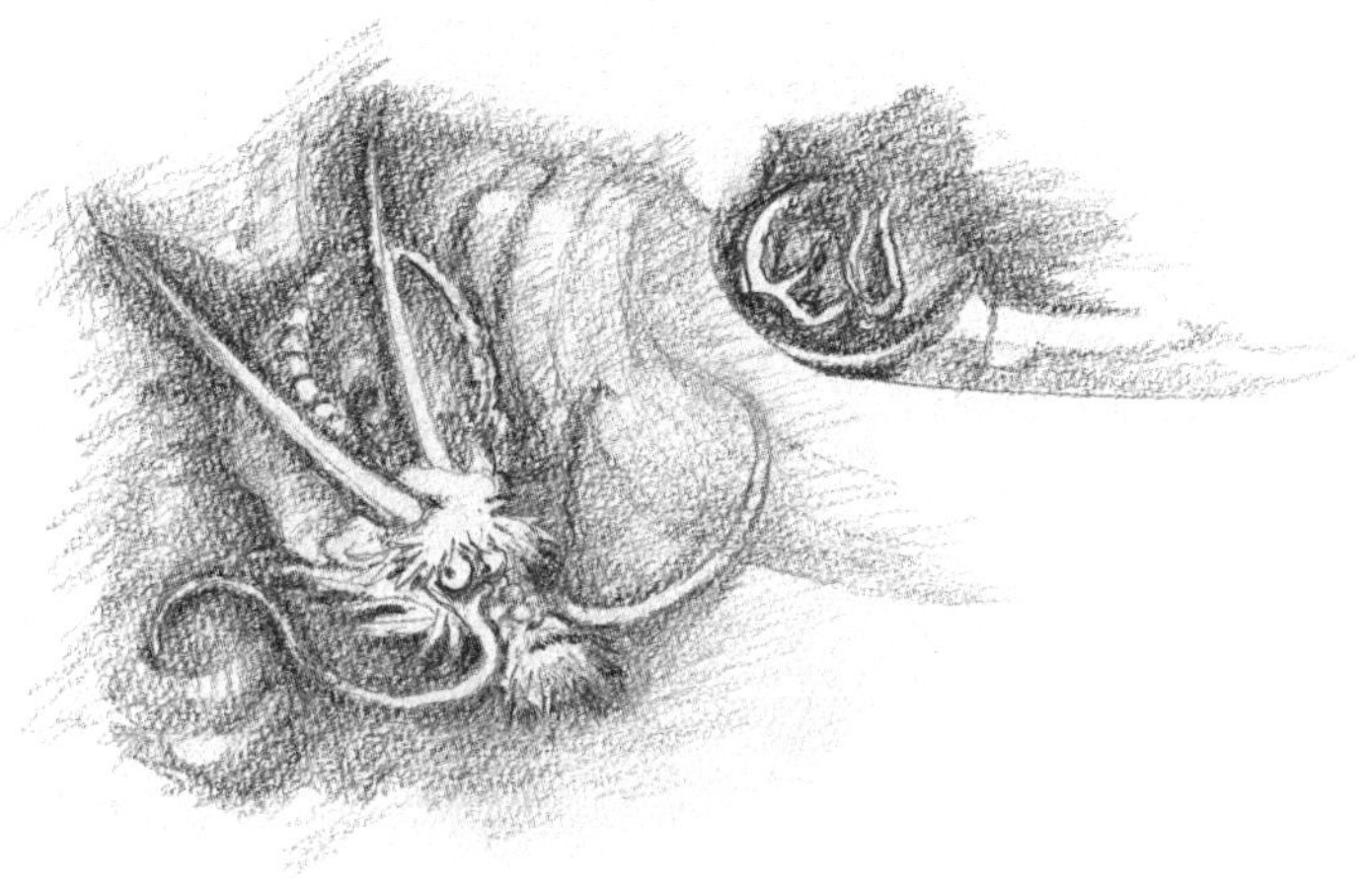

もう一つ、雨龍《あまりょう》を描いていたという九代藩主 牧野忠精公の龍徳院にあやかってのことだとも言われます。忠精公は「雨龍の殿様」とも呼ばれておりました。「雨龍」とは、濁水《だくすい》に棲《す》む幼い龍のことで、角《つの》は持っていません。しかし、竜巻《たつまき》を起こして天に昇るとき、初めて角を生じるのです。瑞雲を従えて。号「蒼龍窟」には、いつの日か「瑞雲よ、来たれ」という願いを込めているのかもしれません。

安政六年（一八五九年）六月七日、三十三歳のとき、継之助は江戸から備中松山（岡山県 高梁市）へ旅立つことになりました。備中松山藩の財政を立て直した立役者、山田方谷に教えを請うためでした。

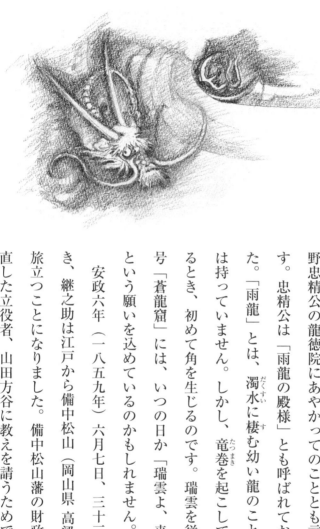

故郷の父から送付された大枚《たいまい》 五十両《ごじゅうりょう》を手に西国へと旅だったのでした。旅日記を自筆で付け始めます。この見聞録を『塵壺《ちりつぼ》（じんこ、とも）』と名付けました。西へ、西へと向います。神奈川では夕方、富士山《ふじさん》が頂を見せ、さらに鎌倉から江ノ島へ行き、そこでは富士山が見え、その喜びを記しています。富士山は古来から霊峰《れいほう》といわれ、役行者《えんのぎょうじゃ》が初めて登ったといわれています。聖徳太子《しょうとくたいし》の逸話《いつわ》や『竹取物語《たけとりものがたり》』にも出て来たりして、憧れの存在でもあり、畏《おそ》れ多《おお》い山でもあります。富士山の姿が美しいので、その形に似る日本各地の山を郷土富士《きょうどふじ》として、それぞれの土地の名前を冠《かん》した別名で呼ばれる山も数多くあります。駿河の富士山が元となっているのです。

そんな富士を江ノ島《えのしま》から遠く望み感動する継之助でした。駿河では富士山に登りたいと思いますが、天候がおもわしくなく断念しています。それを後々《のちのち》までも悔やんだりして、とにかく富士山に対する思いの強さを『塵壺』に書き綴るのでした。駿河《するが》を通り過ぎ、やがて富士山も見えなくなります。「越すに越されぬ大井川《おおいがわ》」といわれた大井川を渡り、名古屋《なごや》、津《つ》、京都《きょうと》、大阪《おおさか》、有馬《ありま》、兵庫《ひょうご》、高砂《たかさご》（姫路《ひめじ》）、赤穂《あこう》と進み岡山《おかやま》へ入るのでした。

そのあとの『塵壺』には、伊部《いんべ》（岡山県 備前《びぜん》）、岡山、備中《びっちゅう》 妹尾《せのお》（岡山県）、倉敷《くらしき》 由加《ゆが》山《さん》、下津井《しもつい》、吉備之社《きびのやしろ》（吉備津神社《きびつじんじゃ》）という文字が見えます。

安政《あんせい》六年（一八五九年）七月十六日、松山《まつやま》（岡山県《おかやまけん》高梁市《たかはしし》）に到着します。

翌、秋晴《あきば》れの十七日、山田方谷に相《あい》まみえ、「方谷先生との日常生活を通して学び取りたい」との胸の内を打ち明けました。山田方谷は河井継之助を門弟《もんてい》に加え、その夜、継之助といろいろな話をしました。その中には佐藤一斎先生の元で、方谷と同門であった佐久間象山のこともありました。

十八日には文武宿《もんむやど》「花屋《はなや》」に宿をとりました。ここは継之助のような他藩から勉強をしにきた者が泊る専用の宿泊所でした。

十九日には松山藩の学問所「有終館」へも出向きました。

八月三日、晴れの日に「水車《すいしゃ》」へと移ります。水車があるので水車という通称なのですが、ここは方谷先生の政務中《せいむちゅう》の住居で、藩公《はんこう》の別邸《べってい》を方谷先生が住まいとしていたのでございます。

この頃の方谷先生は「水車」と「長瀬《ながせ》」（現 方谷駅）を往復しておられました。

長瀬のご本宅が、松山城下《まつやまじょうか》からは遠いので、「水車」との往復をしていたのでございます。
元、山田方谷先生は備中 松山領 阿賀郡 西方村のお生まれで、山田家の菩提寺はすぐ近くの定光寺でございます。定光寺は玄賓僧都 開山のお寺で、方谷は小さい頃からよくこのお寺に出入りしたといいます。四歳の時に父が作った大きな板額に「天下太平」という立派な四文字を書き記したということです。このような板額は木野山神社にも奉納されました。方谷は長じて、文政八年（一八二五年）、佐藤一斎の門に入り、懸命に勉学に励み、帰藩後、藩校 有終館の学頭になりました。その後、藩主 板倉勝静《いたくらかつきよ》（一八二三年〜一八八九年）の信を得て、藩政改革を断行し、松山藩の逼迫していた財政を八年で十万両の借財を返却し、返って十万両の蓄財を備えることに至ったのでした。その名声は全国に広がりました。

そうして、各地から方谷の元で学びたいという若者が松山へやって来るようになったのです。まさに「桃李《とうり》もの言《い》わざれども、下《した》自《おのずか》ら蹊《みち》を成《な》す」、山田方谷の徳望を慕って多くの人が自然に集まってきたのでございました。

その一人が、河井継之助だったのです。「水車」で暮らすようになった継之助は、色々な人と出会うことにもなりました。その内の一人が三島中洲《みしまちゅうしゅう》（一八三一年〜一九一九年）、のちに二松学舎《にしょうがくしゃ》の創設者《そうせつしゃ》となる人物です。

八月十一日のこと、「水車」に三島中洲がやってきたので、山田方谷先生と三人で茄子や玉子を肴に互いにお酒を酌み交わしながら、にぎやかに話に興じるという楽しいひとときもありました。

継之助は色々と見聞を広め、日々、方谷先生や三島中洲などと交わりながら二ヶ月が過ぎようとしておりました。

九月十七日、山田方谷先生は江戸へ発《た》たれます。継之助は、これを機に西国に旅をすることにしました。翌朝出発し、松山川《まつやまがわ》（高梁川《たかはしがわ》）に沿って川岸の道を歩き進み、美袋《みなぎ》より川を渡って少し山道を歩いて行くと、我が越後の蒲原平野《かんばらへいや》などからすれば小さいものにしかすぎないのですが、久しぶりに広々としたところへと出たのでありました。山陽道《さんようどう》の本道へ出て、二里（約八㎞）ほど西へ入って、松山川が瀬戸内海《せとないかい》に流れ注ぐ玉島というところに着きました。その日は「小島屋《こじまや》（児島屋《こじまや》）」に泊りました。翌日、家が千軒といわれる玉島を見物します。

羽黒《はぐろ》の社《やしろ》（羽黒神社《はぐろじんじゃ》）に上がってみました。そこからは新町《しんまち》の通りがまっすぐに見えます。この道は柏島《かしわじま》につながっていき、円通寺《えんつうじ》へと続きます。この一本の道を境に、瀬戸内側に北前船《きたまえぶね》などが、その逆側に高瀬舟《たかせぶね》などが着くようになっていて、玉島の港が大いに繁栄することになったのでした。じっと見据え、『玉島という町は、さほど広いというところではないけれども、思っていたよりも賑やかさがあって、意外と好い所だ。引き潮《ひしお》の時は海水の水位は低いけれども、満ち潮《みしお》ともなると逆に両岸の石垣の上の方まで上がってくる。潮の干満の差がこれほどまでに激しいとは』継之助は玉島をするどく観察したのでした。

継之助は羽黒神社をおりて新丁《しんまち》（新町《しんまち》）を通り円通寺へ行きました。円通寺は山の頂の方にある禅寺で、庭の大きな石、古松、遠くは讃州《さんしゅう》（讃岐《さぬき》）の諸山、近くには瀬戸内の幾つもの小島が一望出来ました。

「なんと景色が素晴らしいのだろう」と独り言を言いながら背伸びをしました。

「あそこが、景色が最も良さそうだ」と思いながら丘のような所に出ました。

そこに立ち、悠然と瀬戸内海を眺めた継之助は、「あっ」と小さく叫びました。

「讃岐《さぬき》富士《ふじ》だ」胸が高鳴りました。富士と名の付く山を見ると不思議に力が湧いてくるのでした。円通寺境内から眺めた讃岐富士はこれまで眺めた富士山と見間違う程にも思えました。その丘にある石の上に腰を下ろして、暫く休《やすら》うのでした。「久しくこの様な晴々として心地の良い風景を見ることがなかったなぁ」と、殊の外感動し、楽しい思いに浸ったのでありました。

　この円通寺は、良寛様がお若い頃修行なさったところ。まだ幼い頃だったけれど、その良寛様にお会いしたことがあったという。長じて良寛様のすごさに気付いた日がありました。ただ、子どもと手まりをついて遊んでいたお坊さん、という印象でした。しかし徹底して騰々任運の境地でおられたそのすごみ、並では実践しえない傑物だと気付いたのでした。

継之助が時折口に出す言葉「我が北越の三豪傑。それは上杉謙信、酒呑童子、釈良寛だ」この言葉の通り、継之助にとって良寛様は豪傑なのでした。

継之助は讃岐富士を再び見つめました。周りの島々も、瀬戸の波も、青空も、雲もここから見える景色は、みな良寛様が修行なさったころから何も変わってはいまい。いや、もっと昔からこの景色は変わってはいなかったのではないか。空を見上げて心が洗われるような気がする、その思いも変わってはいないような気がする。少なくとも、ここに吹く風は変わらないはずだ。

風が吹かなくなったことは一度もない。太古の昔からずっと風が吹き続けている。今頬に受ける風は良寛様も受け、もっとずっと、昔の古代の人々も受けていたはずだ。そう、古《いにしえ》から人は明日に希望を託し、ささやかな喜びを糧《かて》に生きてきた。その未来の突先に、今自分はいるのだ。

継之助は、悠久の時を感じながら、全身で風を受けていました。

真っ直ぐに未来を見つめています。

瀬戸内海を背に、継之助の着物は風にはためいていたのでございました。

第三章　古《いにしえ》から変《か》わらないもの

　ほっとする心を求め、人はその時その時代を生きているのかもしれません。それははるか昔から何も変わってはいません。何かを求め、信じ願う心。

お釈迦様はその方法をお伝え下さいました。仏教です。

天竺（印度）で起こった仏教が中国に渡ってきたのは、後漢（二五年～二二〇年）の永平一〇年（六七年）の頃といわれ、東晋の時代（三一七年～四二〇年）には白蓮社《びゃくれんしゃ》が結成されるに至ります。この頃から中国での仏教は盛んになります。

　唐（六一八年～九〇七年）の時代になり、ますます盛んになっていきました。

　舒明二年（六三〇年）八月五日、日本から第一次遣唐使が派遣されます。

　この時の唐の皇帝は太宗（李世民《りせいみん》）（五九八年～六四九年）で「貞観《じょうがん》の治《ち》」と讃えられた名君でした。太宗は、能書家で書聖と謳われる中国 東晋の書家 王羲之《おうぎし》（三〇三年～三六一年）の書を熱心に収集しました。

　漢字の初めの甲骨文字は、亀の甲羅で世の中の行方を占うためのものでした。つまり、神と人をつなぐ役割をになっていたのでございます。そこから篆書《てんしょ》、隷書《れいしょ》が派生します。時代を経て、楷書、行書、草書へ発展していきます。

この楷書（真）、行書、草書を芸術的な書体に高めたというのが王羲之です。王羲之は人に伝えるため、一文字ひともじ、字の書き方を変えました。だから、王羲之の書を見ると心が躍動的になったり、おおらかになったり、優しくなったりするのです。神と人をつなぐ文字から、人と人をつなぐ文字へと。王羲之のすごさはそこにあります。

王羲之が会稽《かいけい》郡の長官だった頃。三五三年三月、五十歳のとき、文人たちを蘭亭に招いて流觴曲水《りゅうしょうきょくすい》の宴《えん》を開きました。

曲がりくねった川のところどころに座り、上流から盃を流し、それぞれが自分の前に来るまでに一つ漢詩を詠みます。「一觴一詠《いっしょういちえい》」（觴は盃のこと）、もし盃が来るまでに詩が詠めなかったら、その盃のお酒を飲み干すという趣向でした。

「蘭亭序《らんていのじょ》」は、この時の詩集の序文を三二四文字にし、王羲之自身で書いたものです。これは下書きのつもりで、ほろ酔いの状態で書いたとされ、そのため書き間違いや、書き直しなどがあります。しかし王羲之の書の中で、これが最高傑作となりました。

優雅で力強い書風。後に多大な影響を与えることになります。

王羲之の生きた時代は、その書風からは想像もできないほど、混乱していました。「蘭亭序」は、筆の文字もさることながら、文章も人の心をうったのでございました。禊《みそぎ》のために行われた会稽山の宴。永和九年（三五三年）三月の始め。

是の日や、天朗《ほが》らかに気清く、恵風《けいふう》和暢《わちょう》せり。
（この日は、天はほがらかで空気は清らか、恵みの風が和やかに柔らかに吹いています）

と、この日のお天気を記しています。

「蘭亭序」の後半は人生の無常を書き、「世の中が移り変わり、時代が変っていっても、人が感動することは、変わらないだろう」と結んでいます。

軽やかに生きたようにみえ、心に切なさを持った人物です。

王羲之は五十三歳で職を辞し隠遁生活を送った人でした。

そんな人生を送った王羲之の「蘭亭序」の真筆を、太宗は最も大切にしました。

太宗の時代の六四五年、日本で大化改新《たいかのかいしん》が起こったその年、玄奘三蔵（六〇二年～六六四年）が、六五七部の経典や仏像などを持って、天竺から唐の都へ戻ってきたのでした。

「天竺」とは、『後漢書《ごかんじょ》』に見える名で、玄奘三蔵法師は「印度《いんど》」（月という意味のサンスクリット語）と呼び始めたといわれています。

太宗は玄奘三蔵を歓迎して、支援し経典の漢訳を後押しします。

かつて、鳩摩羅什《くまらじゅう》（三四四年〜四一三年）が「法華経」の「アヴァローキテ　シュバラボーディサットバ」」を漢訳した「観世音菩薩」という呼び名を玄奘三蔵法師は「観自在菩薩」と訳します。これはサンスクリット語の持つ意味を訳したものでしたが、太宗の名「李世民」に「世」という字があるので、これを避けたためともいわれています。同じ理由で「観音菩薩」とも称されるようになりました。


日本への仏教伝来は飛鳥《あすか》時代、欽明《きんめい》天皇十三年（五五二年）といわれております。

第二十九代　欽明天皇（五〇九年頃〜五七一年頃）は第三十三代　推古天皇《すいこてんのう》（五五四年〜六二八年）の父にあたり、聖徳太子《しょうとくたいし》（五七四年〜六二二年）の祖父でもあります。

欽明天皇の曾孫《ひまご》にあたる第三十四代　舒明天皇《じょめいてんのう》（五九三年頃〜六四一年頃）の子ども達が第三十八代　天智天皇《てんじてんのう》（六二六年〜六七二年）と第四十代　天武天皇《てんむてんのう》（？〜六八六年）です。

天智天皇は中大兄皇子《なかのおおえのおうじ》といった頃、中臣鎌足《なかとみのかまたり》（六一四年〜六六九年）とともに大化改新《たいかのかいしん》をおこしました。これを機に、国号を「日本」と称し、年号《ねんごう》を「大化元年」と制定します。

これが日本での元号《げんごう》のはじまりです。

「大化の改新」が行われたその年に天智天皇の皇女としてうまれたのが鸕野讃良皇女《うののさららのひめみこ》（六四五年〜七〇三年）、後の持統天皇です。

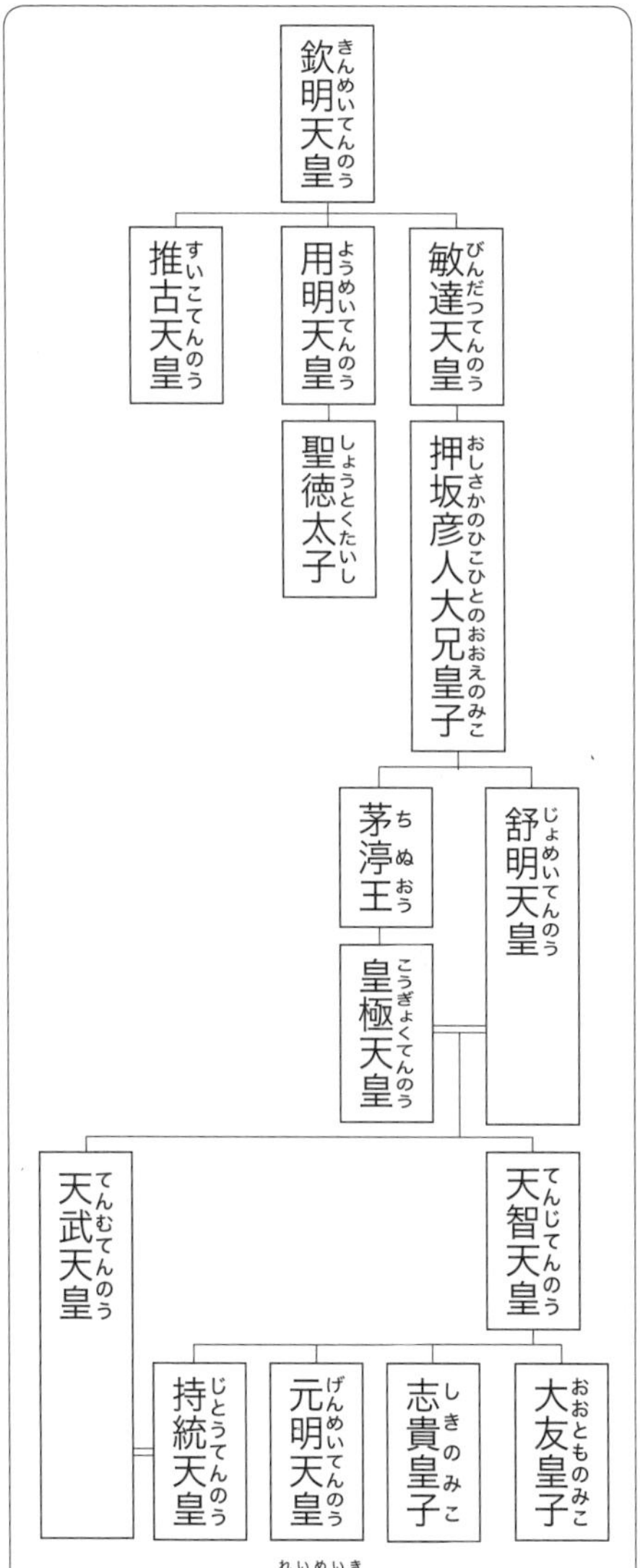

日本仏教　黎明期《れいめいき》の天皇系図

六五〇年二月九日、孝徳天皇の御代、朝廷に白い雉子《きじ》がおくられました。

「白い雉子は吉祥《きっしょう》である」ことから、元号を「大化」から「白雉《はくち》」にしました。日本史上初の改元でした。

白雉《はくち》四年（六五三年）第二次遣唐使が派遣されます。

その船には道昭《どうしょう》（六二九年~七〇〇年）が学問僧として乗っておりました。

在唐《ざいとう》八年、その間、大慈恩寺《だいじおんじ》の玄奘三蔵法師に師事し唯識《ゆいしき》をまなびました。法相宗のもととなったものです。玄奘三蔵法師《げんじょうさんぞうほうし》は法相宗の開祖となり、日本から来た道昭にその法をさずけ、道昭は日本へ戻り法相宗を広めることになったのでした。道昭は、斉明七年（六六一年）、遣唐使の帰国船にて帰国をはたします。飛鳥寺《あすか》（法興寺《ほうこうじ》）の東南の隅に禅院を建てて住みました。この飛鳥寺というのは、法興寺、飛鳥大寺《あすかのおおてら》、元興寺《がんごうじ》へと、時代とともに名前が変わっていったお寺です。蘇我馬子を開基とし、飛鳥大寺としては推古天皇勅願、聖徳太子創建です。御本尊は、推古天皇十九年（六〇九年）、聖徳太子の命により、鞍作止利《くらつくりのとり》が製作し完成させた丈六《じょうろく》 金銅《こんどう》 釈迦如来坐像《しゃかにょらいざぞう》、いわゆる飛鳥大仏《あすかだいぶつ》、日本最古の仏像です。

丈六とは一丈六尺《いちじょうろくしゃく》（約五ｍ）のことで、仏教を開いたお釈迦様の身長が一丈六尺なので、仏像の大きさも一丈六尺が基準となりました。それを丈六仏といい、丈六仏より大きいものを「大仏」と称します。

座ると半分くらいの高さになるので、八尺となりますが、その座像も丈六仏と称し、大仏といわれるのです。飛鳥大仏は座像です。高さは一丈（約三・三m）たらずです。飛鳥大寺は平城京移建に際して元興寺へと名前も変わりました。「元興寺」という名は、日本で最初に仏法が興隆した寺院であるとの意で、「法隆寺」と対をなすものといわれています。

この「元興寺（飛鳥寺）」は道昭の法相宗が広まる寺院となりました。

その道昭の弟子の一人が行基でございます。

この頃は日本では、次々にお寺が建てられていくという時代でした。

中大兄皇子《なかのおおえのおうじ》（天智天皇）と「大化の改新」を起こした中臣鎌足《なかとみのかまたり》は後に藤原《ふじわら》姓を天智天皇から賜り、藤原鎌足《ふじわらのかまたり》となりました。藤原氏の始祖です。天智八年（六六九年）、鎌足が重い病をわずらったとき、鏡女王《かがみのおおきみ》（鎌足の夫人）（？～六八三年）が夫の回復を祈願して「山《やま》階寺《しなでら》」を造営します。後の「興福寺《こうふくじ》」です。

天智天皇の崩御《ほうぎょ》後、壬申《じんしん》の乱《らん》（六七二年）がおきます。天智天皇の第一皇子《だいいちおうじ》 大友皇子《おおとものみこ》（六四八年～六七二年）と天智天皇の弟 大海人皇子《おおあまのおうじ》（？～六八六年）が皇位《こうい》を巡《めぐ》って争いました。

その前の年（六七一年）、大海人皇子は出家し、冬の吉野山に隠遁しました。

「虎に翼をつけて、野に放ったようなものだ」と世の人は言いました。

しかし皇子自身は不安な心を抱えたまま、修行の日々を送り始めることになったのでございます。

ある日満開の桜の夢を見ます。目覚めて前方の山を見上げました。一本の桜が咲いていました。夢そのままに。季節外れの桜、冬に咲いた桜の花。

夢を判断させますと、「花は大和の花の王です。これは大海人皇子が王に、天皇になられるという吉夢なのでございます」という答えでした。

吉野は古代から応神天皇《おうじんてんのう》や雄略天皇《ゆうりゃくてんのう》も行幸《ぎょうこう》なさったという、大和朝廷《やまとちょうてい》を守護する神々のふるさとです。

修験道の祖 役行者（六三四年～七〇一年）が開いた修験道の場でもありました。

役行者は大峯山《おおみねさん》に入山し、吉野の金峯山《きんぶせん》で修行を積みました。

まず、釈迦如来が、次いで、千手観音と弥勒菩薩があらわれたといいます。

さらに一千日もの修行を続けました。

ついに、忿怒金剛《こんごう》蔵《ざ》王大権現《おうだいごんげん》が出現します。

これを感得し（祈り出し）、蔵王権現を自ら彫りました。

その木が桜だったのでした。

激しい忿怒《ふんぬ》の相。怒髪天《どはつてん》を衝き、右手と右脚を高く上げている。左手に結ぶ刀印《とういん》。右手に持つ三鈷杵《さんこしょ》。左足は大盤石《だいばんじゃく》を力強く踏ん張り、地下の悪魔を押さえつける。右足は宙高く掲げられ、虚空を踏み、天地の間の悪魔を払う。

本地仏の釈迦如来（過去世）、千手観音（現世）、弥勒菩薩（未来世）によって、過去、現在、未来の三世にわたりお救い、お護りいただくべくこの世に仮の姿で現れたのが蔵王権現なのでございました。

役行者は、吉野山を自在に駆け抜けたと言います。

山岳を水の起源であり、さらに生命の源と考えました。山岳は人知を越えた畏敬の念を抱く神聖な場所なのです。

大峰山脈の山のひとつ、弥山《みせん》。宇宙の中心、万物の根源をなす須弥山の略称です。神代から水の精、木の精、土の精など、大和の神々が鎮まる神聖な場所。

役行者はこの弥山山頂で鎮護国家の神を祈りました。結果、天降る天女を弁財天と感得されました。日本で初めての弁財天です。弁財天は川の流れを神格化した水の神です。水のせせらぎのごとく、妙なる弁舌や音楽の神でもあります。

別名「妙音天《みょうおんてん》」。天女でございます。役行者は、弥山大神として祀りました。

そんな大峯や吉野山。

ここで大海人皇子は、迷いながらも日々懸命に祈っておりました。

その頃のことでございます。ある日の夕方、大海人皇子は琴を弾いておられました。五色の雲の中から天女が現れたのでございました。

虚空に音曲。よき香りがあたり一面に。向こうの山に天女が舞い、五度袖をひるがえしました。この天女は役行者が弥山山頂に祀ったとされる弥山大神の姿でした。大海人皇子を祝福したのでございます。ふと、我に返り、そばにいる者たちにたずねました。「今の天女の姿を見ましたか?」と。

すぐそばにいたにもかかわらず、大海人皇子以外、誰もその姿を見た者はありませんでした。その奇瑞に力を得た大海人皇子は、天皇の位に立つべく決意します。そして壬申の乱で勝利したのでございました。

天武二年（六七三年）、飛鳥浄御原宮《あすかのきよみはらのみや》にて大海人皇子は即位し天武天皇となられ、天智天皇の第二皇女 鸕野讃良皇女《うののさららのひめみこ》は皇后になられました。

天武九年（六八〇年）、天武天皇は、皇后 鸕野讃良皇女の病気平癒を祈って、お寺の建立を発願されます。それが薬師寺です。

天武十一年（六八二年）、一人の青年が仏道に入りました。飛鳥寺の道昭を師とし、十五歳で出家、法相宗の僧となった行基（六六八年〜七四九年）でした。後に菩薩とよばれるようになります。行基は道昭の弟子となることで、玄奘三蔵法師の孫弟子にもなったのでございました。

飛鳥寺（法興寺・元興寺）で法相宗を広めていた入唐僧、智鳳《ちほう》に唯識を学んだ義淵《ぎえん》（？〜七二八年）にも行基は学びました。

二十四歳の時、持統天皇五年（六九一年）、金剛山の高宮寺で受戒します。

それから法興寺（元興寺）に住し、のち薬師寺に移ったといわれています。

やがて行基は山林修行に入ります。この間、世の中ではいろいろなことがおこりました。

文武三年（六九九年）、役行者は呪術を使って人々をたぶらかしたとの讒言により、伊豆

に配流されてしまいます。昼は伊豆で修行をし、夜になると密かに島を抜け出し、駿河の富士山に登ったのでした。

文武四年（七〇〇年）、行基の師道昭が遷化なさいました。

その頃、大峯の麓の川で、役行者は岩場の中からこんこんと湧き出る泉に気付きます。深く青く澄みきった泉。この泉のあたりに「八大龍王尊」をお祀りし、水の行をなさったといわれています。

役行者と行基はともに大峯や吉野山に入山し、修行を重ねた者同士です。

行基は役行者と会っていたかもしれません。実のところ、行基が山林修行の間、どこで何をしていたのか、誰も知らないのでございました。

役行者は大宝元年（七〇一年）、入滅なさいました。

慶雲元年（七〇四年）、三十七歳になった行基は山からおります。

当時日本での仏教は、もっぱら鎮護国家《ちんごこっか》としての思想でした。

不安定な世の中、飢饉や疫病の絶えないこの世の中を仏教の力で護っていただく、というものでした。寺院の中で仏が国を護ってくれるように祈り、国の繁栄を祈る、それがあるべき僧侶の姿でした。行基は考えます。

「お釈迦様の教えによって、国家を護ることは、勿論《もちろん》、大切だ。しかし、それに偏《かたよ》ってしまうのはいかがなものか。お釈迦様の教えの中には、救いを求める人を手ずから救うべきだというものもある。直に手を差し伸べねばならぬ人がこの世には大勢いる。苦しみ、迷い、惑い続けている人々が大勢いる。この苦しみから救われる方法がわからず、恐れおののいている人々が大勢いる。その人々、一人ひとりを救う必要があるのではないか。山林修行は、そのためにあったのではないか」

国を護るためだけの仏教から、衆生のためでもある仏教へ。直に手の届く仏教へと。仏教本来の姿へ。行基は僧侶として生き方を大きく変えようとしていました。この目で見、その場の空気を感じるため、様々な所を歩き回りました。都へも行き、田舎へも行きました。困っている人は大勢いました。そのような人々を救うべく、布施屋をつくっていきました。食べ物に窮している者には、食事を、病にたおれている人には薬と看病を、宿を必要とする者には宿泊を。行基は無償で提供したのです。

そこに集まってくる人々は命を救われていき、元気になっていきました。

どんどんと行基を慕って集まってくる者が増えていきました。誰からともなく、皆、自然と、心に何かが芽生えていきました。それは「行基様に、御恩返しがしたい」という思いでした。自分と同じように困っている人はまだまだ大勢いる。自分が救われたように誰かを助けたい。その方法を行基様が示してくださるのなら、元気になった自分もそのためにこの力を尽したい。そう思う人が日に日に増えていきました。

行基はどんどん歩きました。行く先々で困っていることがあるのではないかと、注意深くその土地土地の様子を見まわしました。

この川には橋を架ける必要がある。

この川は治水をせねばならぬ、堤防が必要だ。

ここには道が必要だ。

ここに新田を開発しよう。

ここには池が必要だ。

そう思うと、それを次々に行っていったのでした。行基のもとに集まった人々は喜んでそれらの活動に携わりました。泥にまみれ汗を流し、日の暮れるまで皆で協力し、成し遂げていったのです。これは仏道そのものでした。

行基が指揮し、皆が、的確に動く。その技術も向上していきました。それがさらに喜びになっていきました。

いつしか行基が訪れる場所には一千人もの人が集まるようになっていました。行基は不思議な力に導かれ、また、民衆も不思議な力に導かれていったのでございました。これに朝廷は恐れを抱くようになっていきます。

そんな中、世の中は大きく変わっていきました。

和銅三年（七一〇年）、平城京遷都《へいじょうきょうせんと》。

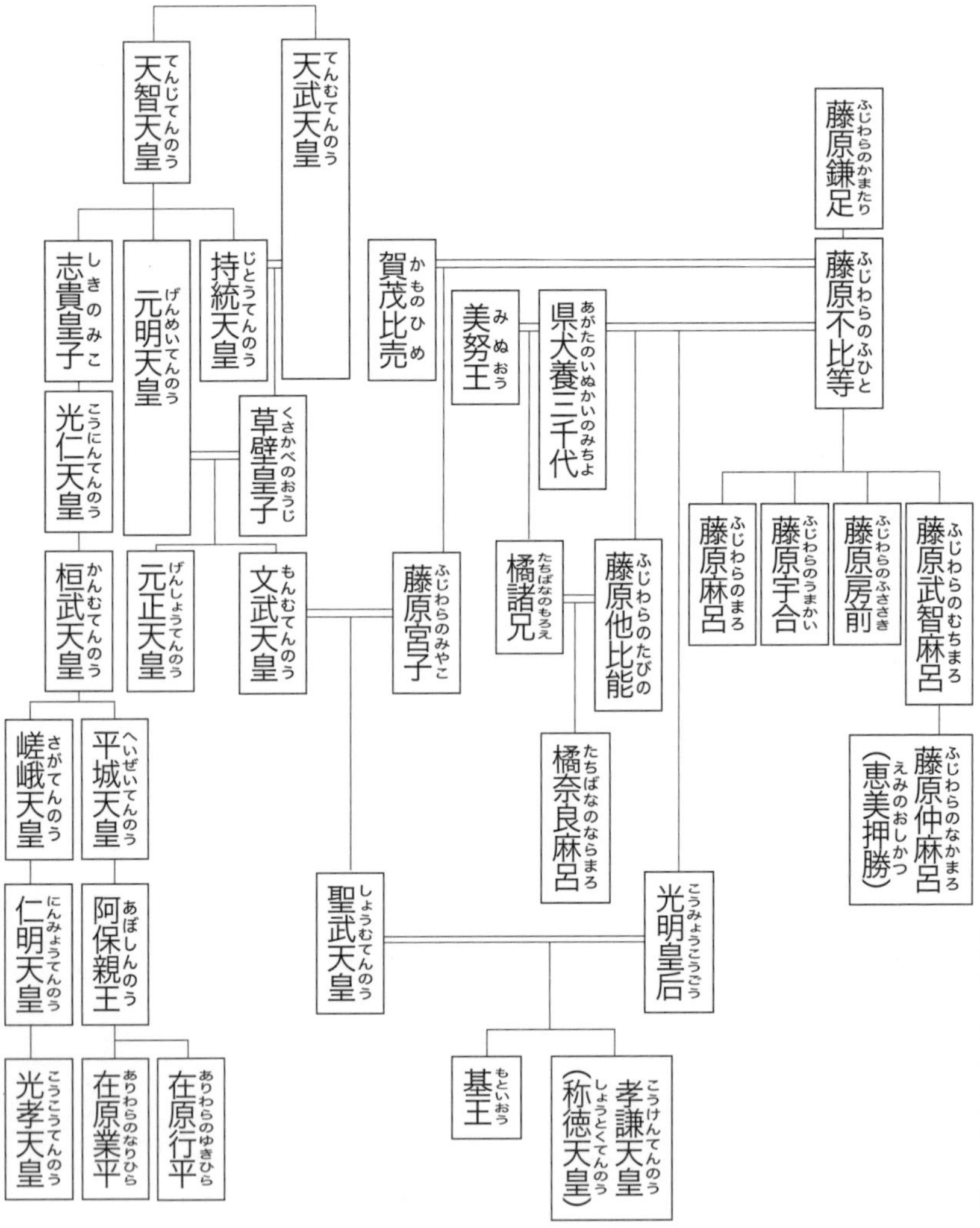
天智天皇《てんじてんのう》
天武天皇《てんむてんのう》
藤原鎌足《ふじわらのかまたり》
志貴皇子《しきのみこ》
元明天皇《げんめいてんのう》
持統天皇《じとうてんのう》
賀茂比売《かものひめ》
藤原不比等《ふじわらのふひと》
美努王《みぬおう》
県犬養三千代《あがたのいぬかいのみちよ》
光仁天皇《こうにんてんのう》
草壁皇子《くさかべのおうじ》
藤原麻呂《ふじわらのまろ》
藤原宇合《ふじわらのうまかい》
藤原房前《ふじわらのふささき》
藤原武智麻呂《ふじわらのむちまろ》
桓武天皇《かんむてんのう》
元正天皇《げんしょうてんのう》
文武天皇《もんむてんのう》
藤原宮子《ふじわらのみやこ》
橘諸兄《たちばなのもろえ》
藤原他比能《ふじわらのたびの》
嵯峨天皇《さがてんのう》
平城天皇《へいぜいてんのう》
橘奈良麻呂《たちばなのならまろ》
藤原仲麻呂《ふじわらのなかまろ》
(恵美押勝《えみのおしかつ》)
仁明天皇《にんみょうてんのう》
阿保親王《あぼしんのう》
聖武天皇《しょうむてんのう》
光明皇后《こうみょうこうごう》
光孝天皇《こうこうてんのう》
在原業平《ありわらのなりひら》
在原行平《ありわらのゆきひら》
基王《もといおう》
孝謙天皇《こうけんてんのう》
(称徳天皇《しょうとくてんのう》)

聖武天皇系図

藤原鎌足の子、藤原不比等《ふじわらのふひと》（六五九年～七二〇年）はその折、「山階寺」を平城京に移し「興福寺《こうふくじ》」と号しました。法相宗《ほっそうしゅう》の大本山《だいほんざん》です。

不比等は大宝律令の編纂をおこなっていました。奇しくも大宝律令が制定された大宝元年（七〇一）年は不比等の孫　首皇子《おびとのみこ》と、不比等の娘　光明子《こうみょうし》が生まれた年でもございました。この二人は後に夫婦となる運命にありました。

不比等の娘　藤原宮子《ふじわらのみやこ》（？～七五四年）は第四十二代　文武天皇《もんむてんのう》（六八三年～七〇七年）の夫人になりました。

もう一人の娘　光明子《こうみょうし》（七〇一年～七六〇年）は霊亀《れいき》二年（七一六年）、不比等を祖父に宮子を母とする首皇子《おびとのみこ》（七〇一年～七五六年）の妃《きさき》となりました。元正天皇（六八〇年～七四八年）の御代《みよ》でした。

この首皇子は後に第四十五代　聖武天皇《しょうむてんのう》となった人物です。

首皇子の人生はその最初の頃から決して順風満帆《じゅんぷうまんぱん》なものではありませんでした。

母　宮子は首皇子を出産したあと、心の病になり、首皇子とは会うことがなかったのです。そのため聖武天皇は母の顔を知らずに大きくなります。

さらに七歳の時、父帝《ちちみかど》文武天皇が崩御してしまいます。

首皇子は病弱で気弱な少年でした。

そんな首皇子は十六歳になった時（七一六年）、同い年の光明子と結婚します。首皇子の人生は大きく動き始めました。

養老《ようろう》元年（七一七年）三月九日、第八次遣唐使《だいはちじけんとうし》が日本を出立《しゅったつ》します。

その遣唐使船《けんとうしせん》には藤原不比等の三男 藤原宇合《ふじわらのうまかい》（六九四年～七三七年）、二十三歳の留学《るがく》生《しょう》 下道真備《しもつみちのまきび》（後の吉備真備《きびのまきび》）（六九五年～七七五年）、十七歳の阿倍仲麻呂《あべのなかまろ》（七〇一年～七七〇年）、僧の玄昉《げんぼう》（？～七四六年）が乗っていました。

下道真備《しもつみちのまきび》（吉備真備）は、下級武官《かきゅうぶかん》 右衛士少尉《うえじのしょうじょう》 下道圀勝《しもつみちのくにかつ》の子として、備中下道《びっちゅうしもつみち》の箭田《やた》（倉敷市真備町箭田《くらしきしまびちょうやた》）で生まれたといわれています。

玄昉《げんぼう》は法相宗の僧です。義淵に師事したので行基と兄弟弟子にあたります。

下道真備（吉備真備）と玄昉《げんぼう》は十七年を唐で過ごします。その間、日本では様々なことが起こっていました。

真備たちが唐へ立った一ヶ月あまりの頃、養老《ようろう》元年（七一七年）四月二十三日、五十歳の行基は朝廷から指弾《しだん》されたのでございました。

「徒党《ととう》を組み、人民を惑《まど》わしている」という詔《みことのり》が発《はっ》せられ、そこには「小僧行基《しょうそうぎょうき》」と記されていました。侮蔑《ぶべつ》を込めた呼び方です。

それにもかかわらず行基の生活は変わりませんでした。

養老《ようろう》二年（七一八年）、首皇子と光明子の間に女の子が誕生します。後に孝謙天皇《こうけんてんのう》、重祚《ちょうそ》（再び天皇になること）して称徳天皇《しょうとくてんのう》にもなる阿倍内親王《あべないしんのう》です。

六年後、神亀《じんき》元年（七二四年）、二十四歳の首皇子は即位し、聖武天皇となりました。

さらに三年後神亀四年（七二七年）、基皇子《もといのみこ》（七二七年〜七二八年）が誕生します。聖武天皇は喜び、生後三十二日で皇太子に立てられました。しかし翌年、基皇子は一歳の誕生日を迎えずして亡くなってしまったのです。

神亀五年（七二八年）十一月、基皇子の菩提《ぼだい》をとむらうため、若草山《わかくさやま》の麓《ふもと》に金鐘山寺《きんしょうさんじ》を建立したのでございました。後の東大寺《とうだいじ》です。

元々《もともと》、聖武天皇も光明子も、仏教にあつく帰依していたのですが、より深く救いを求めるようになったのでございました。

第四章　行基菩薩《ぎょうきぼさつ》

どんなに罵られようと屈しない。そのようなお強い金剛石（ダイヤモンド）のようなお心がおありだったのでしょうか。霊亀三年（七一七年）のこと、朝廷から「小僧《しょうそう》行基《ぎょうき》」と呼ばれたのでございましたが、それでも行基は信念を曲げることはありませんでした。人々に分け入って、池を作ったり、道を作ったり、新田を作ったり、布施屋で人々を救済したりしておりました。ますます行基の元に集まる人が増えていきました。

いつしか人々は「行基菩薩」と呼ぶようになっていました。

玄奘三蔵法師からの法系図
（日本の法相宗）

一方、天平六年（七三四年）、下道真備（吉備真備・四十歳）と玄昉《げんぼう》が唐から日本に帰ってきたこの年、河内国（大阪府）で一人の男の子が産声をあげます。

この男の子こそ、のちの玄賓、隠徳のひじりと呼ばれるようになる玄賓僧都（七三四年～八一八年）なのでございます。

三年後の天平九年（七三七年）、玄昉《げんぼう》は聖武天皇の母、藤原宮子の看病をすることになりました。宮子は皇子の聖武天皇に三十七年もの間、会ったことはありませんでした。長らく鬱の状態だったのです。それを玄昉《げんぼう》は治すべく、宮子の看病にあたったのでございました。しかし、あまりにも長きにわたる病でございましたので、難渋するはずでした。聖武天皇も、他の誰もみな、藁《わら》にもすがる思いでございました。不可能かと思っていたその時、どのようになさったのか、玄昉《げんぼう》は宮子の病を治したのでございました。

心の闇の戸口から、宮子は明るい外へお出ましになったのでございます。

聖武天皇として帝の地位に就いていた、わが子と対面します。

実に三十七年ぶりのことでした。

聖武天皇にとっては、初めての母のお姿だったのでございます。

母のあたたかなまなざしに涙があふれました。

光明子にとっては姉、阿倍内親王にとっては祖母。感慨は無量でした。

そのようなことがあった次の年、天平十年（七三八年）一月十三日、阿倍内親王（聖武天皇と光明皇后の娘）は皇太子にお立ちになられました。女性初の皇太子でございました。

光明皇后の異父兄にあたる橘諸兄（五十五歳）が右大臣に就任しました。家柄がものをいう時代、諸兄は今をときめく家柄でもない玄昉《げんぼう》や吉備真備を重用します。これは諸兄の英断でした。すぐに疫病流行後の国政の立て直しを図ります。

実は、聖武天皇の治める天平年間は、災害が多発、飢饉も起こり、疫病（天然痘）が蔓延するという、それはそれは恐ろしい日々が続いていたのです。世は混乱を極めていました。国は疲弊していました。惨憺《さんたん》たるものでした。

奇《く》しくも大宝律令の制定された大宝元年（七〇一年）に生まれた聖武天皇は、その御代において、律令国家が根本からぐらついてきたのでございました。

民の表情を見ると、皆うれしそうな顔をしていません。

誰もがうつろな目をしています。何より疫病の蔓延により皆が不安になり、恐れ苦しんでいるのです。聖武天皇は愕然とします。

目指していた世界と、現実の世界があまりにも違っていました。

唐で十七年過ごした玄昉《げんぼう》は、その国で大きな盧舎那仏を見ておりました。大きい盧舎那仏、つまり「大仏」。大仏には大きな力があるとされています。

玄昉《げんぼう》は実際にその力を感じました。護られると実感したのでございました。

宮子を治した功績が認められ、宮中で要職についていた玄昉《げんぼう》は、宮子や光明皇后にたびたび進言します。

「大きな盧舎那仏をこの日本にも建立すべきです。大仏の力によって、必ずや疫病は退散します」このような言葉をことあるごとに申し上げました。

その言葉は聖武天皇にも伝わることになります。

そんな中、行基は朝廷より「行基大徳」の称号を受けることになりました。

弾圧からうってかわって尊称を与えられたのです。

天平十二年（七四〇年）、聖武天皇は河内の智識寺で盧舎那仏を拝します。

その土地の者たちが、心から発願し、皆で力を合わせて作られたという、その仏像をその目で御覧になられたのでございました。

輝く仏像。

聖武天皇はその仏像の前に立ち、動くことが出来ませんでした。

「なんと。なんと美しい。なぜ、このように美しいのか。なぜこんなにも惹き付けられるのか」

じっと見つめます。聖武天皇は瞳が潤んできたのでございました。

「感動というのは、こういう心をいうのであろうか。三十七年、母の顔を知らずして、初めてお目にかかったあの日も、このようであった」

心が救われ護られているようなあたたかな安心感。

これはもう、理屈ではありませんでした。

理を越え心を揺り動かされたのでございます。

「母も、光明皇后も大仏を作ってほしい、と言っているのは、このことなのだ。大仏に宿る大きな力を頼みにして、今の大変な日本の国を救っていただかねばならぬ……」聖武天皇は考えを巡らします。

「造らねばならぬ。この国難を救っていただくほどの大仏を。日本ではいまだかつて見たことのない、大きな大きな大仏を」

ついに、聖武天皇は大仏造立を発願するに至ったのでございました。

大仏建立の指揮を執る人物として、白羽の矢がたったのが行基でした。

聖武天皇は直々に行基に会いに行きました。行基と相対《あいたい》し、聖武天皇はお噂に違わぬ、いやそれ以上の行基のたたずまいに感動を覚えたのでございました。

このとき、聖武天皇は四十歳、行基は七十四歳。

聖武天皇はこう切り出しました。

「ご存じの通り今世が乱れ民は混迷を極めておる。われが即位してからというもの、良い兆しが見えぬ。皆苦しみ不安に思っておる。先が見えずおそれておる。未来に希望が持てはおらぬ。その責めはわれ一人にある。この国を治める私一人にある」

聖武天皇はふるえる声でおっしゃられたのでございます。

行基は、聖武天皇のお心もまた、苦しんでおられることを感じ取りました。

「どうしたらよいかわからぬ。どうしたら、この世が安寧になってゆくのかわからぬ。しかし、このままでは、このままの状態を放っておくわけにはゆかぬ。それだけはわかる。われに力が足りないから、このような事態になったのではないか。そのように思い悩んでいたとき、河内《かわち》（大阪府柏原市《かしわらし》）の智識寺《ちしきじ》に立ち寄った。そこで盧舎那仏《るしゃなぶつ》を目にした。その土地の者たちが力をあわせて作ったものという。その盧舎那仏は輝いていた。その時、これこそが、答えではないかと思ったのだ」

「答え？」

「不思議な力はこの世に存在する。目に見えぬ大切な力が存在する。それに気付く者のみが救われるのではないかと。われの曾祖父（天武天皇）は、吉野山で季節外れの桜の花が咲くのをご覧になられたという。真冬に、春の花が咲く。そんなことがあるはずはない、とわれは思うておった。しかし、それは本当に咲いた花ではなかったか。不思議なことがこの世には起こるのではないか。否《いな》、そうではない。吉野山で祈ったから起こった奇瑞であったのだ。祈りは通じるのだ。心から信じ、一心に祈る。その心が花を咲かせたのではないか。また天女が舞うのを見たという。これも信じる心があればこそではないか。曾祖父は釈迦如来さまを造立され、ご自身のご念持仏とされた。その仏像に宿る力を信じておられた。だから素晴らしき御代となった。われもその力を信じようと思うのだ。われにもそのお力は必要だ。しかし民一人ひとりにこそ、そのお力が必要なのだ。さすれば、一人にひとつの念持仏が必要なのかもしれぬ。そのように思っていたとき、われは思い出した。大きな仏像には大きな力が宿るということを。大きな盧舎那仏《るしゃなぶつ》を建て、その偉大なお力によってこの事態を良い方に導いていただくことが出来るのではないか、そう思うのだ」

「なんと……、大仏様のお力で世の安寧をはかろうとのお考えでございますか」

「いかが思わるれか？」

行基は目をつむり黙《もく》しました。

「われの思い描く大仏は、民一人ひとりのためのものだ。ただ見る仏像ではない、その手で作る大仏としたいのだ。手《て》づから関わることによって、その大仏と直《じか》に縁を結ぶことができる。一人ひとり、大仏様とつながることが出来る。力を合わせて作った大仏様は身近な存在となるであろう。その将来、関わった者の子孫もその御縁が受け継がれてゆくことになるはずじゃ。われの願いは皆のための大仏となることなのじゃ。だから大仏を作るのに、民の一人ひとりが力を出し合ってもらいたい」

なおも行基は黙っていました。

「その大仏に民一人ひとりの願いを込める。出来上がった大仏は多くの願いがこもる尊い仏様となるであろう。大勢の心が大きな力となり、お護り下さる力も大きくなるのではないかと思っているのだ。われは皆の心が安心《あんじん》になることを希《こいねが》っておる」

行基は目を開け、まっすぐに聖武天皇を見据えました。

「民の心からの願い、大勢の熱き心は、大きなものを動かします。しかし、それは人を思いやる心から生じねばなりません。人を思う心が、真《まこと》の心であれば、一人ひとりの心は、やがて、大きなうねりを生じさせましょう」

「われは、民が笑い合える日を願っておる」

行基は、聖武天皇のお心に優しさのやどっていることを感じました。

「行基大徳《ぎょうきだいとこ》のお力をお借りしたい」

聖武天皇は床に両の手をつき頭をお下げになられました。

そのお姿を目にし、行基の眼《まなこ》の色が変わりました。行基は今まで目の前の力弱き民衆を救うべく奔走《ほんそう》してきました。目の前で苦しんでいる姿を放っておけないのでございました。

今、目の前で聖武天皇も自己をふり返り、迷い、惑い、苦しむお姿をお見せになっている。聖武天皇のことも放ってはおけぬ。仏様のお力、法力でお救い申し上げねばならぬ。行基はゆっくりと話し始めました。

「先ほどからお話をうかがっておりますと、拙僧《せっそう》と同じ、ただただ皆を救いたいとの一心で事を起こそうとなさっておいでですね。拙僧は、今まで目の前の民が困っている姿を多く見ました。自然災害に恐れおののく多くの民を。その度に何が必要なのかを懸命に考えました。直《じか》に必要なもの、それは川や橋、新田《しんでん》や池、布施屋《ふせや》でした。直面したその場その場で、その都度《つど》、その都度作ってきました。その工事で助けられたと感じた人々は、自分と同じ様に困っている人を助けたいと思うようになりました。橋が必要なところに行き、橋を造る。池が必要なところに行き池を造る。皆、自分自身の橋を架《か》け、自分自身の池を造っているのだと思われました。それぞれが出来ることをし、それぞれが喜びを実感する。お互いの笑顔のために。心の安寧《あんねい》が必要とあらば、寺を作りました。仏像も、その場所にふさわしいものを作ってきました。やはりそれらも皆、同じです。皆が笑顔になるように。われも笑顔になるように。一人ひとりが安心《あんじん》に向かえるように。その願いは拙僧とて同じでございます」

「行基大徳《ぎょうきだいとこ》……」聖武天皇は顔を上げました。

「かしこまりました。大仏建立に向け、その願いにお応え申し上げたく存知ます」

こうして行基は天平十二年（七四〇年）、聖武天皇から依頼され、大仏建立の責任者として招聘《しょうへい》されることになったのでした。

それから三年がたちました。

天平十五年（七四三年）五月五日、皇太子 阿倍内親王（二十六歳）が五節舞《ごせちのまい》を舞いました。天武天皇が吉野山で御覧になったというあの天女の舞でございます。

この頃、十歳となった玄賓は興福寺の宣教《せんきょう》（義淵《ぎえん》の弟子で行基や玄昉、おじの道鏡の兄弟弟子）について出家しました。

同じ年の十月十五日、聖武天皇（四十三歳）は盧舎那大仏造立の詔を出しました。

その詔には、「ここに、天平十五年十月十五日を以て、菩薩の大願（あまねく衆生を救済しようとの大いなる願い）をおこして、盧舎那仏 金胴の像 一躯《いっく》（一体）を造り奉る」と書かれています。最後のあたりには、「もし一枝《ひとえだ》の草、一把《ひとにぎり》の土でもよい。それをもって大仏の造立に協力したいと願う者があれば、願うままにこれをゆるしなさい」とも記されています。

つまり、それぞれが、それぞれに出来ること、どんな小さなことでもよい、それが一枝の草でも、ひとつかみの土のような、わずかなものでもささげてほしい、と呼びかけているのです。強制的ではなく、心から湧き起こる願いの心を集めて、建立したいという聖武天皇のお心のあらわれでした。大仏造立に関わる一人ひとりが、自分自身の盧舎那仏を造るようにとのお心です。

行基もそのお心を汲み、大仏建立へと動き出しました。民の一人ひとりに「大仏」建立の意義を話し、何でもよい、どんな小さなことでもよい、協力してほしい、と呼びかけたのでございました。

そんな中、天平十七年（七四五年）正月二十一日、聖武天皇は七十九歳の行基を、僧侶の最高位 大僧正に任じたのでございます。かつて朝廷より「小僧行基《しょうそうぎょうき》」と呼ばれ、弾圧されていた頃から二十九年の歳月が経っていました。

行基は全国を行脚して勧進をつのりました。

行基の言ったように、小さな一つひとつの力は、やがて大きなうねりとなり、前代未聞の大仏建立へと形が成っていったのでございます。

天平十九年（七四七年）、大仏の鋳造が始まりました。造ろうとしていたのは大きな大きな盧舎那仏です。

十という数字は宇宙に拡大できる特別の数字です。この盧舎那仏の大きさは仏像の基本寸法である丈六を十倍した大きさともいわれています。限りなき大きな力の発揮を願ったのでございます。関わった者は、合せてのべ約二百六十万人ともいわれました。実に人口のおよそ半分もの人が協力したのでした。

この頃「金鐘寺」、かつて聖武天皇と光明皇后が幼くして亡くなった皇子の菩提をとむらうために建てたその寺を、平城京の東にある大寺《おおてら》（国の寺の意）という意味の「東大寺《とうだいじ》」という三文字に名を変えました。

七四九年二月二日、行基大僧正（八十一歳）は遷化《せんげ》なさいました。大仏造営の最中《さなか》のことでございました。

同じ年の七月二日、阿倍内親王（三十二歳）が即位し、孝謙天皇となられ、天平勝宝元年と改元されました。十月二十四日、大仏鋳造が終わります。

この年、玄賓はまだ十五歳でした。

それから三年後、天平勝宝四年（七五二年）、四月九日に大仏開眼供養会《だいぶつかいげんくようえ》が盛大に行われました。この年は奇しくも日本に仏教が伝わって二百年目とされる年だったのでございます。

この式は、女帝の孝謙《こうけん》天皇、聖武太上天皇《しょうむだじょうてんのう》（五十二歳）、光明皇太后《こうみょうこうたいごう》（五十二歳）臨席のもと、行われました。盧舎那仏の眼を入れる筆に「縹縷《はなだのる》」（縹色の糸）を結び、その「縷」は参集した列席者の手に渡し、「縷」でつながりました。その場の孝謙天皇をはじめ、聖武太上天皇《しょうむだじょうてんのう》も光明皇太后も、その他の者たちも皆、縷を握りしめました。

開眼のそのとき、縷でつながった御縁の喜びを、その場にいた皆が直接味わったのでございました。参列者は一万数千人に及んだといいます。多くの人々の願いの込められた大仏。その奇跡は菩薩と呼ばれた行基

菩薩の力によっておこされたのでございました。その場に行基の姿はありません。聖武太上天皇はしみじみと感慨をかみしめました。この日、五節の舞も披露されました。

東大寺大仏の開眼供養会のあった年、玄賓は十八歳でした。

天平勝宝八年（七五六年）五月二日、聖武太上天皇崩御。光明《こうみょう》皇太后は東大寺に遺品の数々を寄進し、その宝物を収めるための正倉院《しょうそういん》が創設されます。

正倉院に収められた「蘭奢待《らんじゃたい》」沈水香木《じんすいこうぼく》（沈香《じんこう》）、それは中国から渡ってきたという大きな香木です。その名「蘭奢待」の三文字は「東大寺」の漢字三文字をその名に隠した雅称です。香りは人の心を穏やかに平らかに導いてくれます。

書聖 王羲之の肉筆も収められました。心のこもった書は、人をおおらかに優しくしてくれます。

開眼供養のときに使われた「縹縷《はなだのる》」も正倉院に収められました。大仏様に魂の入った瞬間に大仏様と多くの人をつないだ結縁《けちえん》の「一縷《いちる》」なのでございました。

東大寺大仏と正倉院にすがるような思いで祈り続けた光明皇太后は、天平宝字《てんぴょうほうじ》四年（七六〇年）崩御なさいました。

東大寺大仏。それは祈りです。
陰日向《かげひなた》なく尽力した行基菩薩の祈りも、そこに込められているのでございます。

第五章　玄賓《げんぴん》（隠徳《いんとく》のひじり）と空海《くうかい》（真言宗開祖《しんごんしゅうかいそ》）

はたと膝《ひざ》を打ちました。

「薬剤禅師とも呼ばれている道鏡に頼もう」孝謙上皇（四十三歳）のお具合がおもわしくなく、周りの者たちは困り果てていました。天平宝字五年（七六一年）のことでした。前年に淳仁《じゅんにん》天皇に皇位を譲り、孝謙天皇は上皇となられたばかりでございました。

このときに白羽の矢があたったのが道鏡（七〇〇年？〜七七二年）でした。

これを境に道鏡の運命は劇的に変わっていきます。

道鏡は飛鳥寺で修行し、山林でも修行をして、薬草にも詳しい僧でした。

「上皇様の病の根源は不安や恐怖のお心にあります。あたたかい仏の慈悲のお心をおこしになられませ。すぐに病は治りましょう」そう申し上げ薬を差し上げました。孝謙上皇はその薬を服し、道鏡の言うとおりに心をおだやかにするようにつとめました。孝謙上皇の病は、ほどなく治りました。

「道鏡の言うとおりじゃ」そう深く感じ入った孝謙上皇でした。

それから三年後、天平宝字八年（七六四年）、孝謙上皇は称徳天皇として重祚しました。再び帝位についたのです。道鏡は法王という称号を与えられました。

そして起こったのが、宇佐八幡宮神託事件です。

「道鏡を天皇にすれば天下は治まる」という宇佐八幡宮のご神託。和気清麻呂がそれを宇佐八幡宮に確認しに行きます。

備前国藤野郡《びぜんのくにとうのこおり》（岡山県和気町）出身の清麻呂は称徳天皇の側近、尼僧の和気広虫《わけのひろむし》の弟です。姉の代わりに宇佐八幡宮へ旅立ったのでした。

清麻呂の耳にしたお告げは「天皇の後継者には必ず皇族を立てよ」というものでした。それを称徳天皇に奏上します。

このことがあり、道鏡は天皇になることはありませんでした。

神護景雲四年（七七〇年）、称徳天皇は崩御なさいました。道鏡は下野薬師寺（栃木県）に流されます。道鏡は称徳天皇の菩提をとむらう日々を送り、土地の人々に薬草の智慧をさずけたり、この土地に干瓢をもたらしたりしたといわれています。下野の人々に慕われていましたが、二年後に亡くなりました。

この道鏡の甥にあたるのが、玄賓です。実際に何がどう行われていたのかはわかりませんが、世間では伯父 道鏡に対する悪評が立っていました。

物部氏（弓削氏）の家系図

世の中は天智天皇の孫にあたる光仁天皇が帝位に就かれ、宝亀元年と年号が変わっておりました。この光仁天皇の御代の宝亀五年（七七四年）、讃岐国多度郡で佐伯《さえきの》眞魚《まお》という名の男の子が生れました。のちの空海です。

天応元年（七八一年）、光仁天皇の第一皇子が皇位に就かれました。

桓武天皇です。

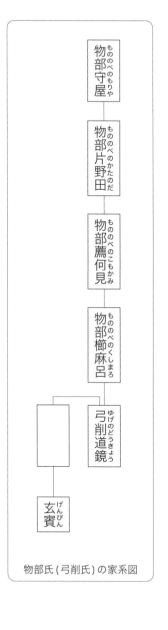

延暦十二年（七九三年）、眞魚《まお》は十九歳になっておりました。四国、室戸岬の波打ち際の洞窟で、虚空蔵菩薩への祈りを唱え続けていました。

実はあるとき、眞魚は一人の沙門（修行者）に出会い、「虚空蔵《こくうぞう》求聞持法《ぐもんじほう》」を授かっていたのです。虚空蔵菩薩を本尊とする修法。虚空蔵菩薩は「明星天子《みょうじょうてんし》」とも呼ばれ、明けの明星がその化身です。虚空蔵菩薩の真言を五十日（又は百日）で百万遍唱えるという修行です。これを洞窟で始めました。

これに先立ち、眞魚は修行のため四国の険しい山々へ登りました。このときに修行したといわれるところが、のちに「四国八十八ヶ所」のお寺になります。

四国の霊山を巡った眞魚は、室戸岬の洞窟御厨人窟《みくろど》に籠もったのです。

ノウボウ　アキャシャキャラバヤ　オンアリキャ　マリボリソワカ

という虚空蔵菩薩の真言を唱え続けました。一日に二万回。

最後の五十日目、虚空には明星が光っていました。無心な唱経の中、自分の声の上に別の声がかぶさり、宇宙の中に仏の声を聞きます。海中から見たこともない怪獣が次々に現れ、眞魚に向《むか》って暴れ狂うのでした。いっそう声高らかに真言を唱えます。やがて奇怪な生き物は幻のように消えていきました。そのときに目にしたものは、「空」と「海」だけでした。

このときから、眞魚は「空海《くうかい》」と名乗るようになったのでした。

後、いつのことでしたか、空海は大和《やまと》（奈良）へも行きました。吉野山から大峰山脈の金峰山《きんぶせん》などの聖地を巡り歩いて一日南行し、さらに西に二日歩いて高野山に至りました。高野山と空海の出会いはこの修業時代だったのです。

世の中は不安定な状態が続いていました。桓武天皇の側近に和気清麻呂がおりました。称徳天皇の御代に起こった道鏡の宇佐八幡宮神託事件の折、宇佐八幡宮へご神託を確かめに行ったあの和気清麻呂です。清麻呂らの提言により、桓武天皇は遷都を決意します。延暦十三年（七九四年）、「山背《やましろ》」を「山城《やましろ》」と改め、平安京に都は遷されました。平安時代の幕開けです。この時、釈玄賓《しゃくげんぴん》は六十歳、空海は二十歳でした。

延暦十六年（七九七年）十二月、二十四歳の空海は王羲之風《おうぎしふう》の書法で「聾瞽指帰《ろうこしいき》」（三教指帰《さんきょうしいき》）という題で書いたものを親族に見せました。

その中に、「虚空蔵求聞持法」成就の瞬間のことも書いています。

土州《としゅう》　室戸崎《むろとのさき》に勤念《ごんねん》す。幽谷《ゆうこく》は聲《こえ》に応《おう》じ、明星《みょうじょう》　来影《らいえい》す

（土佐の国（高知県）の室戸岬で勤念する。幽谷はお唱えの声にこたえて鳴動

し、明星の光とんで口に入る)

この書によって、出家の決意をあらわしたのでした。

そんな空海に転機が訪れます。遣唐使に選ばれたのです。

東大寺で授戒した空海は、最澄とともに入唐《にっとう》することになりました。

延暦二十三年(八〇四年)、三十一歳のときのことです。

空海と同じ船に橘逸勢《たちばなのはやなり》(七八二年?~八四二年)が乗っていました。後に嵯峨天皇と共に「三筆《さんぴつ》」として並び称される二人が同じ船に乗っていたのです。橘逸勢は、橘諸兄の曾孫《ひまご》にあたります。空海と逸勢は入唐の時も帰国の時も行動をともにし、在唐中も交流を続けていました。

逸勢は在唐中、書を柳宗元《りゅうそうげん》(七七三年~八一九年)に学んだといわれています。柳宗元とは、「王孟韋柳《おうもういりゅう》」と称される自然派の四詩人の一人で、有名な詩として「江雪《こうせつ》」があります。

江雪《こうせつ》（川辺の雪）　　柳宗元《りゅうそうげん》

千山《せんざん》鳥《とり》飛《と》ぶこと絶《た》え（多くの山から飛ぶ鳥の姿が絶え）
万径《ばんけい》人蹤《じんしょう》滅《めっ》す（多くのこみちから人の足跡が消えた）
孤舟《こしゅう》蓑笠《さりゅう》の翁《おう》（一艘《いっそう》の小舟《こぶね》には蓑笠《みのかさ》をかぶった翁）
独《ひと》り釣《つ》る寒江《かんこう》の雪《ゆき》に（独りで釣り糸を垂れている、雪の降る寒い川に）

このような名句の詩が作られた中唐は、他にも多くの詩人が出た時代でした。柳宗元と一歳違いの白居易《はくきょい》（白楽天《はくらくてん》）（七七二年〜八四六年）もその一人です。八〇六年三十五歳の白楽天は「長恨歌」（七言一二〇句）を作りました。玄宗皇帝と楊貴妃の物語ともいえる長編の漢詩です。楊貴妃が亡くなってからちょうど五〇年の歳月を経た年でした。

逸勢と空海は、そんな時代の唐の国に飛び込んだのでございます。

空海は八〇五年、青龍寺の恵果を訪れます。恵果は空海を見るなり、「私はずっと以前からあなたが来るのを知っておりました、あなたをずっと待っておりました」と喜び迎え、阿字観と月輪観の瞑想法も含む密教の奥旨《おうし》をすべて伝授し、「遍照金剛《へんじょうこんごう》」の称号を与えました。

翌年、空海と逸勢は帰国の途につきます。空海の手には恵果から授けられた法具、三鈷《さんこ》杵《しょ》がありました。この三鈷杵を明州《めいしゅう》（寧波《にんぽー》）の港から東の空に投げます。空高く五色の雲に覆われ、日本の方へと飛翔しました。

空海は帰国後、高野山の麓へやって来ました。狩人に出会います。白い犬と黒い犬の二匹を連れていました。空海は狩人と二匹の犬のあとを就いて行きました。山の奥へと進みます。その行った先には、一本の松の木がありました。

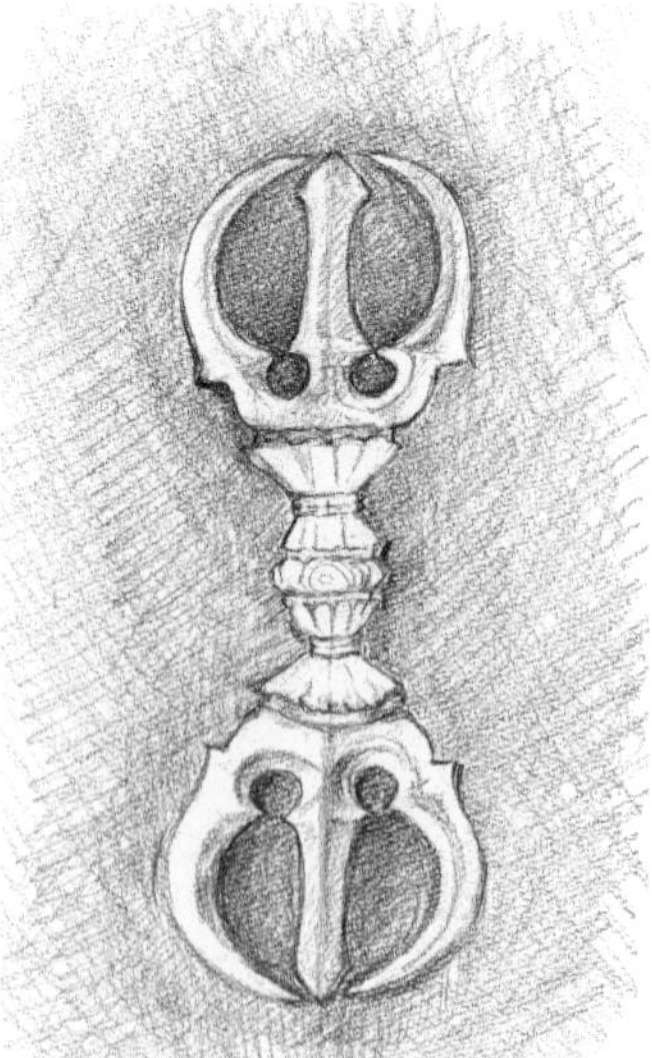

なんとその松の木に明州の港から投げた三鈷杵がひっかかっていたのです。
その松は不思議な松でした。松葉は二本ですが、この松には三本の松葉もあるのです。
この松は「三鈷《さんこ》の松《まつ》」、三鈷杵《さんこしょ》は「飛行三鈷《ひぎょうさんこ》」と呼ばれることになります。

延暦《えんりゃく》二十四年（八〇五年）三月二十三日、桓武天皇（六十九歳）は、伯耆国《ほうきのくに》に使いの者を遣わします。伯耆国は玄賓がおじの道鏡が法王になった三十三歳の頃、潜入したところとされています。そこには大山《だいせん》という名の山があります。役《えん》の優婆塞《うばそく》（役行者《えんのぎょうじゃ》）や行基菩薩が入ったとされる山で、伯耆富士《ほうきふじ》と呼ばれています。玄賓は大山の麓《ふもと》に居住したともいわれていますが、そこへ、桓武天皇からの使者がやって来たのでした。桓武天皇の調子がおもわしくなく、多くの高僧《こうそう》たちに祈祷してもらったのですが、なおもおもわしくなく玄賓に上京していただきたいとのことでした。それほど玄賓僧都の呪術的《じゅじゅってき》能力が高

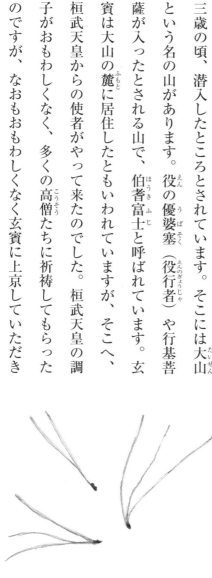

く評価されているのです。玄賓は急いで都におもむきます。桓武天皇のために祈祷《きとう》しますと、天皇の容態《ようだい》は快方《かいほう》に向いました。天皇は大変に喜ばれ、七月十五日、玄賓は「伝灯大《でんとうだい》法師《ほうし》」の位を賜《たまわ》りました。

こうして玄賓は尊《とうと》い僧として、世に名高《なだか》くなっていったのでございました。

翌、大同《だいどう》元年（八〇六年）には桓武天皇がたびたび玄賓を召されました。実はこの頃、玄賓は伯耆国の南、備中の北の方にも姿をあらわしておりました。この辺りは石灰石《せっかいせき》が豊富でした。桓武天皇のために鍾乳石《しょうにゅうせき》の瑠璃色《るりいろ》の部分、乳白色《にゅうはくしょく》の半透明《はんとうめい》なところだけを採《と》りだして、粉末《ふんまつ》にし薬石《やくせき》（石の乳）を作り処方《しょほう》しました。桓武天皇はたいそうお喜びになられました。さらに病気平癒《へいゆ》を願い、祈祷を行いましたが、三月、桓武天皇は崩御なさいました。

五月、桓武天皇の第一皇子が即位されました。平城天皇《へいぜいてんのう》です。

四月に「大僧都《だいそうず》」を任じられた玄賓は、世俗的《せぞくてき》な名声《めいせい》を嫌い、都を離れます。

備中へ足を向けたのです。鍾乳石で薬石を作ったりした場所、湯川《ゆかわ》（岡山県《おかやまけん》新見市《にいみし》土橋《つちはし》寺内《てらうち》）へ来ました。そこに寺を建てます。「湯川寺《とうせんじ》」と名づけられました。玄賓はその後、ここを拠点に備中に多くの足跡を残していくことになります。山の奥や里の人々の中に分け入り、困っていることがあれば、智慧《ちえ》を授《さず》けたり手《て》づから教えたりしました。

同じ年（大同元年）、湯川寺から北の哲多《てった》へも飄然《ひょうぜん》と行き、「大椿寺《だいちんじ》」（新見市《にいみし》 哲多町《てったちょう》花木《はなぎ》）を開基《かいき》しました。倉木山《くらきやま》に法相宗の初祖《しょそ》でもある弥勒菩薩《みろくぼさつ》を本尊《ほんぞん》に草庵《そうあん》を結《むす》んだといわれています。近くのきれいな川に「ことぶきのり」という珍しい水藻が岩についているのを玄賓は発見しました。よく洗って酢醤油《すじょうゆ》などで味を付けて食べるとよいという、このことぶきのりを玄賓僧都は愛用したのでございます。寒い頃よく繁茂《はんも》し、あたたかくなればその姿を消しました。

また、この辺りには「衝羽根《つくばね》」の樹がはえていて、花木地区の衝羽根は「花木《はなぎ》つくばね」として有名でした。

玄賓僧都はこの衝羽根の実をとって、砂糖漬《さとうづ》けにしたり梅漬《うめづ》けにしたりして湯《ゆ》茶《ちゃ》に活《い》かして飲む、いわゆる「つくばね

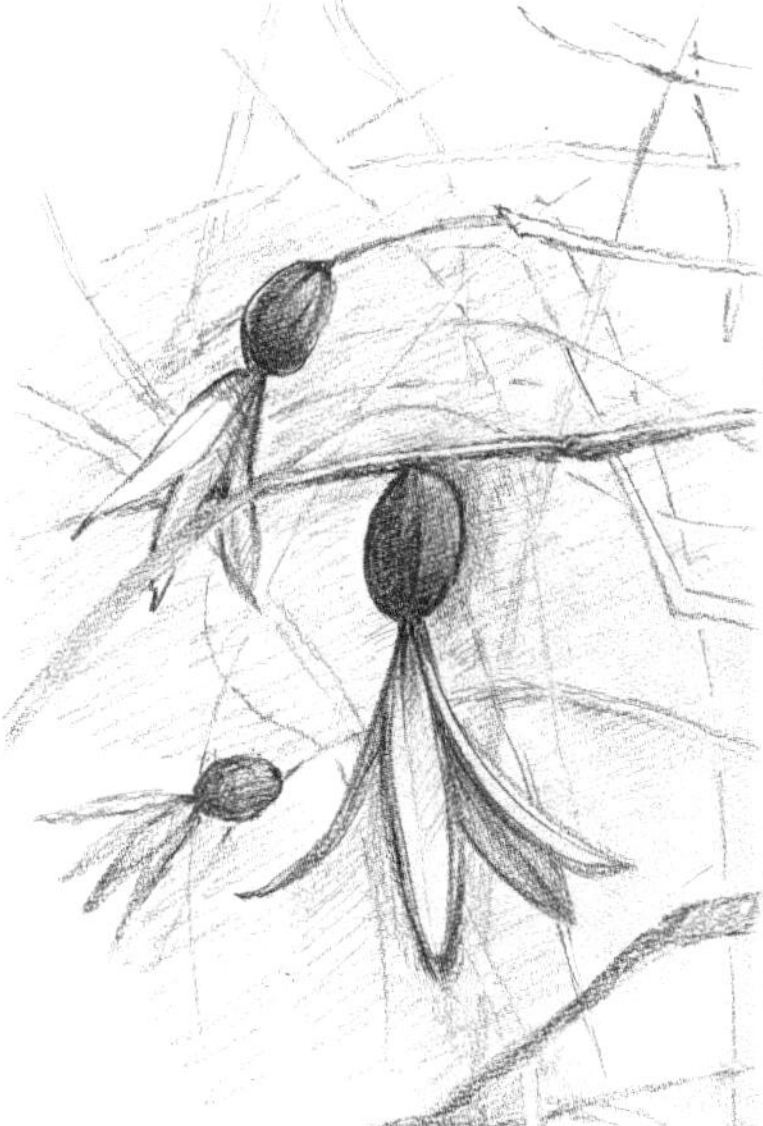

茶」が大好きでした。

都での生活からは一転して、自然と共に日を暮らす玄賓僧都なのでした。「遺教経《ゆいきょうぎょう》」の中に「知足《ちそく》」という言葉があり、「吾《われ》唯《ただ》足《た》るを知《し》る」と仰《おっしゃ》っていらしたということです。

大同二年（八〇七年）、玄賓僧都（七十三歳）は巡錫《じゅんしゃく》された際、備中に「定光寺《じょうこうじ》」（岡山県高梁市 中井町 西方）を開基します。

翌、大同三年（八〇八年）、この定光寺へ玄賓僧都（七十四歳）を訪ね、空海（三十五歳）がやって来ました。玄賓と空海は四十歳ほども差がありましたが、年齢を超え、通じるものがあったのでございましょう。二人の高僧は備中の地で楽しく語り合ったといいます。空海は湯川寺へも玄賓僧都を訪ねていたようです。

翌々年の大同四年（八〇九年）、桓武天皇の第二皇子が皇位に就かれました。嵯峨天皇《さがてんのう》（二十三歳）です。平城天皇（三十二歳）は上皇になられました。

この年に嵯峨天皇は玄賓（七十五歳）を都に召還しました。兄、平城上皇の調子がおもわしくなく、玄賓は病の平癒を祈りました。そのあとまた山中に帰るのですが、玄賓はたびたび都へ召還されました。

このように、玄賓は桓武天皇、平城天皇、嵯峨天皇の三代の天皇から厚い信頼を寄せられるようになっていたのでありました。

その後も、嵯峨天皇から玄賓は毎年のように法服《ほうふく》や、書や布などを賜っています。弘仁《こうにん》七年（八一六年）には、玄賓（八十二歳）の住む備中哲多郡《びっちゅうてったぐん》の庸米《ようまい》を免除《めんじょ》されるということがあり、その地域の人々は玄賓の徳の高さに感謝したといいます。

弘仁九年（八一八年）六月、玄賓（八十四歳）は備中の哲西《てっせい》に「四王寺《しおうじ》」（岡山県《おかやまけん》新見《にいみ》市《し》哲西町《てっせいちょう》大野部《おおのべ》）を開基しました。すぐ北は伯耆国、西は備後国《びんごのくに》という地域です。一木一草《いちぼくいっそう》に神々の宿るこの山中に建てた四王寺で魂を込めて祈りました。常に潮《しお》の香りが漂《ただよ》い、かつては海であったことを思い起こさせるこの場所で。玄賓僧都は「和」という一字を大切になさっておられました。お経の中には「和」という字は無い、といわれております。聖徳太子が三十一歳の頃、お作りになられたという「十七条の憲法」第一条に「和《わ》を以《もっ》て貴《とうと》しと為《な》す」とあります。玄賓僧都はその「和」を広くひろめるためにもここに足を運ばれたのかもしれません。やがて、経の中に「和」と一文字書き添えると、玄賓僧都はこの地を去りました。

同じ月の十七日、玄賓僧都は遷化なさいました。嵯峨天皇はこの訃報を、それはそれは嘆かれ、哀しみのあまり、「賓和尚《ひんおしょう》に哭《こく》す」（玄賓和尚《げんぴんおしょう》に慟哭《どうこく》する）（『文華秀麗集《ぶんかしゅうれいしゅう》』に採択《さいたく》）という七言律詩《しちごんりっし》の漢詩《かんし》を捧げるほどでした。


一方、空海は四十三歳の時、高野山に金剛峯寺《こんごうぶじ》を建立しました。松の木の枝に三鈷杵が引っかかっていたというあの場所です。高野山は山岳仏教《さんがくぶっきょう》の拠点《きょてん》となったのでございました。その後、嵯峨御所《さがごしょ》（後の大覚寺《だいかくじ》）や「東寺《とうじ》」（「教王護国寺《きょうおうごこくじ》」）などに関わってゆくことになります。

そして、承和《じょうわ》二年（八三五年）、六十二歳の空海は「身は高野《たかの》、心は東寺に納めおく」という言葉を残し、およそ十数年過ごし、住み慣れた東寺をあとにします。

高野山金剛峯寺へ身を移し、三月二十一日、入定《にゅうじょう》なさいました。

醍醐天皇から「弘法大師《こうぼうだいし》」の諡号《しごう》が贈られたのは延喜二十一年（九二一年）十月二十七日、八十六年あとのことでございました。

以後、真言宗《しんごんしゅう》を開いた弘法大師空海として、幅広く多くの人々の信仰を集めることになったのです。

玄賓僧都は隠遁聖《いんとんひじり》の祖《そ》として、憧《あこが》れの人物になっていきます。書物にあらわれたり、お能《のう》の登場人物になったり、また巷間《こうかん》でも、その土地その土地で語り継がれてゆくことになるのです。

第六章　玄賓僧都《げんぴんそうず》の伝承《でんしょう》

かつて隠徳《いんとく》のひじりと称された玄賓僧都はその時代、その時代に、いろいろな書物の中で和歌とともに逸話が伝承されていくのでありました。

平安時代中期《へいあんじだいちゅうき》。

藤原公任《ふじわらのきんとう》（九六六年～一〇四一年）が「和漢朗詠集《わかんろうえいしゅう》」を撰出《せんしゅつ》しました。

公任は藤原道長《ふじわらのみちなが》（九六六年～一〇二七年）と同い年《おなどし》で、公任も道長もみな藤原の鎌足《かまたり》、不比等《ふひと》を先祖《せんぞ》に持つ藤原一族です。「枕草子《まくらのそうし》」を書いた清少納言《せいしょうなごん》や、「源氏物語《げんじものがたり》」を著《あらわ》した紫式部《むらさきしきぶ》と同じ時代を生きた歌人《かじん》であり、公卿《くぎょう》でもあります。

長和《ちょうわ》二年（一〇一三年）頃、当時の貴族《きぞく》たちに朗詠《ろうえい》されていた漢詩や和歌などを編纂《へんさん》しました。その「和漢朗詠集」巻下「僧」の締《し》めくくりの歌として、玄賓僧都がお作りになられたという和歌が六一二番として取り上げられています。

三輪川《みわがわ》の　清《きよ》き流《なが》れにすすぎてし　わが名《な》をさらに　またや汚《けが》さむ

（三輪川の清流のほとりで修行した私の名前を、今さら名誉《めいよ》や利益《りえき》のために汚すことはできようか）

この一首は、「和漢朗詠集」に取り上げられるほど、この頃、貴族の間で声に出して歌われていたのでございます。

紫式部の書いた『源氏物語』にも玄賓僧都の和歌が引《ひ》き歌《うた》となっている箇所《かしょ》があります。第三十四帖「若菜上《わかなじょう》」に「水草清《みずくさきよ》き」という言葉が出てきます。明石入道《あかしのにゅうどう》（明石《あかし》の君《きみ》の父・光源氏の舅《しゅうと》）が、明石の君と光源氏との間の娘である明石の女御《にょうご》が東宮《とうぐう》（朱雀院《すざくいん》の皇子《みこ》）との間の皇子（明石入道の曽孫）をお産みになられたことを知り、明石の君に手紙を送ります。明石の君が生まれる時に見た夢を初めて明かし、積年の念願が叶ったので、「水草清き山の末」、水も草も清らかな山の奥で勤行しようと思い、山に籠もることに

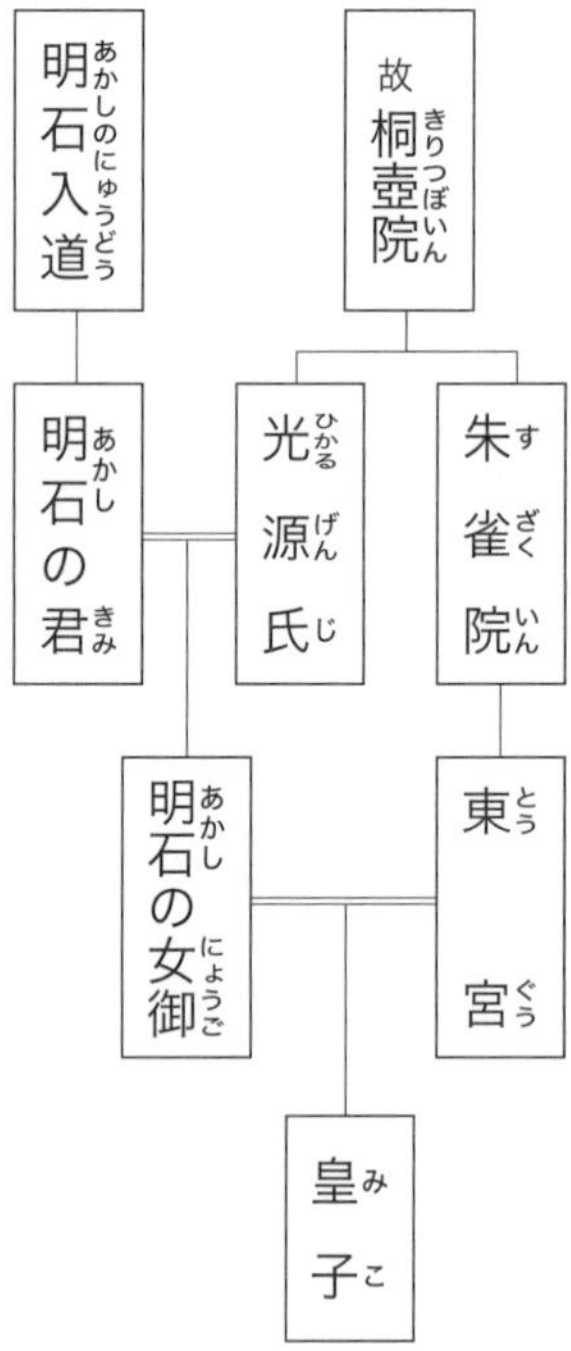

人物関係図
（『源氏物語』第34帖「若菜上」巻）

しました、と書かれているのです。隠遁し、世間の誰とも、もう交わらないという決意です。「水草清き」という文言は玄賓僧都の和歌、「とつ国《くに》は　水草《みずくさ》きよみ　事《こと》しげき　都《みやこ》の中《うち》は　住まずまされり」が引き歌となっています。『源氏物語』の注釈書『花鳥余情《かちょうよせい》』や『湖月抄《こげつしょう》』にもそのことについて注釈が付けられています。作者 紫式部は、明石入道に隠遁聖の祖、玄賓僧都のお姿を重ねているのでございましょう。

平安時代が終わりを告《つ》げ、世は鎌倉時代《かまくらじだい》になりました。京の郊外《こうがい》、日野山《ひのやま》（京都市《きょうとし》伏見区《ふしみく》日野《ひの》）に一丈四方《いちじょうしほう》（方丈《ほうじょう》）の小庵《しょうあん》を結び、隠棲《いんせい》している僧がおりました。鴨長明《かものちょうめい》（一一五五年～一二一六年）です。春には波打《なみう》つ藤《ふじ》の花を見、夏は郭公《ほととぎす》の声《こえ》を、秋はひぐらしの声に耳を傾け、冬は雪をしみじみと感じる、そんな暮らしを送っていました。

この方丈の庵に住みながら世間《せけん》について書き記したものが「方丈記《ほうじょうき》」です。

ゆく河《かわ》の流《なが》れは絶《た》えずして、しかも、もとの水《みず》にあらず。
（流れゆく河の流れは途絶えることがなく、しかも、もとの水ではない。）

この冒頭《ぼうとう》は諸行無常《しょぎょうむじょう》を鴨川《かもがわ》の水の流れに託《たく》しています。

この冒頭のあと、京の町に天変地異《てんぺんちい》が起こったり、飢饉《ききん》や疫病《えきびょう》が蔓延《まんえん》したりして、多くの人々が大変な生活を強《し》いられていることが書かれます。

「方丈の間に住んでいたという浄名居士《じょうみょうこじ》（維摩居士《ゆいまこじ》）の住居跡《じゅうきょあと》をまねているといっても、保っているところは、わずかに周梨槃特《しゅりはんどく》の修行にさえおよばない」という一文《いちぶん》を以《もっ》て書き終えます。維摩居士と周梨槃特が登場しています。

方丈の間に住んでいたという維摩居士は古代印度《こだいいんど》の釈迦の在家《ざいけ》の弟子《でし》のことです。毘舎離《びやり》に住む一般《いっぱん》の人で、「維摩経《ゆいまきょう》」の主人公《しゅじんこう》です。

「維摩経」はある日、維摩居士が病気になったことから語り起こされます。

お釈迦様は、弟子たちにお見舞《みま》いに行くように言います。舎利弗《しゃりほつ》や目連《もくれん》、大迦葉《だいかしょう》、須菩提《しゅぼだい》など十大弟子《じゅうだいでし》は誰一人として首を縦《たて》にふるものはおりません。なぜなら、かつて、維摩の鋭《するど》い舌鋒《ぜっぽう》で悉《ことごと》く論破《ろんぱ》された経験があったからなのです。

その中で、唯一人、文殊菩薩《もんじゅぼさつ》がお見舞いの役を引き受けました。さすが、「三人寄《さんにんよ》れば文殊《もんじゅ》の知恵《ちえ》」の文殊菩薩。維摩と相対《あいたい》してみようと思ったのです。文殊菩薩と維摩居士はどんなお話しをするのだろうと思い、大勢（三万二千の師子座《ししざ》・仏《ほとけ》たち）がついていきます。

維摩居士のお住まいは方丈の間です。一丈は十尺（約三m）。一丈四方（約三m四方）の部屋にこんな大勢はとても入りそうにありませんが、次々入って行き、不思議なことに皆がその部屋に入ることができました。維摩の神通力《じんずうりき》によるものでした。

維摩居士と文殊菩薩の対論が始まります。

そこで語られたのは、「不二《ふに》の法門《ほうもん》」です。「不二」とは二つに見えるが、実際は二つではなく、一つであるという意味。「不二の法門」にどうやって入るのかをそこにいる者たちが二項対立《にこうたいりつ》に沿《そ》わせ、それぞれに考えを述べていきます。

「善《ぜん》と悪《あく》」、「悟《さと》りと迷《まよ》い」、「自分《じぶん》と他者《たしゃ》」、「智慧《ちえ》と愚痴《ぐち》」、「光《ひかり》と闇《やみ》」などあらゆる対立したものは別々のものではない、一つなのだということを語ります。

「聖《しょう》」も「世俗《せぞく》」も同じ。善くないことをして、善いことを強く感じる。迷うから迷わない心に至る。他人との違いを感じることによって己のことを知る。愚痴（仏の智慧に暗く無知《むち》であること）であるから、智慧を得ることの大切さに気付く。闇の暗さを知るから光の明るさを知る……と。

これらを受け、文殊菩薩は「言葉も思考《しこう》も認識《にんしき》も問いも答えも、すべてそこから離《はな》れること、それが不二の法門に入ることだと思います。われわれはそれぞれ自分の考えを述べました。維摩居士、あなたは不二の法門へはどのようにして入るとお思いですか」と問います。

維摩の答え、それは「…………」。維摩居士は黙《もく》し、それを答えとしました。

この一黙《いちもく》に対して、文殊菩薩は、「なるほど、文字も言葉もない、これぞ真《しん》に不二の法門に入ることなのですね」と感嘆《かんたん》します。

「維摩《ゆいま》の一黙《いちもく》　響《ひび》くこと　雷《らい》の如《ごと》し」

そこにいる皆が雷に打たれたように「不二の法門」を悟ったのです。

そして、香り、音、光などあらゆるものが仏教の真理を説いている、と説かれます。求める心さえあれば、自然に満ち満ちている香りや音、光などから私たちは安寧の心に導かれるのだということです。維摩居士は、普段の家庭や仕事の実生活にこそ悟りの世界、すなわち聖なる世界があると言うのでございました。俗にあって俗塵《ぞくじん》に染まらないことこそ、真の修行なのです。

維摩居士の住んでいた方丈の間というのは四畳半《よじょうはん》ほどの広さです。

鴨長明は、維摩居士にあやかり、方丈の間で生活し、「方丈記」を書いたのでした。

「周利槃特《しゅりはんどく》」とは、釈迦の弟子の中で最も愚《おろ》かで頭が悪い、と知られた人で、後に大悟《たいご》した人物です。

お釈迦様の元で出家し、修行しますが、お釈迦様の言葉を少しも記憶できませんでした。自分の名前も覚えられないほどでした。周りの弟子達からばかにされ、悩んだ末、己のあまりの能力の無さに、去ろうとします。

そんな周利槃特にお釈迦様はこう言います。

「自らの愚を知る者は、真の知恵者である」と。

この言葉に思いとどまります。お釈迦様は一本の箒《ほうき》を与え、「塵《ちり》を払《はら》い、垢《あか》を除《のぞ》く」と唱《とな》えさせ、祇園精舎《ぎおんしょうじゃ》（祇樹給孤独園精舎《ぎじゅぎっこどくおんしょうじゃ》）を掃除《そうじ》させることにしました。

くる日もくる日も一心に掃除をします。ある日、お釈迦様に「綺麗《きれい》になったでしょうか」と周利槃特は尋ねます。お釈迦様は首を横に振りました。

周利槃特は再び一心に掃除をしました。何年も経ったある日、掃除をしたばかりの所を子どもたちが汚《よご》してしまいました。思わず箒を振り上げて怒鳴《どな》ります。

「なぜ汚すのだ」と。その時です。周利槃特は自分の心こそ、汚れていることに気付きました。綺麗でなかったのは己《おのれ》の心だったのです。

掃除だけをしていて、ついに大悟したというのでした。

お釈迦様は皆に言いました。

「悟りを開くということは、なにもたくさん覚えることでは決してない。たとえわずかなことでも、徹底《てってい》しさえすればそれでよいのである。見よ。周利槃特は箒で掃除をすることに徹底して、ついに悟りを開いたではないか」と。

自分の名前さえ覚えられなかった周利槃特は天眼《てんげん》を得《え》たのでございました。

鴨長明は、自分は維摩居士の住んだという方丈の間に住んでいながら、その実、周利槃特の修行にも及ばない、と「方丈記」を結んでいるのでございます。「方丈記」を著してから数年、鴨長明は仏教説話集《ぶっきょうせつわしゅう》を著します。「発心集《ほっしんしゅう》」です。「発心」とは「発菩提心《はつぼだいしん》」の略で、求道《ぐどう》の念《ねん》をおこすことです。つまり、仏道に入ることです。「発心集」は発心出家したいろんな人の話を集めたものです。

その一番目と二番目の話は玄賓僧都の話なのでございます。

昔《むかし》、玄敏僧都《げんびんそうず》と云《い》ふ人《うひと》有《あ》りけり。

（昔、玄賓僧都と言う人がおられました。）

という一文で一番目の話は始まっています。内容は玄賓僧都の隠遁の話です。山階寺《やましなでら》（興福寺《こうふくじ》）の尊い博識《はくしき》な僧でしたが、世を厭《いと》う心が深くて、三輪河《みわがわ》のほとりに、僅《わず》かな草の庵を結んで住んでいました。桓武天皇の時代に帝の病気平癒のため、無理《むり》な都へのお召しにも関わらず効験がありました。それを尊び、平城天皇の御世には「大僧都」に任じられるということになったのですが、それをお断り申そうと詠んだ歌、

三輪川《みわがわ》の　清《きよ》き流《なが》れに　すすぎてし　衣《ころも》の袖《そで》を　または汚《けが》さじ

（三輪川の清流で清めたこの衣の袖を、ふたたび世俗に交わってけがす気持ちはありません）

と書いて、奉《たてまつ》りました。このような次第《しだい》で、誰にも知られないようにして、どこへともなく出奔《しゅっぽん》してしまいました。人前《ひとまえ》から姿を消したのです。

ある時、玄賓僧都の弟子《でし》が用事があって越《こし》の国の方に行き、舟に乗りました。渡《わた》し守《もり》（船《せん》頭《どう》）を見ると誰かに似ています。しばらくしてそれが師匠の玄賓僧都だと気付きました。今は人目《ひとめ》があるので帰りにお話ししようと思い、舟から下り、用事をすませて、またこの舟の渡《わた》し場《ば》に来てみると、もう行《い》きの渡し守はここには居ないと言うではありませんか。師匠も舟に弟子が乗っている、ということに気付いていたので、またどこかへ去《さ》ったのでございました。

山田《やまだ》もる　僧都《そうず》の身《み》こそ　あはれ《わ》なれ　秋《あき》はてぬれば　問《と》ふ人もなし

（山の田を守る僧都《そうず》（案山子《そうず》）の身を思うとしみじみとします。秋がすぎて飽きられて誰からも忘れられてしまうからです）（玄賓の歌）

という「続古今和歌集《しょくこきんわかしゅう》」の一首は玄賓僧都の歌です。
三井寺《みいでら》（大津市《おおつし》の園城寺《おんじょうじ》）の道顕僧都《どうけんそうず》も玄賓の物語を見て、「渡し守こそ、まことに、罪なくて世を渡る道である」と涙を流し、琵琶湖《びわこ》に舟を一つ浮かべたとか、と一話目が結ばれています。

二つ目の話は、玄賓が身をやつして仕えた主人が困っていたので助け、そこを去ってしまいましたが、その人はあの「玄賓僧都」であったという話です。
「発心集」の巻頭《かんとう》の第一話と第二話に玄賓僧都の隠遁説話《いんとんせつわ》を書くほど、鴨長明は玄賓の生き方に強い憧れと尊敬の念を持っていたのでございました。

鎌倉時代中期、建長《けんちょう》六年（一二五四年）に書かれた、橘成季《たちばなのなりすえ》著「古今著聞集《ここんちょもんじゅう》」（説話集）巻第五　和歌《わか》第六の最初の歌は玄賓僧都の一首です。

嵯峨天皇は、玄賓上人の徳を尊びなさって「僧都」になさったのを、玄賓は、位記《いき》（位《い》階《かい》を授《さず》ける時に出す公的な文書）を木の枝に差し挟《はさ》んで、和歌を書き付けて何方《いずち》ともなく去ってしまいました。その歌とは、

外国《とつくに》は　水草清《みずくさきよ》し　こと繁《しげ》き　天《あめ》の下《した》には　住《す》まぬ優《まさ》れり

（都の外の国は水草も清い。俗事《ぞくじ》が煩《わずら》わしい天の下（世間）には住まないほうがよい）（玄賓僧都の和歌）

この一首を残し、玄賓僧都はそのまま伯耆国に住んだのでした。天皇は感心なさって、ご命令を下して玄賓上人に施物《せもつ》を贈りました。受け取ったかどうかは定かではありません。と、このように記されているのです。

この歌は、隠遁生活《いんとんせいかつ》に憧れを抱《いだ》く者にとって特別な一首だったようです。

吉田兼好《よしだけんこう》（一二八三年頃〜一三五二年頃）が五〇歳前後に書いたという「徒然草《つれづれぐさ》」の二十一段に、

人遠《ひとどお》く、水草清《みずくさきよ》き所《ところ》にさまよひ歩《ある》きたるばかり、心慰《こころなぐさ》むことはあらじ。

（人里遠く離れ、「水草清き所」を歩きめぐれば、心癒《こころい》やされること、この上ない。）〈「徒然草」二十一段より〉

という部分があり、「水草清き所」というのは玄賓僧都の「外国《とつくに》は　水草清《みずくさきよ》し　ことしげ

き　天《あめ》の下《した》には　住《す》まぬ優《まさ》れり」を元としているといわれています。

兼好法師も玄賓僧都の生き方に憧れを抱いていた一人なのです。

室町時代になりました。奈良時代に行われていた「猿楽《さるがく》」が観阿弥《かんあみ》（一三三三年～一三八四年）、世阿弥《ぜあみ》（一三六三年頃～一四四三年頃）親子の登場により、三代将軍 足利義満《あしかがよしみつ》（一三五八年～一四〇八年）が後援《こうえん》し、芸術的に高まり、多くの曲を生み出しました。

その中に「三輪《みわ》」という世阿弥元清《ぜあみもときよ》作という曲があります。三輪《みわ》の女神《めがみ》がシテ（主人公）で登場します。シテと対峙《たいじ》するワキ（脇役《わきやく》）が玄賓僧都なのでございます。玄賓僧都が名宣《なの》るところから始まります。

これは和州《わしゅう》三輪《みわ》の山陰《やまかげ》に住居《すまい》する　玄賓《げんぴん》と申《もう》す　沙門《しゃもん》にて候《そうろう》。

（この私は和州（大和国《やまとのくに》・奈良県）に住んでいる玄賓という沙門（修行僧）でございます。）

それから、「山田守《やまだも》る　そほ《お》づの身《み》こそ　悲《かな》しけれ。秋果《あきは》てぬれば。訪《と》ふ《お》人《ひと》もなし」という歌詞が出て来ます。

備中国《びっちゅうのくに》湯河《ゆかわ》といふ山寺《やまでら》にて　僧都玄賓《そうずげんぴん》

山田守《やまだも》る　僧都《そうず》の身《み》こそ　あはれなれ　秋果《あきは》てぬれば　問《と》ふ人《ひと》もなし

〈「続古今和歌集《しょくこきんわかしゅう》」巻十七雑歌上《ぞうのうた》・一六〇八番・玄賓僧都〉

という玄賓僧都の歌の「あはれなれ」を「悲しけれ」に換《か》え、曲を響かせています。能「三輪」にも取り上げられ、公家《くげ》や大名《だいみょう》たちにも玄賓僧都の名は広まります。

江戸時代になりました。

漢詩人《かんしじん》の石川丈山《いしかわじょうざん》(一五八三年〜一六七二年)は、寛永《かんえい》十八年(一六四一年)、五十九歳の時に詩仙堂《しせんどう》を造営《ぞうえい》します。農作物を鹿《しか》などから守るために、鹿《しし》おどしを日本で初めて作ります。竹に水を流し、一定量溜《た》まると、重さに耐《た》えかねて水の溜まった方が下がります。水が抜けて元の位置に戻るとき、そこには岩があるので、勢いよく当たってカコンッと音が鳴ります。その音で獣《けもの》が逃げるという仕掛《しか》けです。この仕掛《しか》けを玄賓僧都にちなみ、「僧《そう》都《ず》」と名づけ、「添水《そうず》」と呼ばれるようになりました。「山田守《も》る僧都の身こそ」の和歌に

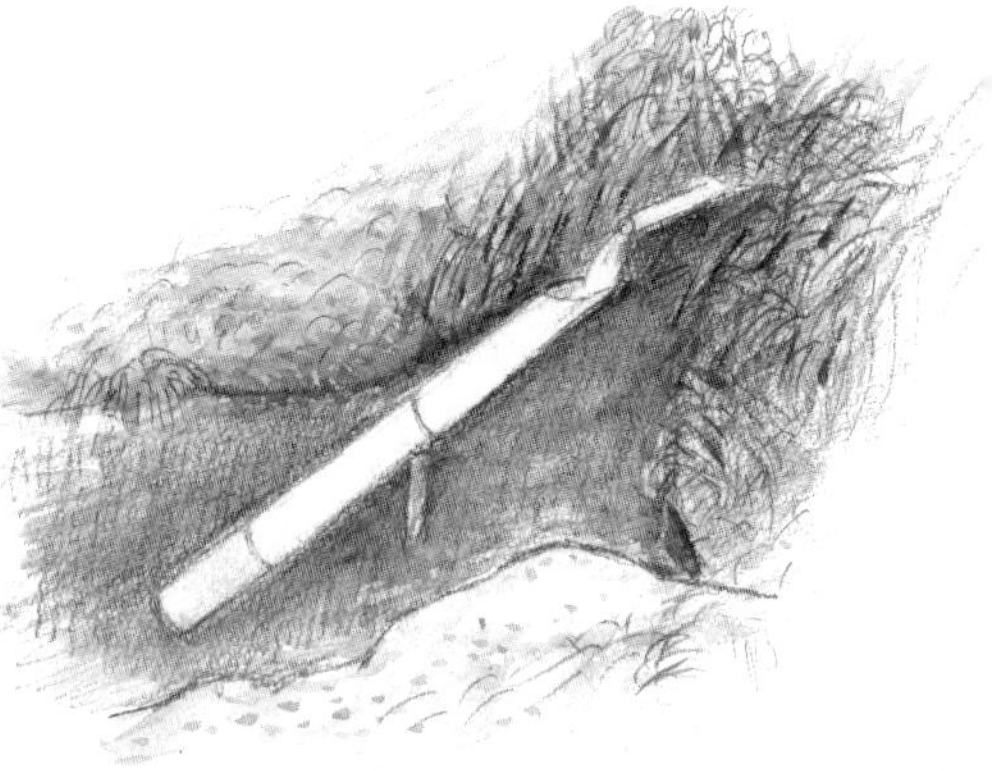

因み、「山田の僧都」が案山子《かかし》の別名にもなりました。案山子《かかし》の創案者《そうあんしゃ》が玄賓僧都だと言われ、農村地帯で田畑を荒らす鹿や猪、鳥を音でおどして追い払う仕掛けを作ったとも言われているのです。

丈山は自らも隠遁生活を営みつつ、玄賓僧都の隠徳を偲んでいたのでした。

かの松尾芭蕉も、玄賓僧都を句に詠み込んでいます。

（『江戸十歌仙《えどじっかせん》』『旅《たび》ぎせる三唫《さんぎん》』より）

針立《はりたて》の 玄賓僧都《げんぴんそうず》 見《み》まはれ《わ》て　青

（鍼医《はりい》の玄賓僧都に見舞われて　松尾桃青《とうせい》）

とあり、延寳《えんぽう》六年（一六七八年）十一月に板行《はんこう》（出版）された書物に載っています。

松尾芭蕉が三十五歳の頃です。この頃は知識人の中でも玄賓僧都は有名な人物だったようです。

玄賓僧都は「隠遁聖《いんとんひじり》の祖《そ》」として、その時代、その時代で伝承となり、隠士《いんし》たちが語り継《つ》いでいったのです。

備中《びっちゅう》でも玄賓僧都が伝承されていきました。文献《ぶんけん》にあらわれるものとは少し雰囲気が違います。それは、おじいちゃんやおばあちゃんから、子や孫へと語られたものだったからです。

第七章　玄賓《えんぴん（げんぴん）》さん　備中《びっちゅう》での言い伝《つた》え

ぜがひでも、という心はある意味とても大切です。正しいかどうかにかかわらず、それを信じる心は清らかです。備中での玄賓僧都の伝承はそういう信じる心で生じたものです。

備中とは、古代、吉備国《きびのくに》といわれていたところが、天武天皇、持統天皇の時代に備前《びぜん》、備中《びっちゅう》、備後《びんご》となり、のち、備前から美作《みまさか》が分かれて四《よん》か国《こく》となった内の一つの国です。吉備という名は黍《きび》の収穫量《しゅうかくりょう》が多かった事に由来すると言われています。桃太郎伝説（吉備津彦命《ひこのみこと》、温羅《うら》伝説、鬼ノ城《きのじょう》伝説）に出てくる「きび団子《だんご》」の黍です。

備中では、人から人へ、おじいちゃんやおばあちゃんから子や孫へと玄賓僧都の話があったかく伝えられていたのでした。

湯川寺《とうせんじ》は玄賓僧都が備中に初めて作ったお寺です。このあたりに初めて来られた時、近くの老婆《ろうば》が、湯川《ゆかわ》では貴重《きちょう》なお茶を飲ませてくれたのを知って、そのお礼にここらへんをお茶がよく育つ土地にして下さったという伝承があります。

湯川寺の横を流れている川に橋がまだ無かった頃、そこを玄賓さんが裸足で入って歩いて渡られたとき、足に何かがチクッとささってしまいました。それはカワニナ（蛍の幼虫の餌になる貝）の尻（先端部分）でした。それで、他の誰かがこの川を渡る時に怪我《けが》をしてはいけないとおっしゃられ、呪文《じゅもん》をかけ、そこにいるカワニナの尻を全部丸くなさったのです。

玄賓さんのお力で、尻の無いカワニナがいるようになったので、湯川寺の横を流れている川を「尻無川《しりなしがわ》」というようになりました。この川は「佐伏川《さぶしがわ》」の支流《しりゅう》です。

佐伏川そばのお寺で、湯川寺近くの雲泉寺《うんせんじ》や三尾寺《みおじ》に玄賓さんが立ち寄ったという伝承もあります。

こんな話もあります。

ある時、備中の山々を巡る旅をしていて、歩き疲れた玄賓さんは道端の石に腰掛けられました。そよ風が心地よいので、にこにこしておりました。それを見ていた近くの夫婦がこそこそ内緒話をします。

「どこのお坊さんか知らんが、ずいぶん、くたびれたようすじゃなぁ」

「ほんとに。お白湯《さゆ》ぐらいしかないけぇど、持ってってさしあげましょうかしら」

「おぉ、そりゃあ、えぇ」

そう言って、見知らぬお坊さんにお湯呑《の》みを持っていきました。

「あのぉ、お白湯ぐらいしかないんですけぇど。どうぞ」

「まぁ、こりゃぁ、ありがたい。のどが渇いておったんで、ありがたいですなぁ。それじゃぁ、まぁ、遠慮なく、頂戴いたします。……はぁ、こりゃぁ、身にしみますなぁ」

お坊さんはおいしそうにお白湯を飲み干され、あたりの景色を見渡しました。

「おいしゅうございました。何かお礼がしたいのですが。あ、いや、これといって何もありませんが、お白湯をお持ち下さるというそのお気持ちが先ずは嬉しゅうて。そのお礼です。何か……、あ、何かお困りのことはありませんかなぁ」

「いえ、そんなお礼だなんて。喜んでお飲み下さっただけで、こちらこそ嬉しゅうございます」

「それに、べつに困ったことは何もありませんので……、あっ」

言い言い、思わず何やら向こうの方へ目が向きます。夫婦とも「あっ」という顔になっています。お坊さんもつられてそちらの方へ顔を向けました。

せっかく丹精込めて作っている農作物が鳥に荒らされそうになっているのでした。それでこのお坊さんは、このご夫婦は鳥や獣に荒らされて困っていることに気付きました。

「鳥や獣に折角《せっかく》の畑も台無しになりますなぁ。お白湯のお礼に案山子《かかし》をお教えいたしましょう。私の言う通りにして下されば、あっという間に鳥も獣も荒らさんようになります。先ず、棒を何本か用意してください。何でもえぇんです」

早速に棒を何本か持って来ました。

「この棒をこんな風に組み立てて、縄でくくって」

お坊さんは地面の土に小枝で図を描いて説明しました。

「そうそう、それで、畑や田んぼのそばにこれを立てるんです。今からあの畑に持っていきましょう」

そう言うなり、三人で組み立てたものを運び出しました。

畑のそばにそれを立てます。お坊さんは、おもむろにご自分の身に付けている袈裟をお脱ぎになり、何やらお経のようなものを唱え出しました。

「この衣を、この組み立てたものに着せてあげなされ。わしがお唱え申したこの衣じゃなければ意味が無い。まぁ、随分洗っておらんからなぁ、きっと効くであろう」そう言ってこの夫婦に袈裟を渡し、立ち去りました。

この夫婦はお坊様の後ろ姿に手を合わせながら、見送りました。

すぐに袈裟を組み立てたものに着せます。

そのとき、ちらりと袈裟の内側が見えました。「玄賓」と書いてあるではありませんか。

「あの高僧で有名な玄賓僧都だったのか」と夫婦は驚いたといいます。備中の山の田のあちこちで、玄賓僧都は案山子のやり方を一人ひとりに伝えていったといいます。

案山子とは、元々「あんざんし」と呼ばれていたものです。

古く、中国で山と里との境目に、獣に注意するため、立てかけた看板のようなもので、「案山」とは「山と里との境、平らになったところ」という意味で、「子」とは人や人形の意味があり、また僧のことを指すこともあります。

ここから先は獣が出て危ないですよ、と注意を促す立て看板です。

田や畑を荒らす鳥や獣は、焦げた匂いや音が嫌いです。何かを焦がして掲げておくと効果があったというので、「嗅《か》がし」というのが語源とも言われ、中国の「案山子」と合わさって「案山子」を「かがし」と呼ぶようになり、いつしか清音の「かかし」になったと言われています。「案山子」と書いて「そおず」と読むようにもなりました。

音を鳴らすものは「鳴子《なるこ》」と呼ばれ、どちらも僧の意も持つ「子」がつきます。案山子も鳴子も、玄賓僧都が旅をしながら、その土地その土地の人々に手づから伝えたと言われております。

どちらも田んぼや畑のそばにいつも立っていて、実りの秋が来るまで、無事に収穫できるまで、ずっと見守って下さる存在です。

玄賓僧都の詠まれた「山田守《やまだも》る　僧都《そうず》の身こそ　哀《あわ》れなれ　秋《あき》はてぬれば　問ふ人もなし」は、備中の湯川の山寺で詠んでいるのでございます。

大同《だいどう》元年（八〇六年）、桓武天皇から平城天皇に御代が移り、玄賓僧都が草間《くさま》の湯川寺に隠遁したというその年、哲多《てった》の花木《はなぎ》（新見市《にいみし》　哲多町《てったちょう》　花木《はなぎ》）に玄賓僧都は大椿寺《だいちんじ》を開基なさいました。この寺には「吾《われ》唯《ただ》

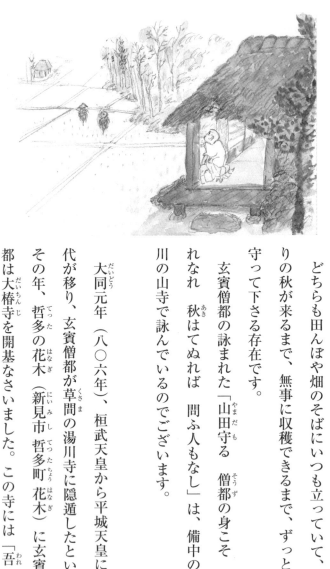

知足《たるをしる》」という寺紋《じもん》が伝わっております。漢字の「口」を中心にして、周囲に「吾」「唯」「知」「足」という漢字を配する「知足《ちそく》の石碑《せきひ》」が、かつて大椿寺にあったといわれ、その石はもう今は無いけれど、寺紋《じもん》として残っているといいます。

大同二年（八〇七年）に玄賓僧都が開基したとされる寺伝《じでん》の残る「定光寺《じょうこうじ》」（岡山県高《たか》梁市《はしし》中井町《なかいちょう》西方《にしがた》）という、元は法相宗であったお寺があります。「定光寺」と「湯川寺」は共に玄賓僧都開基のお寺です。

この「定光寺」の縁起《えんぎ》によりますと、玄賓僧都はこの地に来訪《らいほう》して桓武天皇からいただいた「法皇山《ほうこうざん》萬年堂《まんねんどう》」を称し、その後、湯川寺の地に移ったのだそうです。

湯川からほかのお寺へ行ったり来たり、都とも行ったり来たりしておられたようです。湯川には帰ってくる、というような感じでした。

玄賓さんがこの湯川寺を立ち去る際の逸話。

村人が名残《なごり》を惜しんだので、白檀《びゃくだん》の杖《つえ》を地面に立てていかれました。

「これが生きとる間はわしが生きとると思うてくれ」そうおっしゃって、この地を去ったというのですが、この白檀の杖はやがて大木《たいぼく》になり、「杖白檀《つえびゃくだん》」と呼ばれるようになりました。

玄賓僧都は湯川寺を立ち去ったあと、川上郡《かわかみぐん》近似村《ちかのりむら》に草庵を結んだという言い伝えもあります。

近似《ちかのり》とは、備中国《びっちゅうのくに》下道郡《しもつみちのこおり》近似郷《ちかのりごう》と呼ばれた、高橋川《たかはしがわ》（松山川《まつやまがわ》・高梁川《たかはしがわ》）の西岸一帯のことです。玄賓谷《げんぴんだに》というところがあり、地元の人々からは「玄賓《げんぴん》」と呼ばれている地域です。そこには松林寺《しょうりんじ》というお寺があって、寛弘《かんこう》三年（一〇〇六年）に創建された花山法皇《かざんほうおう》開基の瑞源山《ずいげんざん》深耕寺《しんこうじ》（高梁市《たかはしし》落合町《おちあいちょう》原田《はらだ》）の末寺《まつじ》です。松林寺は元、玄賓僧都の庵寺《あんでら》だったところです。

ここには『玄賓の湯《げんぴんのゆ》』などの数々の伝承があります。

近似村《ちかのりむら》には「玄賓渓《げんぴんけい》」と称するところがあります。玄賓の住む庵の屋後に「石泉」がありました。玄賓が自らうがち（穴をあけ）、そこから湧《わ》いた水を飲み、かつ和歌を詠んだところです。

浅《あさ》くとも　外《と》にはまた汲《くむ》　人《ひと》はあらじ　我《われ》に事足《ことた》る　山《やま》の井《い》の水《みず》

（浅くともほかにはまた汲む人はいないでしょう、私が使うほどに事足りる山の井の水です）

（玄賓僧都の歌）

近似の玄賓谷は「山ノ井ノ歌《やまのいのうた》」が詠まれた名蹟《めいせき》として知られていました。

また、池の水、天水の水に玄賓僧都がご自分のお姿を映しながら、自画像を刻まれたという話があって、その木像が松林寺に祀《まつ》られています。

ほかにも、「玄賓土仏」の話も語り継がれています。

「土仏といって、小《ち》っちゃい石に仏像のような石像を彫って、玄賓《えんぴん》さんはあっちこっち埋めていかれてねぇ。みんなの安楽修行の幸せを願いながら彫っていかれたそうなんじゃけど。そういう話が残っていて、本当に、そういう石が出てきてね。玄賓《えんぴん》さんがこの庵寺でお暮らしの頃、この付近一帯で疫病が蔓延したらしくて、その退散祈願のためにお造りくださったらしい。一般大衆の民にささげたんじゃとか。本当にありがたいことで」

こういう逸話を話すとき、地元の人々は玄賓僧都のことを「げんぴんさん」とか「えんぴんさん」、「えんぴんそう」、「えんぴんそん」などと呼ぶのでした。

平城天皇が玄賓僧都を尊いとお思いになられ、僧官を以てそれを表わそうとなさったとき、玄賓僧都は都から逃れてこの玄賓渓に来られ、篙師《こうし》（渡し守）となって数年、舟を操ったという伝説もあります。

近似や湯川の逸話に思いを寄せ、西山拙斎《にしやませっさい》（一七三五年～一七九八年）は「玄賓渓」や「渡口―昔玄賓所棹舟処也―」と題する漢詩や、「山の井の水」や「山田の僧都」を詠み込んだ和歌を作ったのでした。西山拙斎とは江戸中期の儒学者で、「関西の孔子」とも称された人物です。故郷の鴨方で「欽塾《きんじゅく》」を開き、多くの門弟を育て、頼春水《らいしゅんすい》（頼山陽《らいさんよう》の父）、黒田綾山《くろだりょうざん》（画家）、浦上玉堂《うらがみぎょくどう》、菅茶山《かんちゃざん》などとも交遊がありました。拙斎も玄賓僧都に尊敬の念を抱いた一人でございました。

玄賓僧都は四、五年の間近似で暮らし、そこを立ち去って、上竹《かみたけ》（吉備中央町上竹《きびちゅうおうちょうかみたけ》）に来訪したそうです。そこには「袈裟掛《けさがけ》」という地名や「僧都川《そうずかわ》」という川の名が残っています。歩いて旅をされているとき、休んだという「休み石」があり、袈裟を置いたという

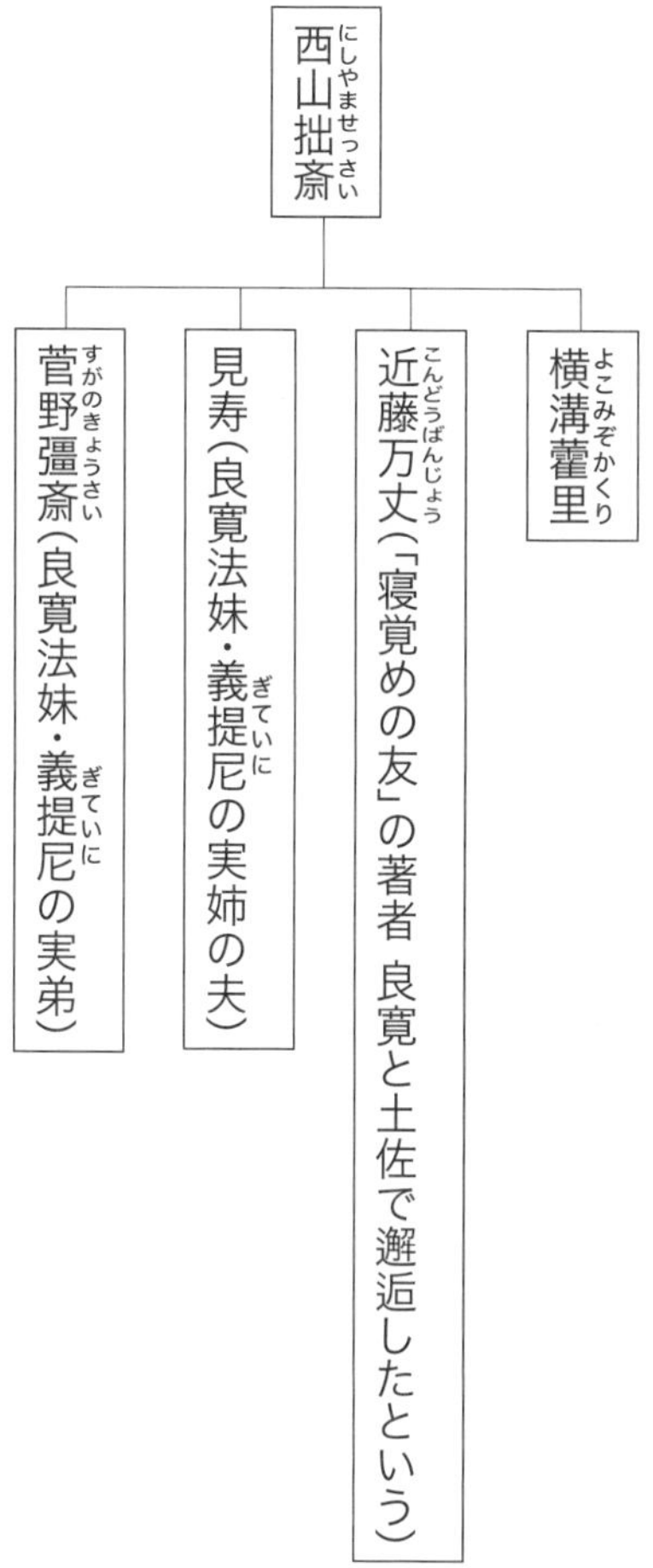

西山拙斎の師弟関係図
（ほかに大勢の門弟がいた）

ので「玄賓僧都の袈裟《けさ》掛岩《がけいわ》」と呼ばれる岩があります。その岩には袈裟を掛けた跡、筋目《すじめ》が残っています。その近くに玄賓さんが通ったあとの足跡だという石もあり、二つ足跡のような穴があいていたらしいのです。

玄賓僧都は備中のさまざまな土地を訪ねて旅していたということですが、その足跡《そくせき》は行基菩薩にまつわるところが多いとされています。

つまり玄賓僧都は、行基の事蹟を訪ねて行脚《あんぎゃ》していたということです。

弘法大師空海も備中に多くの足跡を残していますが、やはり行基ゆかりの地や寺々を歩いています。そして、備中の玄賓僧都を追って足を運んでもいるのです。玄賓僧都が備中で隠棲していた頃、定光寺や湯川寺に空海は赴《おもむ》いています。

湯川寺から近い、英賀郡《あかぐん》水田《みずた》（岡山県 真庭市《まにわし》 北房町《ほくぼうちょう》 水田《みずた》 宮地《みやじ》）の「光明山 遍照寺《へんじょうじ》」には空海が本尊「千手観音《せんじゅかんのん》立像《りゅうぞう》」と「不動明王《ふどうみょうおう》座像《ざぞう》」を彫り、玄賓は「聖徳太子《しょうとくたいし》立像《りゅうぞう》」を彫るという親密な仲であったという伝説があるのでございました。

この遍照寺は、臍帯寺《ほそおじ》（岡山県 高梁市 有漢町《うかんちょう》）の近所でもあります。

臍帯寺というのは、玄賓僧都の生誕地《せいたんち》伝説《でんせつ》と深くかかわりのあるお寺です。

神亀《じんき》三年（七二六年）、聖武天皇の勅願により行基菩薩が四《よ》つ畦《うね》（地図には四《よ》つ峰《みね》と表記）に開山しました。四つ畦とは富士山みたいな山（だけ山《やま》）が一つあり、その近くに四つ、ぽこっ、ぽこっ、ぽこっ、ぽこっ、とお饅頭《まんじゅう》のような山が四つ並んでいる所があります。臍帯寺は北へ向って見て、四つ畦の一番左の山の裾《すそ》の、堂風呂《どうぶろ》というところにあり、細い畦の尾根《おね》の寺ということで当初、「細尾寺《ほそおじ》」（細尾密寺《ほそおみつじ》）と名づけられました。ここに閼伽《あか》（水）を供えるところがありました。その閼伽水《あかみず》を汲むために半里《はんり》（約二km）ほどのところの泉まで毎日通っていたといいます。その泉は閼伽井戸《あかいど》とか、行基井戸《ぎょうきいど》、その水は行基水《ぎょうきすい》、その場所は閼伽場《あかば》と呼ばれていました。

玄賓僧都の御母堂様《ごぼどうさま》は十月十日《とつきとおか》を過ぎても中々お腹の子が生れてこなかったので、「細尾寺」の安産観音様《あんざんかんのんさま》（聖観音様《しょうかんのんさま》）に「どうか安産させてください」と一心に祈願されました。御母堂様は夢で霊童から「仏縁のある男子が無事に生まれるであろう」とのお告げを受けます。さらに祈り続け、十三か月でお生れになられたのが玄賓僧都だったというのでございます。四つ畦からほど近い「高僧屋敷《こうそうやしき》」でお生まれになられたといわれ、後に高僧になられたので、玄賓僧都を「行者様」と慕い、この場所を「高僧屋敷」と名づけたとも言われています。母は七十五日後、無事に生まれてきた我が子を抱き、細尾寺に参籠《さんろう》して、仏恩《ぶっおん》を謝《しゃ》して「臍帯《へそのお》」を納めました。「細尾寺」はのちの世、母が「臍帯」を納めたのが由来で「臍帯寺」と字が改められ、読み方は「ほそおじ」のままになったのでした。玄賓僧都は長じて名僧《めいそう》となり、草間《くさま》の湯川寺《とうせんじ》に隠棲《いんせい》し、そこから近い「細尾寺」に折々《おりおり》登ってきたということです。

それで、備中には玄賓僧都ゆかりの寺や逸話が多いのかもしれません。

湯川寺にはもう一つ伝説があります。湯川寺のすぐ向かいにある庚申山《こうしんやま》で、ある時、雉《き》子《じ》が鳴いていました。ケンケーンッという声を聴いて猟師さんがそちらに向おうとしました。玄賓僧都はあわてて、猟師さんに話しかけました。

「雉子を捕らえるのですか？」

「もちろんです」

「申し訳ないが、わしに免じて、雉子を逃がしてやってくれんかの」

猟師さんは困った顔になりました。

「可哀想でならぬ。雉子をこのわしじゃと思うて、助けてやってくれんか」

猟師さんは「わかりました」と言って立ち去りました。

猟師さんの姿が見えなくなったのを見届けて、玄賓さんは雉子の方に向き直り、

「もう鳴くでないぞ。よいか、もう、ケンケーンッと鳴くでない……」

と話しかけながら、何か呪文をお唱えになりました。

それから以後、雉子は鳴かなくなりました。庚申山の雉子の声を封じてやったのです。

村人たちはそうした玄賓さんの優しさに触れ、みな、いっそう心が優しくなりました。

ある日、玄賓さんは村人に惜しまれながら、湯川を立ち去ることになりました。「庚申山の雉子はまったく鳴かなくなりましたね」と村人の一人が玄賓さんに言いました。玄賓僧都はこう答えたそうです。

「雉子が鳴いたら、それはわしの生まれ変わりじゃと思うてくれぃ」と。

第八章　徳翁良高《とくおうりょうこう》（円通寺開山）

がらりと空の色が変わりました。漆黒《しっこく》の夜が明ける備中 玉《たま》の浦《うら》。島々が点々と存在するこの玉の浦に、天平の頃、奈良の都から一人のお坊様が巡錫《じゅんしゃく》されました。行基菩薩です。

柏《かしわ》の島《しま》（柏島《かしわじま》）の、とある山に登られ、その頂上に平らかな石があるのをご覧になり、「観音さまの降りられる白蓮華《びゃくれんげ》の台座《だいざ》」と観《かん》じられ、「白華石《はっかせき》」と名付けました。その山は「白華山《はっかさん》」と呼ばれるようになります。

「白華石」が頂上にあるので、この地をお護《まも》りいただくために、「観音像」をお作りになられました。「星浦観世音菩薩《ほしうらかんぜおんぼさつ》」です。「聖星浦観世音菩薩像《しょうほしうらかんぜおんぼさつ》」は土地の人々によって祀られ、霊験《れいげん》あらたかな観音霊場《かんのんれいじょう》として、民俗信仰《みんぞくしんこう》の灯《ひ》が点《てん》ぜられました。それは天平時代からの法灯《ほうとう》でありました。

後に、島々が干拓《かんたく》によって陸続《りくつづ》きになっていき、多くの人が住み始め、玉の浦は「玉島《たましま》」と呼ばれるようになり、町がどんどんにぎわうようになりました。行基菩薩のお作りになられた「星浦観音様」は玉島の町をお護り下さっているのでございました。

ところが、江戸時代になり、その中期になると、観音堂《かんのんどう》が荒廃《こうはい》し、「聖星浦観世音菩薩像」は雨露《うろ》にさらされ、見かねた人々は柏島の「海徳寺《かいとくじ》」へ預けることにしました。

慶長《けいちょう》の頃、玉島やその近隣で洪水や大雨の為に山崩れがおこったり、疫病が多発して、大勢の人々が大変な目にあっていました。

不安で途方《とほう》に暮れ、もうどうすることも出来ず、ささくれだった心にもなり、将来を悲《ひ》観《かん》するようになりました。多くの人がそんな状態だったのです。

それを誰言《だれい》うとなく、「星浦観音様のたたり」ではないかという風聞《ふうぶん》が広まっていきました。

「星浦観音様を元の場所にお戻ししなければ」という声も高まり、柏島《かしわじま》 海徳寺《かいとくじ》の一桂活《いちけいかつ》道《どう》和尚や、西江原《にしえはら》 永祥寺《えいしょうじ》の竿頭円刹《かんとうえんさつ》和尚、鴨方《かもがた》 長川寺《ちょうせんじ》の独秀鶖雄《どくしゅうさくゆう》和尚の協力を得て、庄屋の西山源右衛門《にしやまげんえもん》、村民百十七名は連判状《れんぱんじょう》を手に寺社奉行《じしゃぶぎょう》に誓願《せいがん》します。その願いは叶えられ、堂宇《どうう》を再建することに成りました。

その時に迎えたのが良高和尚《りょうこうおしょう》という高僧でした。五〇歳になられておいででした。徳翁《とくおう》良高和尚《りょうこうおしょう》を開山とし、補陀洛山《ほだらくさん》 円通庵《えんつうあん》（円通寺《えんつうじ》の前身《ぜんしん》）が開創《かいそう》されたのでございました。

この良高和尚（一六四九年～一七〇九年）は下野国《しもつけのくに》 宇都宮《うつのみや》（栃木県《とちぎけん》 宇都宮市《うつのみやし》）のお生

まれです。十三歳で吉祥寺《きちじょうじ》に入り、十五歳の夏に得度《とくど》しました。

寛文《かんぶん》五年（一六六八年）十七歳のときに、ある禅者が「維摩経《ゆいまきょう》」の講義をしました。良高は、「維摩経」を初めて聴き、「出世の事《しゅっせ》」を知ります。

「出世」とは仏が衆生救済《しゅじょうきゅうさい》のために、この世界に出現することを意味します。

つまり、「維摩経」が説くのは人々の暮らす俗世間《ぞくせけん》に出ていき、困っている人々を助ける、即《すなわ》ち衆生救済をすることです。俗世間の汚れの中にあっても、決してその汚れに染まらない、俗世間において無心《むしん》に生きることです。つまり、直接俗世間の人々と交わることによって、心は清らかなまま、一人ひとりを手づから救うべきだ、と説いているのでございます。

その思想に若き日の良高は心うたれました。

その頃、世に黄檗宗《おうばくしゅう》が流行し、良高も黄檗宗を学びましたが、延宝《えんぽう》二年（一六七四年）、二十六歳の時、加賀《かが》（石川県《いしかわけん》）大乗寺《だいじょうじ》の月舟宗胡《げっしゅうそうこ》（一六一八年～一六九六年）の門に入りました。曹洞宗《そうとうしゅう》です。月舟宗胡《げっしゅうそうこ》禅師も黄檗宗を学び、その中で古儀《こぎ》道元禅師《どうげんぜんじ》（宗祖《しゅうそ》）へ還《かえ》るべきではないかと観じられ、その教えを説いておられたのです。黄檗宗にも、曹洞宗にもどちらにも良いもの、それぞれの教えがあります。良高は様々なことを吸収しつつ、黄檗宗の阿弥陀仏《あみだぶつ》も曹洞宗の釈迦牟尼仏《しゃかむにぶつ》もどちらも大切にお思いになられ、修行を続けておられました。

元禄《げんろく》二年（一六八九年）、四十一歳の夏 五月、備中《びっちゅう》松山《まつやま》の二代藩主《はんしゅ》水谷勝宗《みずのやかつむね》公（一六二三年〜一六八九年）の招きで玉叟山《ぎょくそうざん》定林寺《じょうりんじ》（高梁市《たかはしし》和田町《わだちょう》）の住職になりました。寛永《かんえい》二十年（一六四三年）、備中松山 初代藩主 水谷《みずのや》伊勢守《いせのかみ》勝隆公《かつたかこう》（一五九七年〜一六六四年）が、下館《しもだて》（茨城県）の定林寺《じょうりんじ》を備中 松山（高梁市）に移し、備中国僧録所《そうろくじょ》となったお寺です。水谷公《みずのやこう》は三代（初代　勝隆公《かつたかこう》、二代 勝宗《かつむね》公、三代　勝美《かつよし》公）に渡って、玉島新田《たましましんでん》の開発や松山川（高梁川）の船通《ふなどお》しなどの開発に努められました。そのお陰があって、玉島が繁栄することになったのです。

良高和尚は四十三歳までの間、この定林寺住職として松山（高梁市）で暮らしました。

村の人から慕われる良高和尚は、こんなことを言われました。

「ここへ良高和尚様という高僧がお越し下さってありがたいことです」

「いや、いや、中々修行が足りぬと思うておりましてな。ここのことも何も知りませんので色々と教えて下さい」

「良高和尚様のお顔、お姿を拝するだけで安心するのです。よほど徳の高いお坊様です。こんな私にもお優しく笑いかけて下さる」

「いやぁ、そうおっしゃられると自信がありません。いつでも誰にでも笑顔だけは絶やさぬようにしてきたつもりじゃが、時にそうではない日もあったかもしれません。そういう日がこれからもあるかもしれぬ。先に謝っておいたほうが良いかもしれませんなぁ」と笑い、村の人もつられて笑いました。

「そういうところが親しみがもててありがたいのです」

良高和尚ははにかみました。

「昔、それもずっと昔にも、そういう優しいお坊さんがこの松山にはおってでした。えんぴんさんいいまして」

「えんぴんさん？ あぁ、玄賓僧都のことですか？」

「あぁ、そうおいいなさるんですか。わたしらはえんぴんさんとか、えんぴんそうずとかいいますけぇど。えんぴんさんの住んでおられた、という庵が、あちらの岸にあったんだそうでして。近似《ちかのり》といいまして」

「そうですか、あちらの岸に。松山川の向こうの方にお住まいだったのですね。実は玄賓僧都には特別に思いがありまして。仏門《ぶつもん》に入ってからたびたび耳にする高僧のお名前なのです。たしか、この近くに湯川寺というところがあるとか」

「あぁ、草間《くさま》の湯川《ゆかわ》の。まぁ、近いというたら近いといいますか、ちょっと歩《ある》きでがしますけれど。歩いて一日かかりますよ。あちらの山の方でして」

「あちらの方ですか。ちょっと遠いんですね」

この村の人は玄賓僧都の結んだ草庵、今は深耕寺の末寺になっている松林寺のことと、玄賓僧都のお詠みになった「山田守《も》る」の和歌の舞台、湯川寺への松山からの行き方を詳しく教えてくれました。

良高和尚は、日をあらためて湯川寺に行脚することにしました。

良い天気の朝、良高和尚は定林寺から湯川寺に足を向けました。

道に迷い、草間の村の人に尋ねることにしました。

「すみませんが、このあたりに湯川寺というところはありませんか？」

「えんぴんさんの湯川寺ですか？」

「はい、そうです。えんぴんさんの湯川寺です」

「それでしたら、この道をこう、ずーっと奥に行って川がありますけんなぁ、尻無川いうんですけぇど、その川沿いに行って、右も左も山になっとりますが、左手の少し高いところにお寺が見えますので、橋を渡ってあがって行かれたら、その右手にあります」と丁寧に教えてくれました。

頭を下げ、良高和尚はその通りに進みました。ほどなく寺が見え、湯川寺に着いたのでした。ふり返ってみると、向こうに山が見え、下の方に先ほど渡った尻無川が見えます。

柔らかく風が通りました。

「ここが、玄賓僧都のおられた湯川寺か……」良高和尚は手を合わせました。

般若心経《はんにゃしんぎょう》を唱《とな》え、立ち去ろうと麓まで歩きはじめました。

そのとき、草間 湯川の村人たちが、群れた雉子が乱《みだ》れ雊《な》くのを耳にします。

ケンケーン

ケンケーン

ケンケーン

と。雉子の声がこだまするのです。これには驚きました。玄賓僧都が封じて以来、数百年の間、湯川の地では雉子の声を聴くことは未《いま》だ嘗《かつ》てなかったのです。

「雉子の声じゃ」

「本当じゃ。ケンケーン、と鳴いておる」

「群れてないとる」

湯川には口伝えの伝承がありました。

雉子が鳴いていたので猟師が狙おうとしたときに、玄賓僧都が「この雉子をわしだと思って逃がしてやってほしい」と言い、雉子には「もう、鳴くでないぞ」と言ってその声を封じてやった、という伝承が。

それからというもの、雉子は湯川では決して鳴かなくなったのです。雉子が相乱《あいみだ》れて鳴くのを耳にし、村人たちは不思議に思い、あたりを見回しておりますと、ほどなく、一人の僧が姿を現わしたのです。

「あなた様は、何とおっしゃるお坊様でしょうか」

と村人の一人が駆《か》け寄《よ》って尋ねました。良高和尚は、きょとんとしましたが、

「私は良高と申します。松山の定林寺から参りました。玄賓僧都の跡を追いたく存じまして、今日はこちらに足が向きましてなぁ。ふらりとやって来たのです」

村人たちは顔を見合わせました。

「玄賓僧都の跡をおってこの湯川へ？」

「はい。古《いにしえ》、この地に玄賓僧都が来られ、庵を結びお暮らしでおられた。そう思うだけで、こみ上げてくるものがあります。何故でしょうなぁ。全く時代も違いますのに、ただ、同じく仏門に入ってその頂上を目指して歩いておるという、そのことだけが共通しているのですが、なぜか旧跡に足を運ぶと心がおだやかになるのです。仏門に入っているとはいえ、拙僧も人です。時折迷うことがあれば、つらいときも哀しいときもあります。心が乱

れ途方に暮れることもあります。玄賓僧都も、その時その時で、いろいろおありになったことでしょう。その都度《つど》、その都度、正面から向き合い、心をくだいておられたはずなのです。そう思ってここに立ちますと、頬をなでる風が、あたたかい陽だまりが、玄賓僧都と同じ風、同じ陽の光を私も受けているような気がしてほっといたしました。心が転じ、足取りも軽やかになりましてなぁ」

「そうでしたか。実は、この湯川には言い伝えがありまして。ここでは雉子が鳴かないのでございますが……」

「あぁ、あの言い伝えですね。玄賓僧都が雉子の声を封じてやったという」

「はい、そうなんです。実はその言い伝えには続きがあるんです。父老《ふろう》相伝《あいつた》えし伝承でして。玄賓僧都が常に仰《おつしや》っておられたことには、『私が再びここ、湯川に来たその時、必ずや雉子がここにやって来て、啼《な》くであろう』と」

「なんと、そんな口伝があったとは」

「玄賓僧都がここを立ち去りなさって以来、雉子は一度も鳴いていないのです。それが、今しがた群れた雉子がケンケーン、ケンケーン、ケンケーンと鳴き乱れましたので、声を聴いて出てきた皆で、あたりを見回しますと、ほどなく、良高和尚様のお姿が……。良高和尚様こそは玄賓僧都の生まれ変わり、再来でございます。予言は、良高和尚様の来訪だったのです」

良高和尚は、驚きました。湯川の地の皆は涙ながらに、手を合せるのでした。

「あの木が、ずっと枯れずにあるのです」村人の一人は向こうを指《ゆび》さしました。

「あれはもしかして、玄賓僧都の杖白檀ですか？まだ、湯川に立っていたとは」

「白檀の木が枯れぬうちは、玄賓僧都も生きているという言い伝えがあるのです。玄賓僧都はずっと、この湯川に生きておられるのです」

良高和尚は、衝撃を受けました。

『そうなのだ。言い伝えとは、まさにそうなのだ』と気付いたのです。

心に、一人ひとりの心に生きている。それが伝承となっていったのだと。

活き活きと語られなければ、誰も信じるはずがありません。

そこに、一人ひとりの心に瑞々《みずみず》しく生きているからこそ、長い間、語り継がれてゆくのです。手を合わせ、自然と流れる涙は心清らかな証《あか》しです。

村人の心から心へ玄賓僧都が活き活きと語られ、涙を流させたのでありました。

こんなことがあって後《のち》、加賀国《かがのくに》金沢の大乗寺《だいじょうじ》の住職を歴任《れきにん》し、そこを退《しりぞ》いてから、再び、備中へご縁がありました。元禄九年（一六九六年）備中 玉島の韜光庵《とうこうあん》（倉敷市《くらしきし》 玉島《たましま》阿賀崎《あがさき》）に住職したのです。

その頃のことでした。玉島で水害や疫病が蔓延し、星浦観音様のたたりではないかと言われておりましたのは。星浦観音様を元の場所へお戻しし、寺を建てるべきだとの声が上がり、その住職に、と請われたのでございました。

元禄十一年（一六九八年）補陀洛山 円通庵を開創しました。

十年ほどの月日が流れました。その間、方丈という建物を建てていました。

宝永《ほうえい》六年（一七〇九年）二月七日の早朝、六十一歳の良高和尚は横になっておられました。まわりには弟子たちが皆集まっております。本堂近くの軒先《のきさき》に雉子が飛来《ひらい》してきて、鳴くこと三声《さんせい》。

ケンケーン

ケンケーン

ケンケーン

と、雉子の声がこだましたのでございます。実は、湯川寺で雉子が鳴いてから、この円通庵のあたりには、雉子が来なくなっていたのでした。この時に、初めて雉子は円通庵で雊《な》いたのです。皆、奇《く》すしきことと不思議に思いました。しかし、これは偶然《ぐうぜん》ではないのです。雉子の声は、心肝《こころぎも》を動かすと言います。即《すなわ》ち心の底に響いてくるのです。

良高和尚は従容《しょうよう》として（ゆったりとして）問いました。

「ただ今は、何時《なんどき》ですか」と。

「今まさに、禺中《ぐちゅう》（午前十時頃）になろうという頃です」

しばらくして、グラグラグラッと地震が一震《いっしん》ありました。良高和尚は瞠目《どうもく》して（目を見開いて）、皆を見ました。そのとき、部屋の窓から晴光《せいこう》が横から入ってきました。皆を、その光は強く照らしました。

良高和尚は、しばらくあって、怡然《いぜん》として（柔和《にゅうわ》な表情で）遷化《せんげ》なさいました。

雉子が三声鳴いた奇瑞《きずい》があってから、円通庵（円通寺）のあたりでは雉子が鳴くようになったのでした。

第九章　良寛　円通寺へ

もう、それはそれは喜ばしいことでした。備中 玉島 円通庵が「円通寺」と改称されることになったのです。第二世 雄禅 良英和尚の代のことでした。

第三世 蔵山 良機和尚の代になり、第一一一代 後西天皇《ごさいてんのう》の皇女 宝鏡寺《ほうきょうじ》 門跡《もんぜき》 紫景愛尼公の筆になる「圓通寺《えんつうじ》」の寺号額を賜り、本殿正面入口に掲げられました。

以後、円通寺は高僧が相い継ぎました。その中の一人、十世 大忍 国仙和尚は徳翁 良高和尚の孫弟子にあたります。国仙和尚が住職された頃には、初代 良高和尚が建立なさった「方丈」が、すでに無く、国仙和尚は再建をお考えになられました。玉島の人々や、全国にいる弟子たちに声をかけ、方丈の再建が整いました。千畳岩《せんじょういわ》の上に建てることになり、「高方丈《たかほうじょう》」という名になりました。

国仙和尚は高方丈の建立のお礼に、弟子たちのいる寺々に巡錫していきました。

その中の一つの寺に弟子 玄乗破了《げんじょうはりょう》が住職している「光照寺《こうしょうじ》」がありました。越後の尼瀬《あまぜ》というところです。この光照寺で結制安居《けっせいあんご》という三ヶ月間の坐禅の会を催すことになりました。ほかのお寺からも僧侶が集まり、一般の人々も多く集まり皆で坐禅を組むのでございます。その中に一人の沙弥《しゃみ》がおりました。キリッと涼《すず》やかな目元《めもと》をした不思議な雰囲気の青年です。

ある日、玄乗破了《げんじょうはりょう》が国仙和尚にこんなことを言いました。

「実は、一人、国仙和尚の元で出家させてやりたい沙弥がおりまして」

何故《なぜ》でしょう。国仙和尚には、それがあの青年だとすぐにわかりました。

「隣村 出雲崎《いずもざき》の名主《なぬし》の跡継ぎなのですが、四年前のお盆の頃に忽然《こつぜん》とここへやって来まして」

「出家《しゅっけ》させてほしいと」

「はい、さようなのです。困りまして。何しろ、名主の跡継ぎですから」

「たしかに、それは、周りじゅうがお困りでしたでしょう」

「ですが、本気のようでしたので、沙弥としてここで勉強なさるのも良いかと」

「で、引き受けたのだな」

「はい。一年が経ち、二年が経ち。出雲崎の橘屋《たちばなや》さん、それが実家の屋号《やごう》なのですが、山本家《やまもとけ》でして、そこのご当主《とうしゅ》も非常に困惑《こんわく》され、おつらい感じで、しかし決してご子息に会おうとはなさらず、奥様とお二人で何度も、ようすを聞きに来られたりしておりましたが、三年目の昨年、弟が跡目を継ぎまして」

「なるほど。もう、帰るところはないということか」

「ご両親もさぞ苦渋《くじゅう》のご決断であったことと思います。本人は変わらず日々を懸命《けんめい》に修行しております。この度、国仙和尚とのご縁を感じまして」

「得度出家《とくどしゅっけ》を、ということか」

「はい。いかがでございましょう」

「それも、良いかもしれぬ、ここを離れるのは一つの方法じゃ」

国仙和尚は橘屋 山本家の跡取りであった山本文孝《やまもとふみたか》を出家させることにしました。名前は「大愚《たいぐ》 良寛《りょうかん》」。沙門《しゃもん》 良寛の誕生です。

良寛は国仙和尚とともに、越後から備中へと行脚で向《むか》うことになったのです。

途中、信州《しんしゅう》（長野県《ながのけん》）の善光寺《ぜんこうじ》へ足を留《と》めました。

「ここのお賓頭盧《びんずる》さまを撫《な》でていこうではないか」と国仙和尚はおっしゃり、にこにこと笑っておられます。

「お賓頭盧《びんずる》さまとは、十六羅漢《じゅうろくらかん》（お釈迦様の弟子で高僧）の一人で、第一尊者 賓度羅跋《びんどらば》曜惰闍尊者《らだーじゃそんじゃ》のことじゃな。獅子吼第一《ししくだいいち》ともいわれておって、いわゆる賓頭盧尊者《びんずるそんじゃ》のことじゃ。『おびんずるさん』と親しまれておる。病を治す神通力《じんずうりき》がとても強い方だったから、おびんずる様の像は「撫仏《なでぼとけ》」となった。自分の患部と同じところを撫でると治ると信じられておってな。わしも撫でさせていただこうと思うて楽しみにして参ったのじゃ。さぁ、一緒に撫でようではないか」。国仙和尚は「おびんずるさま」を撫で始めました。

「さぁ、次は良寛じゃ」良寛は夢中で撫でました。身体の調子が良くなければ、修行もうまく進みません。元気が一番だと思っていたので有り難く思いました。良寛が心を込めて撫でているのを見て、国仙和尚は意外なことをおっしゃったのでした。

「実は、玉島の円通寺にも、賓頭盧尊者《びんずるそんじゃ》像があるのじゃよ」

良寛は驚いて国仙和尚を見上げ、

「円通寺へ行くのが楽しみになりました」と素直に言いました。

「玉島とはどのようなところなのでございますか?」

「そうじゃな、玉島とは、昔玉の浦と呼ばれていたところで、水面《みなも》がきらきらしておだやかにまばゆい浦じゃ。満ち潮のときには、特になぁ」

「満ち潮……」

「あぁ、良寛は見たことがないかもしれぬな。玉島は満ち潮と引き潮の差が大きい。満ち潮の時は満々《まんまん》と水を湛《たた》えて、豊《ゆた》かな気持ちになれるが、引き潮になると底が見えそうになるから不安になることもある。しかし、毎日、一日に二度も満ち潮と引き潮が繰《く》り返されるので、干底《ひぞこ》の時も、なぁにまた満ちてくると安心して思えるようになるのじゃよ。実際にほどなく満ちてくる。風が緩《ゆる》やかで波もほとんど立たぬから、陽の光を浴びて小さく細やかに輝く。それがまことに美しゅうてな」。国仙和尚の言葉に良寛は胸を躍らせるのでした。

善光寺を発《た》ち、大阪を経て玉島へ着いたのは十月下旬のことでした。町を歩いて円通寺へと向います。港には鴎《かもめ》が飛びかい船が行き来しています。聞いていたとおり、波がおだやかなのでございました。

新町《しんまち》を通り山の方へ上がって行きました。上へ上へと歩き、木の門までやって来たところで、

「良寛よ、これが汐見門《しおみもん》じゃ。ふり返って見るがよい」と、国仙和尚は良寛を促《うなが》しまし

た。良寛は汐見門の前でふり返りました。
「これが、玉島なのでございますね。綺麗でございますね」
玉の浦の明るさに良寛はまばゆくなりました。
汐見門をくぐり、本堂《ほんどう》へと歩く途中、あちこちで音がしました。
カッ
カコン
カコンッ　コッコッカッ　カコン
良寛は何の音だろう、と辺りを見回しました。しきりに音がするのです。
カッ、コッ、コン
と近くで音がして、ころころころーっと良寛の足元に何かが転がってきました。

「あ、どんぐりだ」と、良寛は思わず目を大きく見開いて口に出してしまいました。
国仙和尚は前の方を歩いておられ、良寛の声に気が付かないようでした。
良寛は、そのどんぐりを誰かに踏《ふ》まれないように、道の端《はし》っこに置いて国仙和尚の後を追いました。

鶴亀池《つるかめいけ》があって、その上の方に青銅露座地蔵様《せいどうろざじぞうさま》がおわします。国仙和尚はそちらに向き、手を合わせてお通りになられました。良寛も同じ様にしました。

数段の階段があり、そこを上がるとすぐそばに薬師瑠璃光如来《やくしるりこうにょらい》の石像《せきぞう》があります。その前でも手を合わせました。

お薬師様《やくしさま》と道を挟《はさ》んだ反対側が本堂です。その中央には御本尊《ごほんぞん》の聖星浦観世音菩薩様《しょうほしうらかんぜおんぼさつさま》がおわします。外から手を合わせました。

円通寺境内には紅葉の木があって、真っ赤に色付いておりました。

良寛が不思議に思ったのは空の色でした。

肌寒《はださむ》い頃なのに、青空なのです。春の空のような色、明るい色に良寛はあらためて遠くへやって来たのだと実感されたのでした。

ここで、新しい生活が始まりました。

厳しい毎日の修行が、良寛にはありがたいことでございました。

ことに坐禅は、我を忘れる時でございました。

国仙和尚はおっしゃいます。

「日常生活の基本動作は行住坐臥《ぎょうじゅうざが》の四つにつきる。「行《ゆ》く」「住《とど》まる」「坐《すわ》る」「臥《ふ》す」。仏道修行僧《ぶつどうしゅぎょうそう》はこの行住坐臥を通じて規律《きりつ》を守らねばならない。座禅堂《ざぜんどう》では起《お》きて半畳《はんじょう》寝《ね》て一畳《いちじょう》の生活となる。修行僧を別名雲水《うんすい》というが、これは行雲流水《こううんりゅうすい》の略である。その名の通り、清《きよ》らかに流れるようでなければならぬ」

円通寺では、そのままそれが修行の毎日なのでした。

作務《さむ》も毎日あり、来る日も来る日も境内《けいだい》の掃除をしました。とにかく円通寺の境内《けいだい》は広いのです。掃除をしているとき、小鳥がよくさえずりました。

玉島の町に托鉢《たくはつ》にも出ました。賑《にぎ》やかで多くの人がいました。

子ども達はどこも変わりません。屈託《くったく》なくかけり回っているのでございました。

川を見るときれいな色の小鳥が飛んできました。川蝉《かわせみ》というのだと聞きました。

玉島は温暖《おんだん》な地域だと聞いていたのですが、意外と寒いのでした。

朝は本堂や境内のお祀りしているところに、お水をあげましに回ります。昨日のお水を手桶《ておけ》に移し、今朝《けさ》のお水を注ぐのです。国仙和尚に良寛がついて回るこ

とがありましたが、その日は特に冷え込んだ朝でした。山頂に石の鳥居《とりい》があり、白華石がありその奥に愛宕殿《あたごでん》があります。順にお水をあげましします。

鳥居のそばの「八大龍王《はちだいりゅうおう》」にもお水をあげまして、国仙和尚は手を合わせ、何卒《なにとぞ》、玉島の町を水害からお守りください、とお願いなさるのでした。

昨日のお水を入れた手桶を持つのは良寛の役目です。国仙和尚のあとについて行くのですが、鳥居を出て下におりるその数分の間に、手桶の水が凍《こお》っていて良寛は驚いてしまいました。

「国仙和尚様、手桶のお水が凍ってしまいました。山頂ではまだ凍っておりませんでしたのに」と申し上げますと、国仙和尚も驚いて、

「道理《どうり》で寒いと思うた。あそこからここまでの距離のうちにもう凍ったとは」

「意外《いがい》と寒いのでございますね。もっと温暖なところかと……」

「はっはっは。たしかに玉島には温暖な印象があるのぉ。意外と寒い日があってな、無防《むぼう》備《び》じゃから案外《あんがい》寒いのじゃ。こちらで暮らすと身体《からだ》も、玉島の空気に慣《な》れてゆくのかもしれぬな」

手桶の水をあらためて見てみると、わずかに波打《なみう》ったまま凍っています。「どうなってこんな風に凍ったのであろうかなぁ」と国仙和尚は不思議がられました。その時、ちらほらと白いものが降ってきました。

「青空なのに雪が降るのでございますか?」

「これは北の方で降った雪が風でここまで運ばれて来たのだ。風花《かざはな》と呼ぶ」

良寛は何て風流《ふうりゅう》な雪の名前なのだろう、と思いました。

年が明けてまだまだ寒い頃、早朝に雉子が鳴きました。七十二候《しちじゅうにこう》に「雉始雊《きじはじめてなく》」とあり、春のきざしを感じる声です。まだ寒さ厳しい二十四節気《にじゅうしせっき》の小寒《しょうかん》の末、もうすぐ大寒《たいかん》という頃のことです。

ケンケーンと鳴きました。声のする左の方を見遣《みや》りました。その時、何かが左から右の方へ飛んで行きました。茶色いような黒っぽい鳥でした。続いて、もう一羽同じように左から右の方の丘へ優雅《ゆうが》に飛んで行きました。

「あっ」と良寛は小さく叫びました。

二羽目の鳥は、色が鮮やかで雉子だとわかったのです。飛んで行った丘の方を見ると、そこでもケンケーンと鳴きました。

雉子は近い将来幸運が舞い込む、ということを報《しら》せてくれる鳥だともいわれ、縁起がいいとされています。未来を予知《よち》できる力がある鳥なのです。

昔話「桃太郎《ももたろう》」にも登場します。桃から生まれた桃太郎《ももたろう》が鬼ヶ島《おにがしま》に行く途中、犬、猿、雉子と出会い、一緒にきび団子を食べて力をつけ、鬼を退治《たいじ》するという話です。

この鬼は、鬼門《きもん》の艮《うしとら》（東北）の方角からやって来ます。方角で言えば、その逆の裏鬼門《うらきもん》に戌《いぬ》（犬）があたり、その隣に酉《とり》（鳥）、申《さる》（猿）が続きます。犬猿《けんえん》の仲《なか》の犬と猿の間に鳥がいて、仲を取り持っているのです。

孔子《こうし》の説《と》く「智仁勇《ちじんゆう》」の三徳《さんとく》（『論語《ろんご》』）を犬、猿、雉子になぞらえています。猿には智慧があり（智）、犬には情があり（仁）、雉子には落ち着いた勇気があります

（勇）。

雉子が仲の悪い猿と犬の間を取り持つことによって、智仁勇の三徳をそなえる三者がそれぞれの良さを出して力を合わせ、長生不老《ちょうせいふろう》の仙果《せんか》から生まれた桃太郎とともに、鬼を退治することができたのです。

桃は桃源郷から清い流れにのって、どんぶらこ、どんぶらことやってきたと言われます。邪気を祓う桃によって、桃太郎も犬も猿も雉子も清らかな心になったのです。

鬼は暗いところにいます。「疑心《ぎしん》、暗鬼《あんき》を生《しょう》ず」（『列子《れっし》』説符《せっぷ》の注より）という諺《ことわざ》にもあるように、疑いの心を持つと、暗がりに、あるはずもない鬼を見てしまうのです。疑えば何もかもが疑わしくなり心が冷たくなります。

それでは何も為《な》し得ません。疑うことなく、情に厚く、あたたかい心になって初めて前に進むことができるのでございます。桃太郎はあなた自身、鬼はあなたの疑心から生じる暗鬼。それを退治できるのは智仁勇の三徳。あなたが本来清らかな心を持っていると自覚すること。鬼を退治して桃太郎が手に入れたのは、智仁勇の三徳と本来の自分の姿だったのかもしれません。

良寛は桃太郎にも出てくる雉子が頭上《ずじょう》を飛んで行くのを見て、心が清らかになるのを感じました。この円通寺とのご縁を有り難く思いました。

雉子は縁を結ぶという力も持っているのでございます。

「国仙和尚様、円通寺境内には雉子が棲んでいるのでございますね」

と言う良寛に国仙和尚は、円通寺開山 徳翁良高和尚の雉子の話を始めました。

「良寛は、円通寺の開山が良高和尚だということは存じておるな。良高和尚は、備中、松山の定林寺住職の頃、玄賓僧都のおられた備中の湯川寺にときどき行かれたそうじゃ。温故知新《おんこちしん》、故《ふる》きを温《たず》ねて新《あたら》しきを知《し》ると『論語』にあるが、まさにその肚《はら》（心）で、足をお運びになられたのだと思う。歴史は常に繰り返されておる。底に流れている人の心は一千年経っても、二千年経っても変わらない。だから古《いにしえ》をたずねて知り、今の時代に合うように自分で考える、そこに答えがあると先人はお考えになられたのであろう。その通りじゃと思う。良高和尚が尋ねた湯川の地では、玄賓僧都がおられた時分に雉子の声を封じておられてな、以来雉子はその辺りでは鳴かなかったそうじゃ。玄賓僧都は湯川を立ち去るときに、もし雉子が鳴いたら、それはわしの生まれ変わりじゃ、と言い残しておったらしい。時代を経て、それは語り継がれた。数百年も経ったある時、群れた雉子が乱れ鳴いたので村人たちは皆、不思議に思って辺りを見回すと良高和尚のお姿が忽然《こつぜん》と現われたらしい。それで、良高和尚は玄賓僧都の生まれ変わりだと湯川の人々には思われてな。その後、良高和尚は円通寺（円通庵）の開山になられた。不思議なことに、円通寺境内でも雉子は鳴かなかった。ところが良高和尚が遷化なさるとき、すぐ近くで雉子が三声鳴いたそうじゃ。その時はじめて円通庵で鳴いたので、皆が驚いたという。それ以来、この円通寺でも雉子の声は聞こえるようになった。今朝も聞こえた雉子には、そういういわれがある。わしはケンケーンという雉子の声を聴くと良高和尚のことを思い浮かべ、玄賓僧都にも思いをいたし、時に涙することもある」良寛は国仙和尚の言葉に、ぬくもりを感じました。

「良寛は玄賓僧都のことを知っておるか？」

「いえ、あまり、存じません」

「さようか。いろいろ、玄賓僧都のことを書いた書物も円通寺にあるであろう。何でも色々に読むが良い。いつでも書庫《しょこ》は開いておるからな」良寛はその日から、国仙和尚のお言葉を胸に、坐禅や作務の間に様々な本を読みました。

「足でいろんなところへ行き、そこで出会ったことを、何でも吸収しなさい」

と国仙和尚は良寛に近くの寺へも行かせました。矢掛《やかげ》横谷《よこだに》の洞松寺《とうしょうじ》、鴨方《かもがた》の長川寺《ちょうせんじ》、矢掛《やかげ》小林《おばやし》の大通寺《だいつうじ》など、近くには同じ曹洞宗のお寺がいろいろありました。手伝いや国仙和尚の名代《みょうだい》で良寛はそれぞれのお寺に赴《おもむ》くのでございました。

そこで良寛は、思いも寄らぬことに遭遇《そうぐう》することになるのです。

第十章　洞松寺《とうしょうじ》（沙門良寛《しゃもんりょうかん》　竹篦《しっぺい》と椀頭《わんじゅう》のお役《やく》を）

てる陽《ひ》の光《ひかり》が向こうの方を明るくしています。

「ここは……、ここは桃源郷《とうげんきょう》なのか」

良寛は思わず足を止め、そこに立ち尽くしました。

玉島円通寺から矢掛《やかげ》の横谷《よこだに》にある洞松寺《とうしょうじ》に向《む》かっておりました。二里半《にりはん》（一〇km）ほどのところです。道口《みちぐち》を通り過ぎ、富峠《とみとうげ》を越えて矢掛《やかげ》の横谷《よこだに》に入るのです。富峠は日が暮れるまでには通り過ぎなければならない、さもなくば狸《たぬき》にばかされると言い習わされていました。玉島と矢掛の境です。

峠を越えると、そこは港を擁《よう》する玉島の町並とは景色《けしき》が一変《いっぺん》します。良寛は初めてこの富峠を越えたとき、その景色をみて身体がふるえるのがわかりました。まるで「桃源郷」のようだったからです。

「桃源郷」とは、陶淵明《とうえんめい》「桃花源記《とうかげんのき》」に描かれている桃の林に囲まれた平和で豊かな村のことです。理想郷《りそうきょう》、別天地《べってんち》、仙境《せんきょう》ともいわれます。

良寛は、そんな雰囲気の場所へ足を踏み入れ、横谷を進むのでした。

右手の山の上に妙泉寺《みょうせんじ》（日蓮宗《にちれんしゅう》）を見て、左へ行きます。奥へ奥へと進むと右手の観照《かんしょう》寺《じ》（真言宗《しんごんしゅう》御室派《おむろは》）を通り過ぎ、どんどん奥へ行きます。

そうすると、洞松寺の「二ノ門《にのもん》」が坂の上の方に見えてきます。

いよいよ洞松寺です。洞松寺は矢掛の南端、遙照山の麓《ふもと》、深い緑に囲まれた舟木谷《ふなきだに》にあります。山号は舟木山。

この地が神功皇后《じんぐうこうごう》の三韓征伐《さんかんせいばつ》の出兵に関して、兵船のための舟材を献じたことに由来し、当地を仙洞御里といい、松を植樹し「洞松の司」という名を授かったというのです。

他にも神功皇后は瀬戸内地方に多くの伝承が残り、備中の船穂《ふなお》（多くの船の帆《ほ》を広げ干した）や玉島（玉を拾った）、寄島《よりしま》（立ち寄った）、安倉《あくら》（休憩《きゅうけい》なさった）、真備《まび》の二万《にま》（二万の兵、又は二万の矢）など神功皇后に因《ちな》む由来が伝わっています。

矢掛《やかげ》は吉備津彦命《きびつひこのみこと》（桃太郎の原型）と温羅《うら》との戦いのとき、お互いに矢を放ったとき、それがおちて掛かったところ、という由来があります。

矢掛は古代の何らかの息吹《いぶき》を感じさせる風があるのです。

七世紀中頃、飛鳥時代《あすかじだい》、「洞松の司」は、天智天皇の行幸の折、天覧《てんらん》をうけました。南《なん》都《と》（奈良）興福寺の光照菩薩《こうしょうぼさつ》をまつり、仏閣《ぶっかく》を建立、法相宗　舟木山　洞松司院として開創され、のちにその「洞松司院」が、奈良時代に和気氏《わけし》によって七堂《しちどう》伽藍《がらん》が整備され、大寺の風格をそなえるようになりました。

寿永《じゅえい》三年（一一八四年）、源平争乱《げんぺいそうらん》期、安徳天皇《あんとくてんのう》臨幸《りんこう》のとき、船が破却《はきゃく》してしまい、その時に、舟材を献じ「洞松司院」を「洞松寺」と称するようになったと伝えられるのです。

室町時代末、後小松天皇《ごこまつてんのう》の時代、応永《おうえい》十九年（一四一二年）、猿掛城主《さるかけじょうしゅ》 庄駿河守《しょうするがのかみ》の帰依《きえ》をうけ、その外護《げご》を得、喜山性讃禅師《きさんしょうさんぜんじ》が「洞松寺」を中興開山されました。

猿掛城主 庄氏や毛利元清《もうりもときよ》、庭瀬藩《にわせはん》 板倉氏《いたくらし》の外護により、伽藍は維持され、備中国を中心に一二〇〇の末寺を従えた曹洞宗の中本山として栄えたのです。

その存在は室町時代より地域を代表する寺院として、猿掛城主の菩提寺として歴史的ゆかりが深く、境内全域が町の史跡となっているのです。

御本尊は、宝冠釈迦如来です。

伽藍は「二ノ門」、「山門」、「本堂」、「開山堂」を直線に配置し、「庫裡」、「禅堂」、「月泉院（塔頭）」が取り囲み、一円相を描いています。洞門寺院の建築様式です。

洞松寺を訪れる者は先ず、「二ノ門」をくぐることになります。

「二ノ門」への路は歩きやすいように緩やかな石段が設けられています。

苔むし、路傍に草の生える石段を一段一段あがります。その先に「舟木山」の扁額の掛かる「二ノ門」があります。その門から更に前へ、両側が木々で囲まれた小道を行きます。

重厚な「山門《さんもん》」が見えてきます。

「山門」は「三門」ともいい、寺院の本堂へ入るのに通らねばならない門のことで、「三解脱門《さんげだつもん》」（空《くう》・無相《むそう》・無作《むさ》の三門）にたとえたものといわれています。

山門の前に小さな石橋があり、これを数歩渡ります。

洞松寺のこの楼門には毘沙門天、広目天が奉安されています。二階建てになっていて、二階の楼内には十六羅漢像が安置されています。

獅子や獏、渦巻などの美しい装飾が随所にほどこされた禅宗様式の重層門です。

門の前に立つと「蒼龍窟」という文字の入った横額が目に入ります。

蒼龍とは、四神の一つ、青龍の別名です。

舟木山 洞松寺には東を守る龍が棲んでいるのです。

良寛は初めて洞松寺へ伺った時は、円通寺とは違う、また別の緊張感を感じました。何と表現してよいかわかりませんが、玉島と空気がまるでちがうのです。

あたり一面の静けさ。古代からの息づかい。連綿と続いてきた、はるか昔からの時の流れ。圧倒されつつ、ゆっくりと呼吸を整えます。

「ここには龍が棲んでいる」良寛は龍の存在を感じようとしました。

「正法眼蔵随聞記」一ノ七に龍門について書かれています。

「海中に龍門と云フ処あり」で始まっています。

浪がしきりに打ち寄せていて、様々な魚がその波のところを過ぎると必ず龍と成る、故に龍門と云うのである。浪も他と同じ水も塩辛い海の水。

しかし、定まっている不思議な力で、魚がこの場所を渡れば必ず龍と成るのである。魚の鱗もそのままに、身も同じ身ながら忽に龍となる。

場所も他所と似、食べ物も人々と同じように食べ、飢えを凌ぎ、寒さを防ぐことも同じであるが、叢林に入れば忽に達磨門下の禅僧となるのである。

叢林に入るか入らないか。龍門を過ぎるか過ぎないか。唯それだけなのだと。

良寛は越後から備中玉島円通寺へやって来ました。洞松寺の蒼龍窟の額の下を通りました。姿はそのままに、越後で生まれ育った姿そのままに……。

「ここに龍がいるということは、自分が龍と成っていると識ることなのか」

良寛は、自分の手をまじまじと見ました。

龍は水を得て自由な働きをします。悟りの象徴です。

魚の鱗もそのままに。身も同じ身のままに。忽に龍となる。

見上げると青空には龍の姿のような雲が薄くなびいているのでした。

良寛が玉島円通寺へ来て三年が経った天明二年（一七八二年）七月六日夜、洞松寺の東堂 賞山覚了和尚が遷化されました。

七月十一日に葬儀が執り行われることになりました。

『独住十四世 東堂 賞山覚了和尚 葬儀控』が作られました。

当日までの勤行や役割などを図とともに書き記されました。

洞松寺にとって大事でございました。

近隣の寺々、この時は、禅源寺《ぜんげんじ》、観音寺《かんのんじ》、永徳寺《えいとくじ》、大弘寺《だいこうじ》、前瑞雲寺《ずいうんじ》、常源寺《じょうげんじ》、善福寺《ぜんぷくじ》、東林寺《とうりんじ》、浄心寺《じょうしんじ》、定林寺《じょうりんじ》や永祥寺《えいしょうじ》そして円通寺が随喜荷担《ずいきかたん》しました。

多くの役割がある中、「竹篦《しっぺい》」と「椀頭《わんじゅう》」のところに書き込まれたのは「大愚《たいぐ》 上座《じょうざ》」でした。

「椀頭」とは台所で食器を扱う係、「竹篦」とは説法時に用いる棒状の物のことで、出棺行列においてこの「竹篦」を持つ係です。

「大愚」は、国仙和尚から賜った良寛の号、「上座」は得度してまだ間がない雲水に対して使われます。良寛は得度してまだ三年ほどしか経っていませんでした。

他の配役には円通寺から「菜頭《さいじゅう》」のところに「大光 上座」、「大英 上座」が記されています。洞松寺十四世東堂の葬儀に兄弟弟子と共に三名で上山したのでした。

「典座《てんぞ》」は「前瑞雲寺」とあります。典座寮《てんぞりょう》（台所）の指示を行う立場の役です。典座寮の役割は「看糧《かんりょう》」、「菜頭《さいじゅう》」、「供頭《ぐじゅう》」、「椀頭《わんじゅう》」があります。

良寛は典座和尚の指示に従い、典座寮での役割「椀頭」として七日間勤めました。

良寛は、当日には、出棺行事の中、「竹篦」を奉持し行列にならびました。

兄弟子や他の役の僧たちとともに、心を込め務めたのでした。

このようなお役を務めることは修行の一つです。大切な修行の一つなのです。

良寛は役割を終え、兄弟子「大光」、「大英」とともに、洞松寺を後にしました。

今いちどふり返ったとき、良寛は、山々に囲まれたこの洞松寺になぜか、大河の流れを感じたのでございました。

「洞松寺には、やはり、龍が棲んでいる」

目を真っ直ぐに据え、力強く頷《うなず》く良寛でした。

第十一章　長川寺《ちょうせんじ》（沙門良寛　年始《ねんし》の挨拶《あいさつ》を）

くもっていた空が晴れてきました。良寛は鴨方の長川寺へ向っておりました。玉島円通寺からは二里（約八㎞）弱ほどの距離です。

鴨方藩の領地なので、鴨方の町家《まちや》の通りへ入ると雰囲気が一変します。

鴨方の長川寺へ行くには玉島から金光を抜け、鴨方往来《かもがたおうらい》へと進みます。

鴨方往来ぞいの御用所《ごようしょ》の手前で右に曲がると、ほどなく正伝寺《しょうでんじ》があります。さらに少し坂になったところを奥へすすむと長川寺です。

その行き帰り、時々、鴨方往来の道端《みちばた》で不思議な気持ちになるのでした。

どこからか漢文らしき何かを多くの青年が唱和《しょうわ》している声がきこえてくるのです。その和する声を聞き、同行の共の人に思わず尋ねたことがあったのでした。

「どこからか漢文らしきものを読む声が聞こえてきますが……」

「あぁ、あの声ですか。あれは欽塾《きんじゅく》からです」

「きんじゅく？」

「西山拙斎《にしやませっさい》先生のお開きになった塾です。大勢門下生がいまして。いつも朝早くから晩まで学問を勉学する、こういう声が鴨方往来にまで聞こえてくるのです」

「にしやませっさいせんせい？」

「ええ、有名な儒学の先生です」良寛は初めて聞く名でした。

良寛は鈫塾から聞こえてきた声、漢文とおぼしき何かを唱和する声を聞き、三峰館《さんぽうかん》（新潟県《にいがたけん》燕市《つばめし》地蔵堂《じぞうどう》本町《ほんちょう》）での日々を思い出さずにはいられなかったのでした。大森子陽先生のお顔を思い浮かべ、遠く空を見上げました。

「三峰館」は「狭川塾《きょうせんじゅく》」とか「せまがわじゅく」や「せばがわじゅく」、「せばじゅく」とも呼ばれ、北越四大儒の一人と言われた儒学者の大森子陽先生の開かれた私塾でした。

良寛は幼名を栄蔵《えいぞう》といい十五歳で元服してから文孝《ふみたか》と名乗りましたが、名前の変わる前の十三歳から、名前が変わってからの十八歳まで六年ほどを、三峰館で中国古典を熱心に学んだのでした。地蔵堂の願王閣の前の通りに親戚の中村家があり、その二階に下宿し、そこから通いました。

幼い頃から本が大好きだった良寛は、漢文を声に出して読み上げ、知らなかったことをどんどん知っていく楽しさを毎日のように味わっていたのです。

学友の皆と声を和するとき、不思議な感覚になっていったのでした。

声に出して読むことによって、本に書いてある難しい文字たちが、活き活きとしてきて、その意味するところを感覚で知ることもあったのです。大森子陽先生のお教え下さるお声。凜として、おだやかな御声。

鴨方往来で響く声々を耳にし、良寛はあの頃に帰ったような心地がするのでした。

長川寺へ続く道沿いには松がたくさんあります。

澄んだ青空に向って立つ松を見上げながら、良寛はゆっくりと歩くのです。

鴨方長川寺は、良寛修行の寺である玉島円通寺と深いつながりがあります。

玉島円通寺（円通庵）は徳翁良高和尚を開山とする禅寺です。開創のとき、多くの方々の尽力がありました。中でも、鴨方 長川寺 十一世 独秀鷟雄和尚のお力は非常に大きかったと伝わっています。良寛は、長川寺 十一世 独秀鷟雄和尚の名を毎朝のお勤め「朝課諷《ちょうかふ》経《ぎん》」で耳にしておりましたので、長川寺は馴染み深いお寺の名前でした。

こうした御縁から毎年正月の四日には、年始の挨拶として円通寺から僧侶が遣わされておりました。また、近隣の寺同士は互いに助け合っておりましたので、良寛も行持《ぎょうじ》などの折には手伝いに伺ったものでした。

曹洞宗ではそれぞれのお寺で、正月三《さん》が日《にち》（一月一日から三日まで）に「転読大般若《てんどくだいはんにゃ》」というご祈祷が行われます。「大般若」は「大般若波羅密多経《だいはんにゃはらみったきょう》」といい、「西遊記」で有名な玄奘三蔵法師が天竺（インド）から持ち帰って訳したといわれる、約五百万字、六百巻に及ぶ長大な仏教経典です。一日ですべてを読み上げることは出来ません。そこで「転読」というパラパラとめくって読み通す方法を使って一気に読み上げます。この「転読大般若《てんどくだいはんにゃ》」の正月三が日の翌日、一月四日には年始の挨拶まわりをすることになっておりました。

円通寺も色々な所へ年始の挨拶に行っておりました。

長川寺へも毎年伺うのが通例となっていたのです。

ある正月、良寛は国仙和尚の名代《みょうだい》として長川寺へ足を運んだことがありました。

このような外出の時、一人で行くことはありません。誰かが僧侶に付き従い、道案内などをするのです。良寛もそのように円通寺を出立します。

「今年は良寛が長川寺様へ、新年の御挨拶を申し上げてきてほしい」と国仙和尚から言われ、良寛は身の引き締まる思いが致しました。

「はい。先方に失礼《しつれい》の無《な》きよう、勤《つと》めて参《まい》ります」

良寛は、きりっとした顔つきになり、お返事申し上げました。

何しろ、国仙和尚の名代《みょうだい》です。しっかり勤めねばなりません。

一月四日、良寛は法衣を身にまとい、白い息をはきながら、長川寺へ向ったのでございました。玉島から西を望めば、遙照山がはるかかなたに見えます。遙照山は修験道の山です。

遙照山を右手に眺めながら歩いて行くと、いつのまにか鴨方往来、町に出ています。

良寛は長川寺へ行く道すがら、欽塾に目を留めました。

いつも鴨方往来まで漢文を唱える声が聞こえてくるあの塾です。

一月四日の今日は、欽塾からはその声が聞こえてきません。正月明けの開講の日はまだ先のようです。

良寛は欽塾を通り過ぎ、長川寺の方へ右に曲がりました。

長川寺の山門の前には石橋があります。安永七年（一七七八年）に建立されたものです。

良寛が越後から備中玉島円通寺へ来る一年前のことでした。

その石橋をゆっくり通り山門を入りました。

方丈の間に通され、良寛は床の間の前に座って待ちました。

しばらくして、すーっと戸が開きます。長川寺十七世天麟《てんりん》慈明《じみょう》和尚が入室《にっしつ》されました。

良寛は三度の礼拝をし、座しました。

そこへ一人の雲水が丁寧に部屋に入ってきました。

二人分の湯呑みを盆に載せています。一つは良寛に差し出されました。

「梅湯《ばいとう》……」良寛は心の中で小躍りしました。甘い梅湯《ばいとう》が出されたのです。

「梅湯《ばいとう》」とは、「蜜湯《みっとう》（蜂蜜のお湯割り）」に梅干しを添えたものです。

この「梅湯」は、よそから目上の和尚さまをお招きする際に振る舞われるものなのです。

今日は国仙和尚の名代なので、梅湯茶礼《ばいとうされい》でもてなされたのです。

梅干しは三毒を断つといわれています。三毒とは「食の毒」、「血の毒」、「水の毒」の三つを意味します。「梅はその日の難のがれ」と古くから言われています。

何よりのもてなしでした。

良寛は湯呑みから立つ湯気に春を感じました。改めて、

「円通寺の遣いで参りました。年始の挨拶で伺いました」と申し上げます。

「よくお出まし下さいました。国仙和尚様は、いかがお過ごしでいらっしゃいますか」

「息災でございます。長川寺様へ手紙を預かって参りました」

良寛は国仙和尚直筆の手紙を差し出しました。

「確かに、受け取りました。国仙和尚によろしくお伝え下さい」

良寛は緊張して一礼しました。

「まぁ、湯をどうぞお召し上がり下さい」

と促され、良寛は梅湯をいただきました。甘く、まろやかな味です。梅がほどよい酸味を届けてくれます。あたたかさが沁み入ってくるのでした。

「いつ聴いても、清らかな瀧の音でございますね」と良寛は口をついて言葉が出て来ました。

「瀧の音を聴いて下さっておられるのですか。それは嬉しいことです。一休宗純《いっきゅうそうじゅん》の和歌に、

　雨あられ　雪や氷と隔つれど　落つれば同じ　谷川の水

というのがありますね。雨や霰《あられ》、雪や氷と姿は違いますが、落ちれば結局、同じ谷川の

水、という意味ですよね。この清瀧の長川の流れは古から今日まで淀むことなく滔々と流れているのです。どこからどういう形で降ってきたのかはわかりませんが、結局ここに瀧として存在しているのです。その音を聴いたなら、我々はそれを御先祖様の御声と思い、お釈迦様の御声に感じるのです」

雨か霰か、雪か氷か。自分はその一粒なのではないか、と良寛は思いました。

良寛は越後から来ました。けれど今はここ備中にいます。どこから来たのかに関係なく、今ここに居るのです。『みな、同じなのだ』どこから来たのか、どこへいくのか、それは関係がない。今ここに居る。

この瀧の音のような、聴いているだけで清らかになれるような慈しみあふれる音を、私も出したい。

雨、霰、雪、氷。どんな姿の水も、すべて受け入れて、この瀧は流れている。

長川寺の御詠歌にはこの瀧が詠み込まれています。

清瀧《きよたき》や　長《なが》き川瀬《かわせ》に　澄《す》む月《つき》は　御代《みよ》の仏《ほとけ》の　光《ひかり》なるらん
（清瀧よ、長い川の浅瀬に映る、清らかに澄んでいる月は御代の仏の光なのであろう）

本堂のうらの辺りに瀧があり、それを清瀧《せいりゅう》と呼び習わしているのです。長川寺にある清瀧。その長い川の瀬には澄む月が映り、その月の光に照らされ、浄化されていく。

長川寺の瀧の音に心動かされ、穏やかになっていくのは、はるか古から願いが込められているからなのか……、と良寛は思い至りました。

良寛は清々しい気持ちで、長川寺を後にしたのでした。

第十二章　長連寺《ちょうれんじ》（沙門良寛 国仙和尚に年始の挨拶を）

るすがちの国仙和尚を良寛は案じながら、東の空を見上げることがありました。倉敷の長連寺再建のため、国仙和尚は円通寺には不在がちになっておりました。いよいよ長連寺が出来上がると、国仙和尚は正月に長連寺でお過ごしになられることもありました。玉島円通寺から四里余《あま》り（約十七㎞）のところです。

　ある正月四日、国仙和尚へのお餅を手に、良寛は長連寺へ足を運びました。

　正月三が日は円通寺でも長連寺でも「般若心経《はんにゃしんぎょう》」や「大般若経《だいはんにゃきょう》」、「消災妙吉祥《しょうさいみょうきちじょう》陀羅尼《だらに》」などを唱えます。正月三が日の修証会《しゅしょうえ》を終え、一月四日にはお世話になっているところへそれぞれ年始の御挨拶にまわるのです。円通寺では冬の結制安居《あんご》期間の最中です。安居の間は首座《しゅそ》（結制中《けっせいちゅう》、修行僧の先頭に立って指導する役職）はその場を離れることは出来ず、寺の外に出ることはかないません。良寛はその年は首座ではなかったので、長連寺へ伺うことになったのでした。

　長連寺は国仙和尚が中興させた寺です。もともと倉敷のお寺ではありませんでした。歴史的には備中　矢掛町　横谷にある洞松寺《とうしょうじ》の末寺《まつじ》でした。毛利元清《もうりもときよ》（毛利元就《もとなり》四男、猿掛城《さるがけじょう》主《しゅ》）（一五五一年〜一五九七年）の菩提寺《ぼだいじ》であり、洞松寺の門前塔頭《もんぜんたっちゅう》として建立されましたが、兵火で焼失してしまったのです。

元禄年間（一六八八年～一七〇四年）、玉島円通寺の開祖 徳翁 良高和尚が長連寺の寺籍を譲り受け、復興を願いますが、なかなか思うようにはいかず、沙汰已《さたや》みとなってしまったのでした。宝暦《ほうれき》十年（一七六〇年）、良高和尚の法孫《ほうそん》 大仙無着和尚が洞松寺に再び請願し、関三刹《かんさんせつ》（徳川家康が定めた曹洞宗の総僧録所《そうそうろくじょ》）に許可されるという手順を経て、倉敷の地に寺籍を移すことになりました。

時の代官　浅井作右衛門の誓願もあり、玉島円通寺の末寺として寺を倉敷に移転し、本師 大覺雪峰和尚を開山として、無着和尚 自《みずか》らは二世となり、宝暦十二年（一七六二年）、開創と相成りました。しかし、志半ばにして諸堂整備の完成ならず、国仙和尚に後事を託し、遷化してしまうのです。

「あの時は、つらいことであった」と、国仙和尚は良寛に語ったことがありました。

「無着和尚がこのわしに長連寺を託され、遷化なさった。諸堂の完成を見る前であったからのぉ。本当につらいことであった。お互いに玉島円通寺　開創 良高和尚の孫弟子《まごでし》じゃからな。もとは、良高和尚の大願であった。だからこそ、無着和尚はなんとしてもやり遂げたかったと思う。その志をわしは受け取った」

良寛は、国仙和尚が法嗣 国文和尚に工事の進捗《しんちょく》を見させながら、無着和尚の志を遂げようと尽力なさって来られたお姿を近くで見ていたのでございました。

漸《よう》く、天明五年（一七八五年）、五台山《ごだいさん》 長連寺は落慶《らっけい》。国仙和尚は中興《ちゅうこう》三世、国文和尚は四世となりました。

完成した本堂に「無着和尚にはここへ座って頂きたかったことよ」という国仙和尚の御声が響き渡ったのを、良寛は昨日のことのように思い出すのでした。

山門の正面には、「五臺山《ごだいさん》」という大仙無着和尚の手になる額が掛かっています。

長連寺の山号は「五台山」なのです。「五台山」とは文殊菩薩の出生の地のことです。『華厳経《けごんきょう》』によれば、文殊菩薩は東方《とうほう》の金色世界《こんじきせかい》「清涼山《しょうりょうざん》」に住んでいるとされ、古く中国では「五台山」が文殊菩薩の住む「清涼山」にあたると信じられ、霊験あらたかな山として多くの信仰をあつめてきました。

五台山（清涼山）は風の強く吹く山です。文殊菩薩は智慧を司ります。

智慧は「般若《はんにゃ》」と呼ばれています。悟りを開くために必要な「般若の智慧」を象徴するのが文殊菩薩なのです。そして、百獣《ひゃくじゅう》の王《おう》 獅子《しし》に乗ります。

中国から伝わったという獅子舞《ししまい》は、日本では厄災退散を祈って寺院などで舞われるようになりました。やがて獅子舞を取り入れた「石橋《しゃっきょう》」という祝言能《しゅうげんのう》が生まれ、長寿を祈る曲となったのです。獅子は文殊菩薩の使いとして登場します。

清涼山《しょうりょうぜん》（五台山）の麓《ふもと》へと辿《たど》り着《つ》いた寂昭法師《じゃくじょうほっし》は、目の前の細く長い石橋を渡ろうとします。そこに現れた樵《きこり》の少年に、「およそ人には渡ることが出来ぬ橋だ」と止められます。石橋は幅《はば》わずか一尺《いっしゃく》（約三十cm）、長さは三丈《さんじょう》（約十m）。表面は苔《こけ》むして滑《すべ》りやすく、下の谷まで高さ千丈《せんじょう》（約三km）。人が渡したのではなく自然に出現したという石橋。それはこの石橋が文殊菩薩の聖地《せいち》、清涼山（五台山）へ続く橋だからなのです。樵は「ここで待っていれば奇瑞を見ることになるだろう」と告げ姿を消します。やがて、静寂な深山に音楽が聞こえてきます。白獅子《しろじし》（親獅子）と赤獅子《あかじし》（子獅子）は石橋にあらわれ、咲き誇《ほこ》る香り高き紅白の牡丹《ぼたん》の花に戯《たわむ》れて勇壮《ゆうそう》に舞います。「千秋万歳《せんしゅうばんぜい》」を寿《ことほ》ぎおさめ、元の文殊菩薩の乗る獅子に戻るのでした。それは清涼山（別名 五台山）での出来事でした。

文殊菩薩に因み、「五台山」という山号を持つ長連寺には、今日も強い風が吹いています。良寛はあらためて山門からふり返り、倉敷の町を見渡しました。
「この門は西に向いておる。西方浄土に向けて、ということもあるが、円通寺に向けて建っている」そんなことを国仙和尚から聞いていた良寛は、向こうに広がる青空に目を向けました。ゆっくりと息を整え、改めて山門をくぐります。

長連寺の山門を入りますと、正面には本堂、左手に観音堂があります。観音堂には准胝観音様《じゅんていかんのんさま》・聖観音様《しょうかんのんさま》・十一面観音様《じゅういちめんかんのんさま》の三観音《さんかんのん》がまつられています。長連寺には鐘がありません。そのことについて国仙和尚は、「鐘がないから、時を報《しら》せることもない。楽《らく》で善《よ》い善《よ》い」と笑っておっしゃったこともありました。『涅槃経《ねはんぎょう》』にある「小欲知足《しょうよくちそく》」です。

そんなことも思い出しながら、良寛は本堂へ向いました。

先ず、御本尊の釈迦牟尼仏に礼拝します。それから、隣室の方丈の間へ通されました。床の間に持って来たお餅をお供えし、国仙和尚が来られるのを待ちます。このお餅は「寿《じゅ》餅《びょう》」という小餅《こもち》です。年末に雲水総出《うんすいそうで》で餅を搗《つ》き、綺麗《きれい》に丸《まる》めて鏡餅《かがみもち》とし、正月三が日の間、この鏡餅の前でお経を唱え、「師匠が丈夫で長生きし、良いことがありますように」と御祈念したものです。

師匠の長寿を願い、年始の挨拶の時にお届けするお餅を「寿餅」というのです。

受け取った師匠はそのお餅を一月七日、七草粥《ななくさがゆ》（芹《せり》、薺《なずな》、菘《すずな》、蘿蔔《すずしろ》、御行《ごぎょう》、繁縷《はこべら》、仏《ほとけ》の座《ざ》の七草で作ったお粥）に入れて召し上がります。

「寿餅」は奉書紙《ほうしょし》に包みます。赤い紙の帯（赤帯）で締《し》め、白い拝表《はいひょう》を差し挟みます（帯《おび》可漏《かろ》）。拝表の上の方には「謹上寿餅《きんじょうじゅびょう》」、下の方には「大愚九拝《たいぐきゅうはい》」と記してあります。良寛は「寿餅」を持参し、初春の長連寺に来られたことを素直に嬉しく思っておりました。

床《とこ》の間《ま》には軸《じく》が掛《か》かり香がたかれています。しばらくして国仙和尚が入室なされました。

「おぉ、良寛や、よく来てくれた」

笑顔で迎えてくれる師匠に、良寛は礼拝しました。

三拝《さんばい》の三回目に国仙和尚も共にお拝《はい》をなさいました。

良寛は、「今年もよろしくお願い致しま

す」と更に一礼しました。

国仙和尚は、床の間の「寿餅」を喜ばれ、

「寿餅を有り難く頂戴いたします。七草粥にしていただきます」と丁寧におっしゃられるのでございました。

「道元禅師の『正法眼蔵』に「画餅《がびょう》」という題の章段があるが、絵に画いた餅のことが書かれておる。『画《え》に描《か》いた餅《もち》』は食べることができないから、役に立たないもののたとえじゃが。しかし、道元禅師は『画ける餅』こそ飢えを満たすと言い切っておられる。わしもたまに思念することがあるが、画餅を見て餅を作ろうと思い、食べる人の笑顔や喜ぶ顔を思い浮かべる。実はその心こそ大切なのではないかと思う。良寛の持ってきてくれたこの寿餅によって、今日は、『画餅』の章段に思いを馳《は》せることができた。実物の餅によって腹も満たされるが、先ずは良寛の優しさに心が充《み》たされたことよ」

「和尚様、本当に無事正月が迎えられ、嬉しゅうございます」

「良い正月じゃな、良寛。互いに元気に相《あい》まみえる。先ずは目出度《めでた》いことじゃ」

円通寺もそうですが、ここ長連寺では底冷《そこび》えがします。

先ほど出して下さったお白湯がおいしく、良寛は身も心もあたたまるのでした。

国仙和尚は、長連寺でも円通寺でも変わらず柔和なお顔で良寛と対座なさるのでした。

「ここから見上げる青空も澄んでおりますね」

良寛は国仙和尚に思ったそのままを言いました。

「それは、良寛の心が澄んでおるからじゃ」

国仙和尚はそう言い、満面《まんめん》の笑顔を見せて下さったのでした。

第十三章　大通寺《だいつうじ》（沙門良寛　玄賓庵跡《げんぴんあんあと》へ）

おばやし、というところに大通寺はあります。矢掛の「小林《おばやし》」です。玉島円通寺からは四里あまり（約十七㎞）ほどです。

矢掛には小田川《おだがわ》が流れています。小田川は吉備真備公《きびのまきび》ゆかりの真備《まび》を通り、矢掛、井原《いばら》へ、さらに備後の福山へと続く松山川《まつやまがわ》（高梁川《たかはしがわ》）の支流です。

矢掛は小田川で南北に分《わ》かたれています。その南には横谷《よこだに》に舟木山《ふなきさん》 洞松寺《とうしょうじ》が、北の方の小林《おばやし》に高峰山《こうほうざん》 大通寺《だいつうじ》があるのです。

良寛は大通寺へと歩いておりました。坐禅修行に出ることになったのです。

雲水（修行僧）は結制安居《けっせいあんご》（僧堂に籠もってする坐禅修行）の三ヶ月を終えると、解間《げあい》とよばれる三ヶ月に入ります。この期間に寺を出て諸国を行脚《あんぎゃ》します。

歩いて他所《よそ》のお寺に行きそこで修行をするのです。寺々で修行のやり方やその日の暮らし方はもちろん、家風《かふう》、雰囲気が異なります。その場所その場所の風土《ふうど》になじむことで、人としてのはばを寛《ひろ》げるのでございます。

玉島円通寺のある場所と、大通寺のある矢掛 小林ではその土地の雰囲気は、ずいぶんと違います。えも言われぬ悠久《ゆうきゅう》の時を、矢掛の地に感じる良寛でした。

大通寺へ行く途中、小田川の北岸、東三成《ひがしみなり》の圀勝寺《こくしょうじ》へ立ち寄りました。

奈良時代、天平勝宝八年（七五六年）、吉備真備《きびのまきび》公が創建したと伝わる歴史ある古いお寺です。境内には赤い八重椿《やえつばき》の大きな樹があり、花の盛りの季節には鮮やかな深紅《しんく》の絨毯《じゅうたん》を敷いたように美しく彩られるといいます。

良寛は椿《つばき》の花が好きでした。赤色も白色も、まだらの椿もみなそれぞれに好きな花です。花盛りの時にはきっと美しいだろうと想像しました。

圀勝寺《こくしょうじ》の近くにある毘沙門堂《びしゃもんどう》にも立ち寄りました。毘沙門天《びしゃもんてん》は七福神《しちふくじん》の一つで、仏法を守護し福徳《ふくとく》を授ける善神です。多聞天《たもんてん》ともいいます。お顔は忿怒《ふんぬ》の形、恐ろしい表情です。北方をお護りして下さいます。一心に願えば難を救って下さる、といわれています。良寛は毘沙門堂の前に立ち、心静かに手を合わせ呼吸をととのえました。毘沙門堂をあとにし大通寺に向いました。

大通寺は古いお寺です。山陽道《さんようどう》の宿場町《しゅくばまち》 矢掛《やかげ》の北方、吉備高原《きびこうげん》の南麓《なんろく》。小林《おばやし》 高峰山《こうほうざん》の山麓の岡本谷《おかもとだに》。その谷間に大通寺はあります。開創は天平十五年（七四三年）三月。奈良東大寺三綱《とうだいじさんごう》（事務長）の 承天和尚《しょうてんおしょう》が矢掛 高峰山 山頂に、不空羂索《ふくうけんじゃく》観世音菩薩を安置して開山したといいます。この不空羂索《ふくうけんじゃく》観世音菩薩は行基作と伝えられているのでございます。

玉島円通寺のご本尊、星浦観世音菩薩も行基作と伝えられています。

備中には行基菩薩の足跡が多く残っているのでございます。

大通寺 開山 承天和尚は高峰山の山麓に黒松を植えました。

時が流れ鎌倉時代のはじめごろ、後鳥羽上皇《ごとばじょうこう》の時代。元暦元年（一一八四年）、後鳥羽院様が大通寺を勅願寺とし、高峰山の上の方にあった大通寺を山麓《さんろく》の黒松の植えられていた今の場所へお移しになられ、御行在所《ごあんざいしょ》となさったのです。

　むら雨《さめ》の 山路《やまじ》をすぎて 笠置《かさおき》の 名《な》より高根《たかね》の 松《まつ》ぞすずしき

という後鳥羽院様《ごとばいんさま》 御製《ぎょせい》の御歌《おおんうた》を賜《たまわ》り、この歌をもとに、この黒松は「笠置《かさおき》の松《まつ》」と称されるようになりました。

さらに時代が下り、文禄《ぶんろく》三年（一五九四年）林松《りんしょう》和尚の時、毛利輝元《もうりてるもと》公が眼病平癒《がんびょうへいゆ》の祈《き》願《がん》をし、大通寺は毛利家の祈願所となりました。そして毛利元清《もうりもときよ》により伽藍が再興されたのです。この毛利元清《もうりもときよ》とは、毛利元就《もうりもとなり》の四男《よんなん》で、備中 矢掛の猿掛城《さるかけじょう》 城主となった穂田元《ほいだもと》清《きよ》のことで、輝元は甥《おい》にあたります。

また、大通寺には「分福茶釜《ぶんぶくちゃがま》」のいわれがありますが、それはちょうどその頃のことなのでございます。「分福茶釜」は、こんなお話です。

むかしむかし、ある所におじいさんとあばさんがおったそうな。おじいさんとおばあさんは観音様を信心して正直に暮らしておりました。しかし、暮らしは貧しくて困っておりました。

「こんなに毎日辛抱《しんぼう》しとっても、やっていけん。だんだん年を拾《ひろ》うて、体でも動かんようになったら、どうしたら良いのだろう」

そんなことを言いながらも、観音様への信心だけは続けておられました。

ある晩、おじいさんは夢の中で、お告げを受けます。

「朝起きたら観音さまに参りなされ。泥のかんす（茶釜）があるゆえ、それを持って、もどって茶店を開きなさい」と。

おじいさんは、さっそくお寺へお参りに出掛けました。夢のお告げの通り。泥で焼いたかんすがあるではありませんか。おじいさんは喜んで、そのかんすを抱《かか》えて家に帰って来ました。砂をつけて磨いて洗います。すると、「おじいさん、おじいさん、そろそろ（ゆるやかに）研《と》いで下さいな」という声がしました。おじいさんがびっくりして見ると、かんすから、たぬきの尻尾《しっぽ》や足が出てきたのでした。あんまり磨くと痛いのだろうとかわいそうに思って、今度は水を入れてたくことにしました。お竈《くど》さんにかけて松葉をくべたら、煙《けむり》が、くよくよ くよくよ、と出てきます。今度は、

「くよるぞ（燻《くゆ》るぞ）、くよるぞ、目が痛い。くよるぞ、くよるぞ、目が痛い」

とまたも、かんすがものを言います。上等のまきの割木をたいたら、煙があんまり出ません。それでお湯をわかして飲んでみると、何ともいえぬ、ええ湯（良い湯）がわいたと。

「こりゃあ味がええ。おばあさんや。ほんに、このかんすでお店を出したら、村の皆も喜んで良いかもしれぬ。このかんすは、わしらを助けてくれるんじゃわい」

「そりゃあ、おじいさん。長年、観音様を信仰してきたおかげでしょうや」

それからおじいさんとおばあさんが二人して茶店を開いたら、ようけい（たくさん）、人がお茶を飲みに来てくれました。不思議なことに、なんぼう汲んでも汲んでも、そのかん

すから、ええ湯がわいて出る、ほんに ええかんすだったとか。

たぬきの尻尾《しっぽ》や足も出んようになりました。それからあそこの茶店はおいしいいうて、ますます評判になり、おじいさんとおばあさんは、だいぶん暮らしが楽になったそうな。

「おばあさんや、もう充分、暮らしも楽になった。このかんすはお寺様にお返ししようと思うのじゃが」

「ほんに。私もそのように思います。お礼を言うて、お寺様にお返ししましょう」

それで、観音様のある備中 矢掛の大通寺にかんすをお返ししたそうな。

後に大通寺ではそのかんすで「千人茶会」を開いて、多くの村人たちと勝縁《しょうえん》を結び、福を分ける茶釜、ブンブクと沸《わ》き、汲《く》めども尽きぬ茶釜ということで、「分福茶釜」と呼ぶようになったというのでございます。

「その分福茶釜は、今も大通寺にあるのでございますか?」と良寛は、和尚様に尋ねました。

大通寺の和尚様は、「御覧になりたいですかな?」とにっこりなさいました。

「もちろん」良寛は身を乗り出して間髪《かんはつ》を入《い》れずに答えました。

「不空羂索《ふくうけんじゃく》観音様のおられる、観音堂《かんのんどう》に返されたということでしてな」

「観音堂に。その分福茶釜は今でも、たぬきの尻尾が出てくるのですか？」

良寛はこの茶釜を是非《ぜひ》とも見たくなりました。

「何かのひょうしに、ひょこっと尻尾の出ることが……」

「尻尾の出ることが、あるのですか？」

和尚様は、真顔《まがお》で聞く純粋な良寛に思わず笑《え》みがこぼれました。

「はっはっは。そんな茶釜が伝わっておりましたら、どんなにか楽しいでしょうな」

「え？ではもう大通寺様には分福茶釜は伝わっていないのでございますか……」

良寛は心底、残念な表情になりました。

「残念ながら、もう伝わってはおりません。しかし、この話こそが大通寺の宝です。この分福茶釜の話は、大切な事を伝えてくれています。この昔話は今、将来が不安であっても、決して観音様の信仰を忘れなかったという説話なのです。信じることの大切さを今に伝えてくれています。簡単なことのように思えて、これは非常に難しいことです。厳しい現実を目の前にして、人は将来を悲観します。きっと良くなると信じながらも、ひょっとすると良くはならないのではないかと疑うのです。分福茶釜は、きっとあります。人は信じる心を持ち続けておれば、かならず求めている分福茶釜にめぐりあえるのです」

良寛は、大通寺の和尚様のお言葉に耳を傾け、「分福茶釜にめぐりあえる」という将来を思い描きました。そう、かならず分福茶釜にめぐりあえる。色や形は違えども、助けとなってくれる何かに、必ずめぐりあえる。その人に必要な形で、その人に真《しん》に必要な、その時に。その将来を信じる、その心を持ち続けることの難しさと、大切さを分福茶釜の話は伝えてくれているのです。

『確かに、大通寺には分福茶釜が伝わっているのだ』と良寛は思いました。

良寛は東司《とうす》（お手洗い）をお借りしました。出入り口のそばには手水鉢《ちょうずばち》があります。杓で手を洗いながらその形に心を留めました。花びらの形をしているのです。

近くで鶯の鳴く声が聞こえました。

ホー　ホケキョ、ケキョケキョ　ケキョケキョと鳴いています。

和尚様は「鶯が鳴いておりますな。平安の人々は鶯の鳴き声を『人来《ひとく》　人来《ひとく》』と鳴いていると思っていたそうです。『法《ほう》　法華経《ほけきょう》』と鳴くとも言われますが、私は『法《ほう》　聞《き》けよ』と鳴いているように聞こえます」

そうおっしゃって裏庭に聳《そび》える高峰山《こうほうざん》を見上げられました。

良寛も見上げ、春の風を感じました。


良寛は、この大通寺で坐禅をさせていただくことになっておりました。

古い歴史を持つ大通寺でございますが、坐禅堂は宝暦《ほうれき》九年（一七五九年）に新築されたばかりでございました。良寛は宝暦八年（一七五八年）生まれです。自分のこれまでの日々とほとんど変わらぬ年月を、大通寺の坐禅堂も、あゆんできたのでございます。そう思う

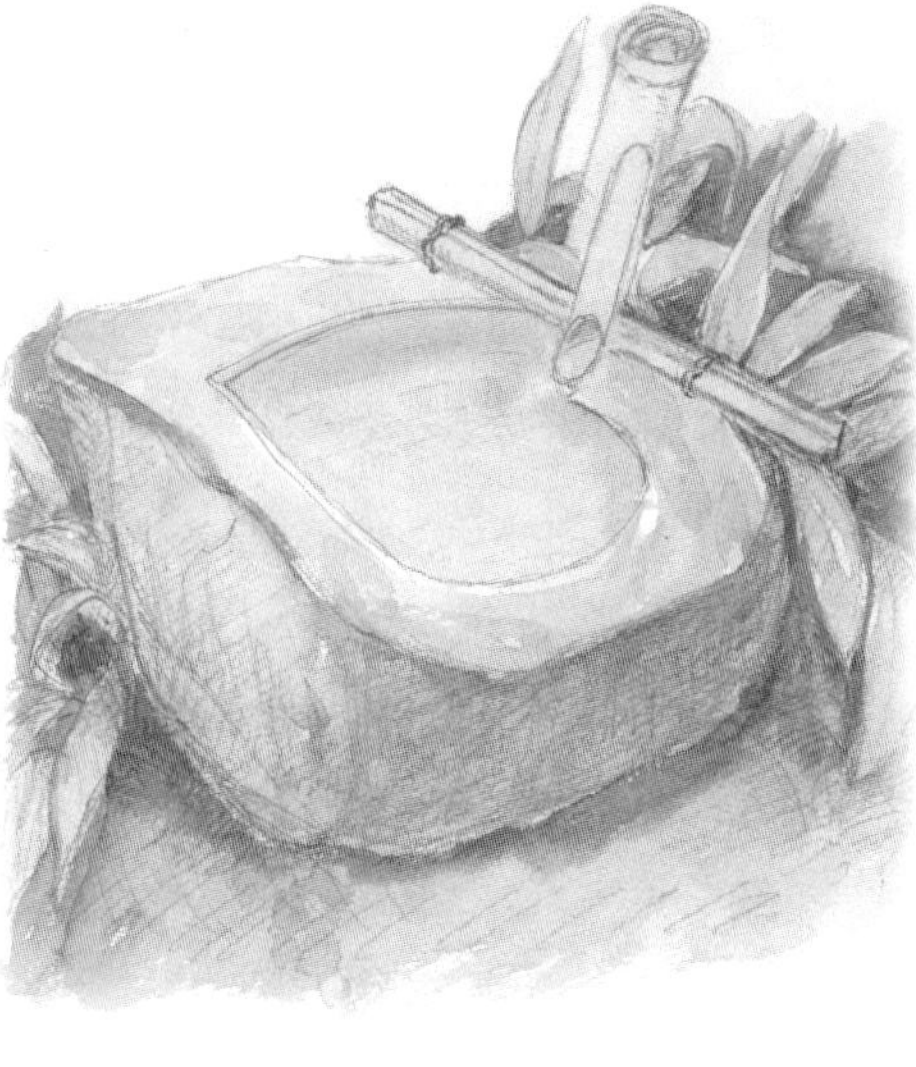

だけで良寛は親近感《しんきんかん》を覚えるのでございました。

坐禅の合間には和尚様から色々な話を伺いました。

松尾芭蕉（一六四四年〜一六九四年）の話にもなりました。

「松尾芭蕉のことはご存じですかな?」

「俳諧《はいかい》の巨匠《きょしょう》の松尾芭蕉でございますね。私の故郷、越後の出雲崎で詠まれた芭蕉翁《ばしょうおう》の句がございまして、私の父も芭蕉翁を尊敬しております」

「出雲崎で詠まれた句があるのですか?」

「はい。『荒海《あらうみ》や　佐渡《さど》によこたふ《とう》　天河《あまのがわ》』という『奥《おく》の細道《ほそみち》』に載っている句です」

「この一句の詠まれた出雲崎がふるさとなのですね」

「はい、さようでございます」

「それは、それは。御縁があるのですな。ひとつ良いものをお目にかけましょう。裏庭に建つ石碑なのですが、字が彫ってあります。それを読んでみて下さい」

良寛は、大通寺境内にある寛保《かんぽう》四年（一七四四年）に建てられた石碑を見せていただくことになりました。ほどよき大きさの石碑です。

「読めますか？」と和尚様は良寛を促《うなが》しましたが、なかなか判読《はんどく》出来ません。

「漢字が何文字か彫《ほ》られているのでございますか？」

「さようです」

「真四角《ましかく》に収まるように一字一字が整えられているような、篆刻《てんこく》の字のような」

「さようです」

「……すみません、読めません」

良寛は何とか読みたかったのですが、読むことができませんでした。

「七文字の篆刻文字（印鑑《いんかん》の文字）が彫られておりましてな、上から『古池《ふるいけ》蛙《かわず》飛《とぶ》込《こむ》水《みず》音《おと》』という字が書いてあります」と和尚様は教えて下さいました。

「あっ」と良寛は小さく叫びました。

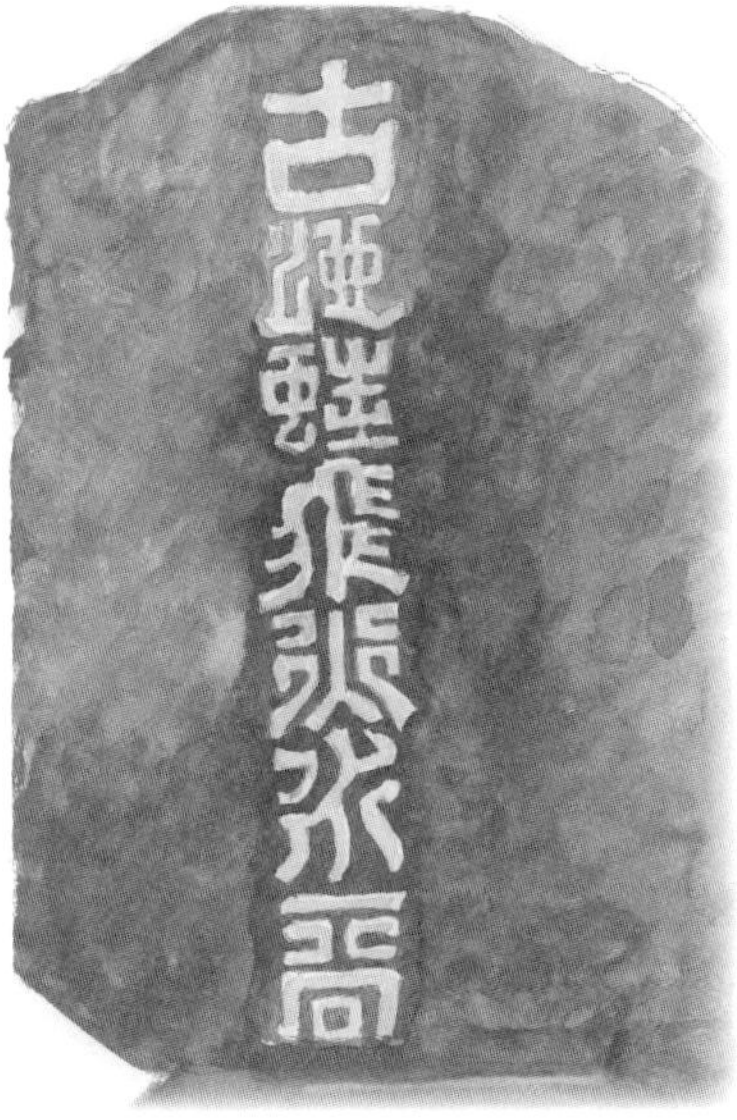

古池《ふるいけ》や　蛙《かわず》飛《と》び込《こ》む　水《みず》の音《おと》

言《い》わずと知《し》れた芭蕉の名句《めいく》です。和尚様はにこになさいました。

静かな水面に一匹の蛙が飛び込み、また静かな水面に戻る。あんな小さな蛙が飛び込む音が聞こえるほどの静寂さ。余情残心《よじょうざんしん》の一句。

それを、大通寺の石碑には漢字七文字で表現してあるのです。

良寛は唸《うな》ってしまいました。

和尚様はさらに、

「ちょっと、足をのばしましょう」とおっしゃり、すたすたと歩きはじめました。

良寛はだまってそのあとをついて行きました。

大通寺の門を出ます。矢掛の地を歩き始めました。

「このあたりは、なんだか悠久の時を感じますね」良寛がそう言いますと、

「悠久の時。そうかもしれませんな。これから行くところの近くには山野《やまの》神社《じんじゃ》という八幡神社の末社があります。祭神として蘆屋道満《あしやどうまん》の名が記されているのです」

「蘆屋道満……と言いますと、あの蘆屋道満でございますか?」

「はい。あの蘆屋道満です。陰陽師《おんみょうじ》 安倍晴明《あべのせいめい》と法力を争ったと伝えられる道満です。実は、矢掛には安倍山《あべさん》という山がありまして、小田川の南側にあるのですが、安倍晴明が天体観測をしたというので阿倍山となったそうです。阿倍山からの水が清らかでおいしいので矢掛のお米はおいしいと言われております」

「安倍晴明が矢掛の山で星を見上げていたというのですか」

「そうなのです。ですから、ここから見上げる星の光は、安倍晴明が見上げた星の光と同じなのですよ」

「悠久の時の流れを感じるのは、そういう力を持った場所だからなのですね」

「そうかもしれませんな」

そんな話をしながら、小田川の支流 美山川沿いをしばらく歩いて行きました。

「この木の橋は土井橋《どいばし》とか僧都橋《そうずばし》とも言いまして、このあたりはある僧都が住んでいたということで僧都と名づけられた地域でもあります」僧都橋を渡りおえ、和尚様は良寛をふり返りました。そうして、少し小高いところへ上がり始めました。良寛はあとをついていきました。和尚様は慣れた風で、すいすい進んでいかれます。不意《ふい》に立ち止まられました。

「これが、玄賓僧都の供養塔です」見れば、五輪塔が建っています。

「隠遁聖《いんとんひじり》の祖と称されるあの名高き玄賓僧都のですか?ここ矢掛は、玄賓僧都のゆかりがあるのですか?」

「さようです。玄賓僧都ゆかりの地なのです」

良寛は五輪塔に手を合わせました。

「玉島円通寺開山の徳翁良高和尚も玄賓僧都を慕っておられたとか。実は、玄賓僧都はこの辺りに庵をかまえておられて、玄賓庵《げんぴんあん》と呼ばれていたらしいのですが、一時大通寺の末寺でもあったそうです。玄賓庵でお暮らしになり、玄賓庵で遷化なさったといわれております」

「では、ここが、玄賓僧都の終焉の地ということなのですか?」

「そうなのです。おそらく、玄賓庵の跡に建てられたであろうこの五輪塔は、玄賓僧都が弘仁《こうにん》九年(八一八年)六月十七日、八十九歳で遷化なさって、二〇〇〇年ほどたってから、ここの村人たちによって建てられたのだと思われます」

「村人たちがこの五輪塔を？」

「玄賓僧都は里人をとても大切になさいました。人々の中に分け入って、一人ひとりをお救いになられ続けたのです」

「人々に分け入って暮らしておられた、ということですか？　世に高僧として知られた玄賓僧都が……」

「人々に分け入って一人ひとりをお救いになられたからこそ、名僧なのでございましょう。一人ひとりの心に直接、種をまいてゆかれたのです」

「ここに玄賓僧都が庵を結んでおられ、お暮らしになった。周りの人々は、玄賓僧都を慕っていたからこそ、寂後《じゃくご》、玄賓僧都のご遺徳《いとく》が語り伝えられ、この五輪塔が建ったというわけですね」

「そうだと思います」

「この美山川のほとりに……」

「なぜ美山川のほとりに庵を結ばれたのかといいますと、実はここからほど近いところに美川《みかわ》の隅《すみ》に位置するという宇角《うずみ》という場所がありまして。ちょっと行ってみましょうか」

そう言うなり、和尚様はまたも軽やかに歩きはじめました。この土地に不案内な良寛は、とにかくあとについていくのでした。山の上へ上へと随分歩きます。こんな山の上にこんな大きな池が……、と良寛はしばらく呆然となりました。

しばらく歩いていくと、大きな池に辿り着きました。

「この池は倉見池といいます」

「くらみいけ?」

「稲づくりに困っていた宇角の人々のために高妻山《たかつまやま》の北に池を作ろうというので、玄賓僧都がご尽力なさったのです。宇角の水不足を解消するために、ここに暮らす皆と力を合わせ、一緒に汗を流して。多難を乗り越えての池づくりだったそうです。池から流れ出る筧《かけひ》も作って水路も考えて下さって。そして、この池を玄賓僧都は倉見池と名づけました。この池の水でもって収穫が増え、宇角の土地でやがてどんどん倉が見られるようになるだろう、と予祝《よしゅく》しての名前です。宇角の人々は、この画期的な大工事完成の喜びを、玄賓僧都への感謝とともに、力の結集の大切さを感じました。玄賓僧都は少しでも収穫が得られるようにと、丁寧な稲作、人力水車の使い方、獣や鳥から作物を守る鹿威《ししおど》し、鳴子、案山子《かがし》などを矢掛の地に広く伝えました。さらに、病で苦しむ人々への薬草の知識や、うどんや蕎麦《そば》の作り方なども、たくさん教えて下さったとか」

「実生活で、すぐに役に立つことばかりですね。それで、ここ宇角では倉は見られるようになったのですか？」

「はい、本当にこの倉見池のお陰で、田んぼの収穫は増し、次々と米蔵が建ったということです。収穫の上がった農家には喜びが続き、地元の八幡神社《はちまんじんじゃ》の境内にある……、あ、そうそう、先ほど話しました山野神社《やまのじんじゃ》」

「祭神として蘆屋道満《あしやどうまん》の名が記されているという山野神社ですか？」

「はい。その山野神社に玄賓僧都をお祀りし、毎年秋のお祭りには、こぞって感謝の心を捧げてきたといいます」

「山野神社には、玄賓僧都もお祀りされているのですね」

良寛は、あの玄賓僧都の終焉の地が矢掛だったことをはじめて知りました。

「円通寺開山の徳翁良高和尚は玄賓僧都の御遺徳を慕われて、湯川寺《とうせんじ》へ行かれたそうなのです」良寛がこう言うと、

「湯川寺《とうせんじ》へは行ってみられましたか?」と和尚様は尋ねるのでした。

「湯川寺《とうせんじ》へ?」

「是非、行ってごらんなさい。その場所に立つと、きっと何かを感じるはずです。国仙和尚は湯川寺への行脚を、必ずやお許しになられることと思いますよ」

和尚様は良寛に柔らかに微笑まれたのでございました。

第十四章　僧都《そうず》玄賓《げんぴん》のあとを追《お》い

（湯川寺《とうせんじ》・大椿寺《だいちんじ》・四王寺《しおうじ》・定光寺《じょうこうじ》・松林寺《しょうりんじ》・臍帯寺《ほそおじ》）

ちいさな存在。この大きな夜空を見上げる度に、人間ってちいさな存在なのだと思うのでございます。悩んでいることも、この大きな夜空の中では微少なのでございましょう。それなのに毎日、毎日くよくよしています。目の前のことで精一杯なのでございました。ある一人の青年僧もそのようでございました。明日には、北の方へと行脚の旅に出ようとしておりました。期待と不安の入り交じるなか、ふと満月の光を感じます。一人外に出て月を見上げようとしたその時、細長い光がこちらへむかってきたのでありました。幾筋もの光が。うわーっとこちらへ。青年僧の鼓動が一気に高鳴ります。

「これは一体……」何だろうと思いながら、なおも虚空を見上げておりました。たくさんの流れ星だったのでした。良いことの兆しのように思われました。

翌朝、草間 土橋にある湯川に足を向けました。玄賓僧都の数々の伝説を耳にし、その足跡を辿るため行脚の旅をしているのです。

湯川には玄賓僧都開創の「法皇山 湯川寺」と呼ばれる寺があります。すぐ下を南北に谷川が流れ、この谷川の上にある湯川寺から見渡してみました。かどの取れた「カワニナ」がいるという尻無川です。一千年も昔ここに玄賓僧都がおられた、と想像してみるだけでワクワクしてきました。自然、笑みがこぼれます。

鳥の声々は聞こえますが、伝説の通り雉子の鳴き声は聞こえません。

「杖白檀」の伝説の樹を見上げました。ここに立っているだけで、はるか彼方からの風を感じるようです。山また山を見上げながらの行脚でございます。


玄賓僧都が湯川寺の次に創建なさったという「龍華山《りゅうげざん》 大椿寺《だいちんじ》」に向いました。

谷深いところです。お寺に続く道で、凛々しい顔の犬に出会いました。

「吾《われ》唯《ただ》 知足《たるをしる》」という寺紋が瓦屋根のところに見えました。

いつの間に来ていたのか、お寺の門のそばでさっきの凛々しい犬がこちらを見ています。

「大椿寺を守っている犬だったのだな」と思い、大椿寺を後《あと》にしました。


それから、「巨龍山《こりゅうざん》 定光寺《じょうこうじ》」へ向いました。たまたま住職と話をしました。

「玄賓僧都が開基と聞いて、こちらに伺ったのですが」

「さようですか。ようお越しになりました」

「不思議なご縁で玄賓僧都の足跡を辿ることになりまして」

「それは奇《くす》しきご縁でございますね。その日、なんとなく向く足の先がその人のご縁なのです。そのご縁が、あなた様の救いになっていくのですよ。自分の足で歩いていて、しんどくなったら、へたりゃーえぇんです。座って充分に休んだら良いんです。歩き疲れたらゆっくり息をしたらよいのです。何度も何度も。そうしたら身体が元気になって、もう一度歩きはじめることだって出来るんです。また歩けるようになったら、そこからまた歩いたら良い。皆、山の頂を目指しています。仏の教えも一つしかありません。頂に一つ。でも、登り口はたくさんあります。登る方法もそれぞれです。どこからでも、どうやってでもえぇんです。峰の入口を玄《げん》と言いまして、山の頂点を導き出す道の入口なんです。白い道なんですね。あなた様は今日、その道を歩いて来られた」

青年僧はこの住職に会うために、玄賓僧都のあとを追っているのかもしれないと思いました。

「大同三年（八〇八年）の春、弘法大師空海が玄賓僧都をたずねて、この定光寺に来られたと言われております。空海さんも、その日ここに足が向いたんでしょうなぁ」住職ははるか彼方を見ておっしゃるのでした。

「ここの巨龍という山号は、どういういわれがあるのですか？」

「この寺の庭前の大きな松、ほらそこの松です。その松で毎夜光り輝くものがありましてな。これが巨龍の両眼からほとばしる光であったので、巨龍山と名づけられたというんです。巨龍が松にとぐろを巻いとったとか言うんですが、一説に竜巻が松の木の上に起こったということではないかとか、またほかの一説に、雨が止んだあと裏山から霧の立ち昇るその姿がまるで龍のようであったからとか、いろいろいわれておりましてな。確かにここは向こうの山と谷とで、ものすごい風が吹くことがありまして。それで、竜巻が起こったり、雲が龍の姿になったりするのでしょうな。龍はお釈迦様の乗り物なんですよ。必要なところへ運ぶ役割があるんです。渡し守の役とでも言いましょうか。孫悟空の乗る白い觔斗雲《きんとうん》みたいな」

孫悟空の白い雲、觔斗雲は「西遊記」に出てくる乗り物です。花果山《かかざん》の仙石《せんせき》から生まれた猿（後の孫悟空）には最初、名前がありませんでした。

「霊臺方寸山《れいたいほうすんのやま》 斜月三星洞《しゃげつさんせいとう》」へ行き、須菩提祖師《しゅぼだいそし》に弟子入りを請《こ》います。

須菩提祖師《しゅぼだいそし》とは、釈迦十大弟子、解空第一《げくうだいいち》（色即是空《しきそくぜくう》空即是色《くうそくぜしき》の「空《くう》」をよく理解していること）の須菩提《しゅぼだい》を元としています。釈迦十大弟子の須菩提は天才で、とても頭が良く、他をばかにしていて、傲慢《ごうまん》、怒りっぽくて何にでも腹を立てる人でした。お釈迦様に出会い、修行することによって、円満な性格になりました。空《くう》の教えを理解し実践していた須菩提は、何事にも執着をしませんでした。心の中が「空」だったからです。空とは中が空洞化していることです。それで、須菩提は、解空第一といわれたのでした。

「西遊記」の須菩提祖師は「霊臺方寸山 斜月三星洞」に住んでいます。

「霊臺」（霊台）とは、心意のある場所、つまり「心」のことです。

「方寸」とは、一寸（約三cm）四方のという意味で、古くから心臓が一寸四方の大きさと考えられていたので、転じて「心」という意味になりました。

「斜月」とは斜めに照らす月、西に沈もうとしている月のことで、「三日月」を表わすことがあります。

「三星」とは、文字通り三つの星のことです。

「斜月三星」は三日月と三つの星ということですが、これにて「心」の一字を表わすというのでございます。

つまり「霊臺方寸」は「心体」の名前であり、「斜月三星」というのは「心字」の形容なのです。

「霊臺方寸山 斜月三星洞」とは、「心体を容する山の心字を宿す洞《ほら》」という意味の場所なのでございます。つまり「空」ということです。

須菩提祖師は、この猿の弟子に「孫 悟空」という法名を付けました。「孫」は猿という意味の「胡孫《こそん》」の「孫」で、「悟空」は「空《くう》」を「悟《さとる》」という意味です。孫悟空は、師匠の須菩提祖師から觔斗雲の法を授かります。觔斗というのは宙返りのことです。転じさせる法力のことです。『正法眼蔵《しょうほうげんぞう》』(「出家」)にも出てくる言葉です。

さらに孫悟空は不老不死を求め、西王母《せいおうぼ》のところへ行きます。西王母は崑崙山《こんろんざん》に住む仙女です。不老不死の実、蟠桃《ばんとう》をみなで食べるという蟠桃会《ばんとうえ》を西王母は自《みずか》らの誕生日、三月三日に催そうとします。

この三月三日は上巳《じょうし》の祓《はら》えとして、日本でも「桃《もも》の節句《せっく》」の日になっています。

「西遊記」ではこの三月三日の蟠桃会の前に、孫悟空が勝手に蟠桃《ばんとう》を食べてしまい、その上、当日には大暴れしてめちゃくちゃにしてしまいます。

そんなことがあった後、玄奘三蔵法師《げんじょうさんぞうほうし》と出会い、猪八戒《ちょはっかい》（豚）、沙悟浄《さごじょう》（河童）、玉龍《ぎょくりゅう》（白馬）とともに、経典《きょうてん》を求めて天竺へと旅立つことになるのでした。それは次々現れる妖怪《ようかい》を退治しながらの旅だったのです。

実はこの妖怪たちは、日常自分の心に襲いかかる貪瞋痴《とんじんち》の三毒が生じさせています。妖怪が千変万化《せんべんばんか》しようとも我が心は一つなのでございます。

とても太刀打ちできそうにありませんが、引き返すことも出来ません。

觔斗雲に乗り、さまざまに転じさせながら、一つひとつを解決していきます。

この旅は心を転じさせていく旅でもあるのでございます。

「西遊記」を読む私たちも、いつの間にか同じく旅をしているのでございます。

定光寺の住職はこちらを向いて、

「孫悟空の乗る白い雲 觔斗雲は、実際にすぐそこにあるのですよ。人や物をここから必要なところへ運んでくれます。時空を越えて運んでくれています」

とおっしゃったのでした。

「巨龍山と書いた扁額《へんがく》をご覧に入れましょう。月舟宗胡《げっしゅうそうこ》禅師の字なのです」

月舟宗胡禅師は玉島 円通寺開山 徳翁良高和尚のお師匠様です。

巨龍山の扁額を見上げ、青年僧は思わず襟《えり》を正《ただ》し手を合わせ、定光寺をあとにしました。

空には白い雲が棚引《たなび》いておりました。

続いて向《むか》ったのは「千光山 松林寺」（高梁市 落合町 近似）です。玄賓谷というところです。「瑞源山《ずいげんざん》 深耕寺《しんこうじ》」（高梁市 落合町 原田）の末寺となっています。

玄賓僧都が庵を結んだところです。その場所には中々たどりつけませんでした。たまたま出会った村の人に聞いてみました。

「玄賓谷の松林寺ってどこですか?」

「玄賓谷ですか。さぁ、わかりませんね。玄賓《げんぴん》ならわかりますが」

「多分そこだと思います。その玄賓を教えて下さい」

「この上を上がってお行きなさい。山を上へ上へ。そのあたりが玄賓いうんです」

「深耕寺へはどう行きますか?」

「それでしたら、その玄賓を通ってずっとずっと奥へ、ずーっとお行きなさい。立派なお寺が深耕寺です」

青年僧はお礼を言うと、山を上へ上へ上がっていきました。神社の鳥居があります。注意深くあたりを見回してみました。何となく人が行き来しているようなところを見付けました。思い切ってその奥に入って行ってみました。

庵があり、そこが松林寺のように思えました。

それから、深耕寺を目指し、谷を横目にどんどん奥へ行きました。立派なお寺の深耕寺を見付けました。青年僧は晴れやかな表情で一礼し下山しました。

次に、哲西野馳村《のちそん》の「伝医山《でんいさん》 四王寺《しおうじ》」（岡山県 新見市 哲西町 大野部《おおのべ》）へも参りました。備中の最北にして西の端です。

玄賓僧都が遷化なさる数日まえに開山されたお寺です。

仁王門があります。仁王様は門も右と左におわす守護神 阿形《あぎょう》、吽形《うんぎょう》の金剛力士像です。悪いものが寺に入って来ぬように忿怒の形相をしています。

ここは真言宗御室派のお寺ですので、この仁王門を通る前には先ず真ん中で虚心《こしん》合掌します。「南無金剛力士《なむこんごうりきし》」と七回唱え、「提灯礼《ちょうちんらい》」（三回《さんかい》、膝《ひざ》をまげる所作）をし合掌して入ります。身分の高い和尚様は堂々と仁王門から入りますが、そうでなければ脇を通ることになっております。青年僧は仁王門の前で合掌し、「南無金剛力士」と七回唱えてここを跡にしました。ここの空気を身体いっぱいに吸い込みながら、足取り軽やかに南へ南へと帰って行きました。

再び湯川寺の辺りを目指しました。「廣大山《こうだいさん》 臍帯寺《ほそおじ》」（岡山県 高梁市 有漢町 上有漢）へ行くためです。玄賓僧都の臍帯《へそのお》が納められたという伝説のある行基開山のお寺です。

その場所へ行くのに青年僧は迷ってしまいました。近くの人に道を尋ねました。

「あのぉ、臍帯寺《ほそおじ》へは、どこを通ったら行けますか？」

「ほそおじ？ あぁ、ほそんじさんのことですか？」

「ほそんじさん？」

「いんげさんに会いに行かれるのですか？」

「いんげさん？」

臍帯寺の住職のことを、この地域の人々は「院家《いんげ》さん」と呼んでいました。

「院家」とは格式のあるお寺の住職の呼び方なのです。

「ほそんじでしたら、あそこを右に曲がってお行き下さい。いんげさんも、たいていおられると思いますよ」

青年僧は深々と頭を下げ、臍帯寺に足を向けました。

真言宗大覚寺派のお寺です。階段を上がって門の中をうかがいました。たまたま庭の方に住職らしき方がおられました。

「あのぉ、ほそんじさまのいんげさまでしょうか？」と声をかけてみました。

臍帯寺の院家様は振り向き、こちらへ歩いて来られました。

「お忙しいところすみません。急に参りまして。こちらは臍帯寺《ほそおじ》と伺っておりましたが、ご近所の方にこちらのことを伺いまして、ほそんじと呼ばれておられました。住職様のことをいんげさんと」

「あぁ、そうなんです。みな、ここが正式には臍帯寺という名前じゃということをあまりご存じなくて、ほそんじ、ほそんじと親しみをもっておっしゃるので、そのままにしておりますす。この私も、時にはほそんじと呼んでおりましてなぁ。よけい、皆そう思うでしょうなぁ。まぁ、機会をみては、本当はほそおじなんですよと言うんですが、そうなんですか？と言われながらも、やっぱり、なじんだほそんじ、言うとってです」

ははは、と、笑っておっしゃるのです。青年僧もつられて笑いました。

「廣大山という山号は、どのような意味があるのですか？」

「廣大無辺《こうだいむへん》から来ています。広い考え方をしないといけないと、いうことでしょう」

「玄賓僧都の臍帯《へそのお》が納められたとか」

「さようです。以前はもっと半里ほど北の方にありまして。四つ畦と呼ばれる、山の麓の細い尾根にあったので細尾寺《ほそおじ》と言ったようです。その頃、玄賓僧都の御母堂様がお腹の子が中々産まれてこなかったので細尾寺に参られて、その甲斐あってご安産なさり、玄賓僧都の臍帯《へそのお》が細尾寺に奉納されたのです。その後、細尾寺は室町時代、備中松山城の鬼門《きもん》（艮《うしとら》・北東《きたひがし》）の方角に当たるため、鬼門擁護のためのお寺、祈願所となりました。しかし安土桃山時代、備中兵乱《びっちゅうへいらん》の兵火に遭ったのです。まぁ昔から備前、備中、美作のちょうど三点のまじわるところなので勢力争いのはげしいところだったらしいのですが、その備中兵乱のとき、細尾寺の御本尊様をかろうじて持ち出し、近くの閼伽井戸《あかいど》（閼伽場《あかば》）、つまり閼《あ》伽水《かすい》を汲んでいた場所に安置、新たな細尾寺として現在に至るのです。ですから、玄賓僧都の臍帯のことは伝説の中にだけ活きているということになります。でもその後、玄賓僧都の臍帯に因み、寺名の表記が細尾寺から臍帯寺となったのです」

「玄賓僧都といえば、『江談抄《ごうだんしょう》』や鴨長明の『発心集』、『古今著聞集《ここんちょもんじゅう》』や『続古今和歌《しょくこきんわか》集《しゅう》』、虎関師錬《こかんしれん》禅師の『元亨釈書《げんこうしゃくしょ》』、お能の『三輪』など多くの書物に書かれていますが、三河国《みかわのくに》出身と書かれています。でも備中では細尾寺に臍帯《へそのお》が納められ、その近くの高僧屋敷という場所でお生まれになられたという伝説があります。最初にそれを知りましたとき私は驚いてしまいました」

「そうですね。玄賓さんの生誕地は河内なのかもしれませんし、備中なのかもしれません。ただ一つ言えるのは、何故か玄賓僧都の生誕を思わせる伝承があり、その上、玄賓僧都開基のお寺がたくさんあって、それが都から離れたこの土地に語り継がれている、その不思議です。本当に縁もゆかりもなければ、こういう場所に、そういう伝承が残るものでしょうか。ここが生誕の地だからこそ、玄賓僧都開基の寺々も多いような気がするのです。やはり生まれ故郷に戻りたい、という心は古《いにしえ》も今《いま》も変わりませんから」

この青年僧は「生まれ故郷」という言葉を聞き、大きく心が揺らぎました。僧侶として向上できるかもしれないと思い、僧都玄賓のあとを追い、ここまでやって来たのでしたが、「生まれ故郷」に思いを馳せることにもなったのです。

「ふる里《さと》に、玄賓僧都は帰って来られたということですか?」

「僧侶として身分が高いから、という価値観の中ではその身分の高さは時として、自信にもつながり、活き活きとする場合もありましょう。しかし、ふっとありのままの自分を受け入れてくれる場所、というのが必要なときもあると思うのです。位階など関係なく、僧侶であるかどうかの、自分の置かれた立場も何も関係なく、ただそのままの自分を」

「そのままの自分」

「そう、力を抜いてだらりと手を垂れて、にこにこしているだけの自分を、そのまま受け入れてくれる、それがふる里なのではありませんか？たまたまそれが生れ故郷の人もいるでしょう。心のふる里が、ほっと安心できる場所になる人もいるでしょう。とにかく、その人のあたたかい徳というものを、そのままあたたかく受け入れる場、それがふる里なのだと思うのです」

青年僧は、身体の内側からあったかくなるのがわかりました。

先ず笑顔になれる場所、ふわりと力が抜ける場所。それは生れ故郷かもしれないし、心のふる里かもしれない。その通りだと思いました。

力を抜くのは、簡単なようで出来ることではありません。ぎゅーっと力を入れる日々があるからこそ、ふっと力を抜くことが出来るのです。そのために修行の日々がある。いつか、ふわっと余分な力みを抜いてほっとして、にこにこ出来て、その輪が周囲に伝わっていくような日が訪れるのを、心から待ってくれている。それは故郷の父、母なのかもしれない……。

袖で目頭を拭う青年僧の姿を見て、院家様は静かに微笑むのでありました。

「あ、そうそう。行基井戸をご覧になりませんか？」

「行基井戸？」

「湧き水が出るので、細尾寺が北の方にあった頃、ここの水を閼伽水として使っていたのですが、その場所を閼伽場といいまして行基井戸とも言うのです。井戸というよりは鍾乳洞なのですが」

本堂すぐそばの閼伽場に案内され、その場に立ちました。

「あれが、閼伽場なんです」院家様の指さす方を見遣ると、向こうに壁のような岩盤があり、その下の方に穴が見えました。

「真夏はあの小さな穴から涼しい風が吹いてきて、夏はここはすごしやすいんです。春先はたくさん水が流れます。特に雨の多い梅雨の時分はものすごく多いですね。それで中で響くような、残響を含んだような音がするんです。中で流れているいうことなんでしょう。ここは岩山になっていて、山の中のどっかにそういう空間がある、ということです。朝、鐘をついたりしても、ただ歩いたりしただけでも、周りが静かであれば音が反響するのが聞こえるんです。山が楽器になる、ということでしょう。『荘子《そうし》』の『楽《がく》は虚《きょ》に出《い》ず（楽器の音は中が空洞だから良い音を奏でる）』とはこのことなんですね。それで、ザーザー雨が降った後はこの辺りは水びたしになるんです。この足元も、本堂まわりも庭も」

思わず足元を見て、本堂の縁《えん》の下《した》や、今《いま》しがた通ってきた庭を眺めました。

こんな山の上の方にあるのに、ここが水びたしになるなんて、と不思議に思わずにはいられませんでした。

「それから、地震が来るときには山が鳴るんですよ。ゴォーッと鳴ると、それからドドドドッと地震が来るんです。まぁ、滅多《めった》にはありませんけど。雨が山に降って自然にこの鍾乳洞で、どこかを通ってきて、それが年中水が湧くような感じになるのでしょう」

鍾乳洞からは何も聞こえませんでしたが、そばの小枝の小鳥に気が付きました。

「あそこで小鳥が囀《さえず》っていますね」と青年僧は言いました。

「あ、ほんとですね。ここには小鳥がたくさん来てくれるんです。朝方と夕方は特に多いですね。山門の向こうに竹やぶがありまして、あそこに鳥たちが集まって来るんです。いろいろ来ますよ。仏法僧《ぶっぽうそう》とか。ブッポウソウ（仏法僧の三宝）と鳴くらしいんですが、ここに来る仏法僧はゲゲゲゲーと鳴きましてね」

「ゲゲゲゲーと鳴くのですか！」青年僧は思わず吹き出してしまいました。

「そうなんです。でも姿が、それはそれは美しいんです。嘴と足が鮮やかな輝くような緑がかった瑠璃色をしていてね。鮮やかな赤色で。ほかにも小さな瑠璃色の鳥の瑠璃鶲《るりびたき》も来ます。こちらは声が澄んでいて可愛く鳴きます。お腹が橙色でしてね。秋や冬には尉鶲《じょうびたき》なんかもやって来ますよ。この鳥は人懐っこくてね、可愛いですよ」

小鳥がどこかへ飛び立ちました。

瑠璃鶲《るりびたき》

「あぁ、そうそう、大きな黄色い嘴《くちばし》の斑鳩《いかる》が来たこともありました。奈良の斑鳩《いかるが》はこの鳥がいっぱいいたから付いた地名だそうですね。行基菩薩や玄賓僧都も奈良の斑鳩《いかるが》で斑鳩《いかる》の姿を見たり、鳴き声を聞いたのかなぁと思うと何だか親しみがわいて、しみじみしましてねぇ」

ゆかりがあると思うだけで、小鳥に親しみをおぼえ、しみじみする。

そういえば、そうかもしれない。遠く離れた地で、ふる里と同じ種類の鳥を見ると、ここまで飛んで来てくれたのかと思う。そういう役目を小鳥は担《にな》っているのかもしれない。子どもの頃、生まれ故郷で聞いた小鳥の声を青年僧は思い出していました。小枝をあちらからこちらに飛んできては、かわいらしい高い声で鳴く。そばには父も母も、兄弟もいて。あたたかい陽だまりの中。明るい光に包まれて……。ふっと柔らかな表情になり、青年僧は破顔微笑《はがんみしょう》しました。

斑鳩《いかる》

僧都玄賓のあとを追って来た行脚の旅。

行基菩薩も玄賓僧都も弘法大師空海も、ここのあたりに来て、聞いたかも知れない小鳥の声を耳にしながら、自分もここへ来て良かったと心から思ったのでした。

その日の夜、空を見上げました。鼓星《つづみぼし》、その真ん中に三つ星様が。青年僧は思わず手を合わせました。

「三つ星様が、いつでもお守り下さっているからね」と母が手を合わせていた、鼓星の三つ星様。今日もきらきらと、静かに光を放っておりました。

この青年僧は、もしかすると、若き日の良寛さんだったかもしれません。

第十五章　良寛　坐禅石《ざぜんいし》（玉島円通寺境内）

ばっと良寛の衣が翻りました。玉島円通寺は港に沿う山の中腹にあるので、時折突風が吹きました。風は急に吹くので良寛は驚くことがありました。

春夏秋冬、それぞれの季節にそれぞれの風が吹きました。備中の地で、良寛は修行を続けております。一心に修行をしておれば、きっと何かを得られる日が来る、そう信じて一日一日を丁寧に送っておりました。

ある日、良寛は少しお腹が痛くなりました。「はっ」とあることを思い出します。越後から円通寺への旅の途中、信州 善光寺で「玉島円通寺にも『おびんずるさま』がおわすのだ」と国仙和尚がおっしゃられたことを。兄弟子に尋ねてみると、本堂の外陣《げじん》の隅におわしました。良寛は「おびんずるさま」のお腹を撫で、自分のお腹を撫でました。そのとき、ふと、母の姿が心に浮かびました。出家した息子のことをずっと心配してくれているのだろう、と思われました。今頃、母はご息災でお過ごしだろうか。「おびんずるさま」をじっと見つめ、いろいろなところを撫ではじめました。父や母、兄弟たちのことを思い、撫でるのでした。時折は、この「おびんずるさま」を撫でるようになりました。

そんな生活が三年あまり続いていた頃、良寛はつらい報《しら》せを受けます。

母、秀子《ひでこ》の訃報《ふほう》でした。天明三年（一七八三年）四月二十九日、良寛（二十六歳）の母秀子（四十九歳）が亡くなったのです。

良寛は、生まれて初めて、どん底に突き落とされました。心が動揺しました。

良寛が越後から備中へと旅立とうという、あの日のことが思い出されてなりません。出雲崎の街はずれ、蛇崩《じゃくずれ》の丘に、父も母も兄弟や親戚なども皆、見送りに来てくれたあの日のことを……。あの日、良寛は丁寧に頭を下げました。そして、

「母上、今まで、お世話になりました」と母に暇《いとま》を請《こ》いました。母は、ただただ涙ぐみ、手に手を取って良寛の顔をつくづくと見つめておられました。

「父上、何卒、お許し下さい。しっかり修行に励みます」と父に暇を請いました。

父は、「世を捨てた、その捨てた甲斐がなかったと、世間の人にゆめゆめ言われるでないぞ」と諭しました。

兄弟たち、親戚にも挨拶をし、いよいよ足を踏み出そうとしたとき、母は、良寛のところへ駆け寄りました。何も言わず、頭を撫でてくれたのです。それはおまじないです。古く万葉集の時代からされてきた父母から子へ、別れに際して、無事を祈り、神の御加護を

祈る所作です。

父母《ちちはは》が　頭《あたま》かき撫《な》で　幸《さ》くあれて　言《い》ひ《い》し言葉《けとば》ぜ　忘《わす》れかねつる

（父母が、頭を撫でて幸せでいて下さいね、と言った言葉が忘れられないのです。）

〈『万葉集』巻第二十・四三四六・防人歌《さきもりのうた》・丈夫稲麻呂《はせつかべのいなまろ》〉

これから防人として、遠くへ出立する我が子の頭を撫でてくれた日を思い出し、詠んでいます。「どうか、幸せでいてほしい」という切なる願いの、言霊《ことだま》の込められた万葉集の一首を、良寛の母は心に思い浮かべていたのかもしれません。

口には出さず頭を撫でることで、その言葉を伝えてくれたのでございましょう。三度、頭を撫でてくれました。良寛は少し驚きましたが、母の手のあたたかさに、とうとう涙があふれてしまいました。今生《こんじょう》の別れになるかもしれない、という覚悟。その覚悟が出来ているはずなのに、母のぬくもりが伝わってきたとき、もう、堪《こら》えることができなかったのでございました。

「母上……」声にならぬ声。良寛は申し訳なさと共に、感謝に満ちた心でした。

あの時の、母の涙と手のぬくもりを、それだけを心の支えに、修行に明け暮れていたのでございました。

出家とは、家族との縁を絶ちきることだと言われています。その覚悟で仏門に入ったのでございます。けれど、良寛も人の子です。心のどこかで立派になった姿を、いつの日か母に見せたい。安心させたい。との思いがありました。

『いつか故郷に錦を飾る日を、夢に見ていたのに。それなのに。こんなにも早く、母がみまかるとは。あの日から三年《みとせ》あまりしか経っていないのに。どうして母が。どうして……』

良寛は、蛇崩の丘で撫でてくれた母の手のぬくもりを忘れたことはありませんでした。菩薩様のような手。母の手。再び、母と会える日を待ち望んでいたのでございました。そのためにも仏法を学び、人を救う力を得ようと懸命に努力をしてきたのでした。遠くから母の無事を、父の健康を、兄弟、親戚の多幸を祈り経文を唱えていたのでございました。越後まではるかな距離を越えて、この願いが届くようにと。自分の出来ることは、これしかないのだと。

『無意味であった。修行なぞ、出来てはいなかなった。力が届かなかった。母に届かなかったのだ』そう思っては、うなだれるのでした。

『母のいないこの世で修行して、一体、何の意味があるのだろうか。もう、修行をしても意味がない。誰かを救ったとしても、それを喜んでくれる母はもう、あのふるさとにはいないのだ』このとき、良寛は母に喜んでもらいたくて、法力を求めていたのだと、自身の心に気付きました。だからこそ一日一日を大切に修行に励むことができたのも、また事実でありました。

『帰りたい』と拳を握りしめ、やるせない気持ちになるのでございました。

何を見ても何を聴いても、何も感じなくなりました。夏のみずみずしい木々の葉の緑も、心地良い風も、青々しい香りも。きれいだとも、よい香りだとも、何とも思えなくなってしまいました。

良寛の目に映るものは、全て色を失いました。

人前では、普段と変わらぬ様子の良寛でございましたが、国仙和尚は返ってそれが心配でした。数日後、国仙和尚は良寛を外に呼びました。

「良寛よ、わしについて参れ」とおっしゃって、すたすた歩かれます。汐見門の手前を右へ進んで行かれました。良寛は足がすくみました。白華石のある山頂へと続く細い道なのです。その小道が、今の良寛には、あまりにも細く思えたのでした。わずかに登り坂になっているその細道を、国仙和尚の後について行きます。この細道の途中、国仙和尚は静かに立ち止まり左の方に向かれました。

振り返り、「良寛よ、あの石に坐《ざ》したことはあるか?」と尋ねました。

国仙和尚の指さす先には丁度一人か二人、坐ることのできそうな石が在りました。向こうには玉島の景色が広がっています。

国仙和尚は「共に坐《ざ》さぬか?」と言わんばかりに、履き物を脱ぎ、石に坐られました。瞑想なさり、閑かに風を受けておられます。良寛はその隣に坐し瞑想を始めました。

どのくらい時が経ったのでしょうか、国仙和尚は良寛に「明日から、この辺りの草抜きは良寛に任せる。雨や嵐の日以外は、ここに来なさい」とおっしゃったのです。

明日からは、この坐禅石で一人瞑想するがよい、と国仙和尚がお許しくださったのだと良寛には分かりました。

国仙和尚が隣で瞳《め》を潤ませておられるのに気が付きました。良寛も目頭《めがしら》が熱《あつ》くなるのでした。

翌日から良寛は、一人この坐禅石に坐るようになりました。そこからは玉島の港を見下ろすことができます。玉の浦の水面、向こう岸の乙島や瀬戸内海、そのまた向こうの讃岐の島々を見晴るかすのでした。そこを行き来する北前船は良寛の故郷 出雲崎や母の故郷 佐渡島にも行きます。あの船に乗ると故郷に帰ることが出来るのです。でも、もうそこに母はいないのです。

「母上が亡くなって、もうこの世にはおられないのに、青空も太陽も月も星も、木々も鳥も何も変わらない。何も変わらないのだ」良寛はそれが切なくてなりませんでした。「母上……」と、青空を見上げ、涙ぐむのでした。

周囲から「名主の昼行灯《あんどん》息子」と呼ばれても、母だけはいつでも味方でいてくれました。そんな風に言われるのは、本当の姿を知らないからだと。

「とても優しくて、思いやりがあって、懐《ふところ》の大きな子だとわかっているから」と、母は、いつも笑ってくれていたのでございました。決して、あきらめなかった母、子を責めなかった母。ただ、ただ、にっこりと微笑《ほほえ》み続けてくれていた母でした。青空には、そんな母の笑顔を思い浮かべるのです。

雨や嵐などの日を除き、良寛は日々この坐禅石に坐り続けました。

ほう、ほけきょう

或る日、鶯の声がすぐそこで聞こえました。ぽかぽかとあたたかい日でした。良寛は声のする方を見遣りました。鶯が近くの木の一枝《ひとえだ》にいるではありませんか。ほとんど人に姿を見せぬ鳥です。良寛は鶯が手の届きそうなところにいるのが、うれしくてたまりません。一羽の小さな鳥は清らかな声で鳴き続けました。何度も鳴く声を耳にしながら、この声は、「母上」なのではないかと思えてきました。鶯も良寛も春風を全身で受けながらここでないているのです。

からりと晴れた澄み渡る青き空の色、雲一つない晴天。

「ほう、ほけきょう」とまた一声。やはり母上の御声《みこえ》なのか。良寛は不思議とあたたかくそう思うのでした。どこにいても、母上は見守って下さっているのかもしれない。故郷から離れたところにいても、このぽかぽか陽気も、やわらかい風も、鶯の声も、ただようこの匂いも。すべて母上なのだ。

「母上……」思わず良寛は青空を見上げ、ほっと息をつきました。

久しぶりに憩う良寛を、やわらかい陽射しが包み込んでいました。

鶯は鳴くとき、全身をふるわせます。良寛はその様子をじっと見ておりました。

何のために坐禅をするのか、良寛は国仙和尚の言葉を思い出しておりました。

「心を穏やかに静かにするために、そして無の境地に至るために坐禅をするのではない、ましてや悟りを得るためでは無論《むろん》ない。只管打坐《しかんたざ》。只今《ただいま》、坐《ざ》するのみ。その姿がそのまま、ありのままが是れ仏性《ぶっしょう》である。つまり、坐禅を行じるときに、雑念《ざつねん》を払いのけようとする

必要はないということじゃ。雑念は心に湧《わ》き上がるものである。それを押さえつけようとするのは、それこそが自惚《うぬぼ》れである。心に浮かぶものを払うでもなく、消すでもなく。それを、そのままに受け止める。迷わば、迷え。濁らば、濁れ。そのままでよいのじゃ。それが只管打坐のありようなのであろう。心に満たされているのは、そのまま自分の心そのもの。清らかに澄んでいるということは、あり得ない。

五濁悪世《ごじょくあくせ》に生きる我らの心は必ずや濁る。濁るとは、本来ある仏性が見えなくなるということじゃ。心という器に濁った水が入っているようなもの。向こうが見えぬ。器が何かによって揺り動かされるとき、この水は濁る。しかし、器が静かにここに在れば、濁ったものは時をかけて下に沈み、やがて上は清らかな透明な水となる。その透明なところから己の本来持っておる仏性、生きる力が見えるであろう。自分の心が本来、清らかなことを知るであろう。

ならば、沈む濁ったものを、全て取り去れば良いように思われるがそうではない。その濁りを蓄《たくわ》えるからこそ、人は思いを深くすることが出来るのじゃ。己に濁りのあることを知ることが向き合うことじゃ。濁り、それは迷いの心じゃ。濁るとは迷うこと。大いに迷うがよかろう。濁れるときには濁ったままでもよかろう。しかし、それは苦しむことでもある。そこから解き放たれる方法が坐禅なのかもしれぬ。坐ることによって、濁ったものを鎮めることができる。それが只管打坐なのじゃ。

その方法を身に付けることによって、安心《あんじん》に向かい、呼吸が整ってゆく。一から十まで数え、また一に戻る。この数息観《すそくかん》は初心《しょしん》のときに行うものじゃが、立ち返り度々《たびたび》行うべきである。初心忘るべからずというが、初心に戻ることほど難しいことはない。また、初心に帰ることによって、さらに深く気付くことがある。初心に戻り、深く息をする。その呼吸は臍下丹田《せいかたんでん》で転ずると心得よ。その呼吸によって、心も転ずることができる。目に見え、耳に聞こえるものがすべて、そのまま受け入れることができるようになる。

坐禅をすることによって、結果、静かで清らかな心になるかもしれぬが、無理《むり》に無心《むしん》になろうとしてはならぬ。ときが来れば、自《おの》ずと無心となっていくまでじゃ。結果は自然《じねん》に成る。

何故、坐禅をするのか。結果、自然《じねん》に成ったとき、心に生きる力が湧いてくる。濁りを底に沈めし心に、生きる力が湧いてくるのじゃ。それは今日坐禅したからといって、今日得られることではない。明日得られるかもしれぬが、明後日のことかもしれぬ。一年後かもしれぬが、十年後かもしれぬ。もっともっと、何十年も先のことかもしれぬ。今日、答えを出す必要はない。明日答えを出す必要もない。ある日あるとき、忽然《こつぜん》とおとずれる。それを只《ただ》、待つ。坐して待ち続ける。

座《すわ》るという字には麻垂《まだれ》のある座《ざ》と麻垂《まだれ》のない坐《ざ》があるが坐禅《ざぜん》には麻垂のない坐を書く。これはお釈迦様が屋根の無い場所で坐禅を行じられたことに因《よ》る。

頭上に広がる廓然《かくねん》とした、からっと晴れた青空を見上げ、鳥の声に耳を澄まし、草木の香を感じ、空気の味をかみしめ、自然《しぜん》の風を頬に受ける。そうして、長い時間をかけ、あるとき自然と心が転じ、ふっと悟られた。生きる力が湧いてきて、只今、ここに在ることをお釈迦様は知ったという。それは破顔微笑《はがんみしょう》へとつながっていった。

大いに迷い、大いに苦しむ。その心に真正面から向き合ったからこそ得られた境地なのであろう。任運はその向こうにあるのではなかろうか。心で数を数えるのは、一から二へ二から三へと、次々に高く高く転じていくことを表わしている。十まで至ると更に転じて一へ戻る。故《ゆえ》に数を数えているときには雑念は入《はい》らぬ」

国仙和尚は自らに問いかけるがごとく、瞑想し、お話下さったのでした。

良寛は全てを吐き出すがごとく、一を数え、息を吸いました。また、全てを吐き出すがごとく二を数え、息を吸い込みました。三を数え、四を数え、五を数え、六を数え、七を数え、八を数え、九を数え、十を数えました。また一に戻ります。それを何度も繰り返しました。良寛の心は転じて行きます。さらに数を数えて行きます。坐禅をしているという意識、数を数えているという意識は、やがて良寛の自我を離れて行きました。迷わば迷ったままでよい。濁らば濁ったままでよい。

ゆっくり息を吐くと、ふっと心が和《やわ》らぎ、良寛はいつの間にか微笑んでいたのでございました。

その日から良寛は、坐禅石から日々刻々と変わる玉島の景色を眺めながら、ゆるやかに呼吸を整えていきました。

悩みや迷いは寄せては返す波のごとし。濁れる心は、そのまま変わりません。心の迷いは常にやってきます。その度に濁ったり、又透明になったりしました。大きな波、小さな波。途切れることはないのでした。

玉島に来て驚いたことは、越後では見たことの無かった満《み》ち潮《しお》と干底《ひぞこ》。この坐禅石から見ると、遠くにその様子がわかるのです。毎日同じ場所から眺めると、確かに驚くほどの水の高さの違いです。しかも一日に二度あるのです。干底のときは、ぐーっと水位がさがります。もう二度と水で満たされることがないのではないか、と思えるほどの気持ちになります。でもいつの間にか、その水位もあふれんばかりの満ち潮になっていたりするのです。良寛は人生もそうなのかもしれないと思うようになりました。人生の干底、そこから見える青い空。行き過ぎる雲。風。そこからしか見えないもの。哀しみのどん底からしか見えないもの。もう、何もかもが無理なのかもしれないと思いながら辛抱する心。待てば海路の日和ありという言葉があるように、待てば良い日が来る。いつか干底から転じ、満ち潮に向かうときが来る。必ず来る。

良寛は向こうの山々を見渡しました。

讃岐富士も、くっきりと見えます。

はるか古《いにしえ》から、あの山々も、この島々も、そこに在ったのです。

「ずっとそこに在るのに、見えなかった」

動かざる自身の仏性、すなわち命のきらめきがある。誰もが元々持っている良き心の種がある。それに気付くことができないのは、迷いの心があるからなのです。

「青山元不動《せいざんもとふどう》、白雲自ずから去来す《はくうんおのきょらい》」と、一人つぶやきました。

そこへ一声《いっせい》、ケンケーンと鳥の声がしました。

鶯の声に和して、雉子がかん高く鳴いたのでした。なるほど、雉子の声は切なく響きます。この切なさを抱え、良寛は力強く生きていこうと決心しました。

それが母への恩返しになるのだと信じて。


寛政《かんせい》二年（一七九〇年）の寒い冬の日、国仙和尚は一本の藤の杖《つえ》とともに、良寛に印可《いんか》の偈《げ》を示しました。良寛三十三歳。

冒頭に「良《りょう》や、愚《ぐ》の如《ごと》く道《みち》転《うた》た寛《ひろ》し」とあります。

「愚のようだ」と、国仙和尚は良寛を表現して下さっています。お釈迦様の弟子でもっとも愚かだと言われたが、後に大悟したという周利槃特《しゅりはんどく》（お釈迦様の十大弟子の一人で十六羅漢の一人）のことも、響かせて下さっているのかもしれません。

「歩む道は大悟に通じ、その道を行くその先では、良寛の心は転じ、そのやさしさが寛がっていくことであろう」と、未来を祝福して下さっているのでございました。国仙和尚は少し、お身体がおつらそうでしたが、印可の偈を良寛と義提尼（良寛の法妹）に授けて下さったのでした。円通寺の高方丈でのことでした。

良寛はその日から覚樹庵《かくじゅあん》主となりました。

翌、寛政三年（一七九一年）、三月十八日、六十九歳の国仙和尚は、円通寺のご本尊・観音菩薩の縁日の夜、高方丈にて示寂《じじゃく》されました。良寛は松の木のそばで一人泣きました。この時、良寛は三十四歳でございました。

その後も良寛は覚樹庵で暮らしました。

庵の周りには竹が生えています。時折、風が吹いて竹がさわさわと鳴りました。

ある日、子どもが一人、物陰《ものかげ》からこちらを見ているのに良寛は気付きました。知らぬ振《ふ》

りをしました。しばらくすると、もう一人こちらを見る子が増えました。また、知らぬ顔をします。さらにもう一人増え、良寛は可笑しくなって、そちらに目を向けました。子ども達は「あっ」という顔をして隠れました。

今度は良寛が見る番です。にこにこして、子ども達の方を見ました。子ども達は、恐る恐る顔をのぞけました。良寛は手招きをしました。子ども達は顔をしばらく見合わせていましたが、そろりそろりと覚樹庵の方へ出てきました。

良寛も履き物を履いて、庭に出ます。

「よう来なさったなぁ。手まりでもつかんかえ。こうやってつくんじゃよ」と言って、手まりをつき始めました。「一《ひー》二《ふー》三《みー》四《よー》五《いー》六《むー》七《なー》八《やー》九《ここのつ》十《とお》」と囃しながら。子ども達は手まりがはねるのを一生懸命、目で追って見ていました。

「ほら、今度はみんなの番じゃ」

良寛から手まりを手渡されて、一人がつき始めました。

周りで囃します。

次々に手まりをつきながら、あっという間に日が西に傾き出しました。

「今日は、もうおしまい。日が暮れてしまう前に、おうちにお帰りなされ」

子ども達は、もう少し遊びたそうでした。良寛はにっこり笑って、

「明日《あした》もお出《い》で」と優しく言いました。子ども達は嬉しそうに帰って行きました。

それから、毎日のように子ども達がやって来ました。

それが良寛には嬉しくてたまりません。

玉島に来た頃は誰も知り合いがいなくて、とても孤独でしたが、覚樹庵に住み始めてから、良寛の周りは子ども達の笑い声が絶えなくなりました。

春、夏、秋、冬を、覚樹庵主として玉島で過ごしたり、行脚の旅に出たりして、また覚樹庵へ帰って来たりしておりました。


そうして、数年が経ちました。

良寛は思いもかけない、つらい報《しら》せを受けることになります。

寛政七年（一七九五年）、父 以南《いなん》が京都の桂川で入水したとの報を受けたのです。良寛は三十八歳になっていました。深い深い悲しみに暮れました。

翌年、良寛は覚樹庵を、円通寺を後にします。その後の消息は断たれました。

良寛は隠遁聖《いんとんひじり》のごとく、いずちともなく忽然《こつぜん》と姿を消したのでございます。

第十六章　越後《えちご》へ帰った良寛様

かしゃん、かしゃんと錫杖《しゃくじょう》の音をたてながら、良寛は、さまよい歩きました。奈良の吉野山や高野山にも登りました。長野の善光寺へも立ち寄りました。

そうして、ふるさとへと足を向けたのでありました。糸魚川から生れ故郷、出雲崎へと。生家の前で錫杖の音は止まりました。立ち尽くし、しばし呆然とします。なんと、橘屋 山本家は荒れ果てていたのでございます。庭もまがきも落葉のみ。墨染《すみぞ》めの袖を翻《ひるがえ》し、良寛は再び錫杖の音を立て、その場を立ち去りました。そこからわずか三里（約十二km）ほどのところ、海浜《かいひん》郷本《ごうもと》と言うところに空庵があり、秋の終わりのある夕方、隣家《りんか》に言って、その空庵に掛錫《かしゃく》（滞在して修行する為に錫杖をそこの壁に立て掛ける意）したのでございました。翌日から托鉢して、その日の食が足るとその空庵に戻り、余ると乞食や鳥獣に与えました。部屋の中は、机上に硯と筆、炉中に土鍋が一つあるだけの暮らしぶりです。こうして半年、近所の村人は良寛の奇なる姿を称賛し、道徳を尊びました。

知る人がいて、出雲崎の良寛の弟夫婦に知らせます。すぐに迎えに来ました。

「兄さん、お久しゅうございます。ご息災で……何よりです。出雲崎へ一緒に帰りましょう。このような壁もわずかに残っているほどの建物で、こんな寒風の吹き荒《すさ》ぶところで、波もすぐそこまで打ち寄せて。これじゃぁ身体にさわります。さぁ一緒に帰りましょう」と目に涙を浮かべていいました。しかし、良寛は首を横にふるのでありました。仕方なく肩を落として、弟夫婦は帰路につきます。その後、良寛は再び姿を消しました。隠遁《いんとん》したのでございます。

四〇歳になる頃、良寛は越後平野の広がる西蒲《にしかん》原《ばら》国上村《くがみむら》にある国上山《くがみやま》の五合庵《ごごうあん》で、一人暮らすようになっていました。

国上山には国上寺《こくじょうじ》という行基菩薩 開山のお寺があります。御本尊も行基菩薩の作という阿弥陀如来像です。玉島円通寺も、行基菩薩のお作りになられたという星浦観世音菩薩が御本尊ですので、何かのご縁を感じます。

弘法大師空海は唐から帰国する際、「日本布教の要地に落ちよ」と言って、三鈷《さんこ》を投げたことが知られていますが、このとき五鈷《ごこ》も投げていました。三鈷は高野山の松に掛かり、五鈷がこの「国上寺」の松に掛かったといいます。この由緒のある「五鈷掛《ごこかけ》の松《まつ》」と呼ばれる落葉松《からまつ》を、良寛は和歌に詠みました。

山陰《やまかげ》の　荒磯《ありそ》の波《なみ》の　たち返《かえ》り　見《み》れども飽《あ》かぬ　一《ひと》つ松《まつ》の木《き》　（良寛作）

（山の陰になっている荒磯の海辺に波が繰り返し寄せるように、繰り返し見ても飽きない一つの松の木であることよ）

国上寺にはいろいろと逸話があります。ここに、美少年「外道丸《げどうまる》」が稚児として預けられ、のちに酒呑童子となったといいます。

また、国上寺は上杉謙信の祈願寺でもありました。霊験あらたかな観音様を信心し、必勝祈願をなさったお寺でもあるのです。

この国上寺は真言宗で、五合庵は歩いて五分ほどのところですが、良寛は宗派が違うので、身をわきまえ、寺の方にはあまり足を運びませんでした。

時には顔をのぞかせ、境内で作務をしている若い僧たちと話をすることがありました。良寛様のお話は楽しいので、時を忘れるようでした。

良寛様は、国上村の人々とも少しずつ交わるようになり、いつのまにか「良寛様」とか「良寛さん」とか「良寛さ」と呼ばれるようになっておりました。

詩歌《しいか》や俳句《はいく》、書も上手。そんな存在として広く知られるようにもなりました。

不思議なことに何故か良寛様と会うと人は皆、和気靄々《わきあいあい》として、だんだん心が清らかになってくるのが感じられるのでした。そのままのお姿が、周りの人々を自然と教化していくのです。知らず知らずの内に多くの人々の心を救うようになっていました。寺も持たない乞食僧《こつじきそう》の良寛様を、越後の人々はとても大切に思うようになっていたのです。

牧ヶ花《まきがはな》の解良《けら》家とは、良寛様は親交がありました。解良家に良寛様が足を運んだある日のこと。若い桶屋《おけや》さんが丸い鍋蓋を作っているとき、ぴーっと筋が入ってしまいました。残念そうな顔を見ていた良寛様は捨てられようとしたこの鍋蓋をもらいうけます。「心月《しんげつ》輪《りん》」と三文字を書き加えました。

失敗した丸い板、もう役に立たないからと捨てられそうになったこの板に、良寛様は月の光を与えたのでした。

真言宗の「月輪観《がちりんかん》」という観法《かんぼう》を、思っておられたのかもしれません。

解良家は真言宗なのでございました。良寛様の生家も真言宗でした。

実は備中玉島円通寺を後にして、高野山にも登っておりました。弘法大師空海に思いを寄せ、そこで月を見上げた日があったかもしれません。

「月輪観」とは空海が命懸けで入唐《にっとう》、帰朝《きちょう》し、日本に広めたもので、心を月の輪のごとく清らかにするための瞑想法なのです。

満月と同じ形の鍋蓋を、良寛様は月に見立てたのでございましょう。

良寛様が丸い板に「心月輪」と記して下さってから、解良家では、その鍋蓋を大切に飾り、「心が丸くなりますように」と願い続けたのでした。

燕《つばめ》の街を托鉢《たくはつ》していた時には、一人の子どもが紙を持って良寛様のところにかけって来ました。「字を書いて下さい」と言います。良寛様はしゃがんでその子の瞳を見つめ、「何にするのかね」と尋ねます。その子は「凧《たこ》にしたいのです。天上大風の四文字を書いて下さい」とお願いするのでした。良寛様は「よしよし」と言ってその通り、「天上大風」と書しました。一枚の紙は良寛様が四文字書き入れることで、風を受ける凧へと翻《ひるがえ》り転《てん》じたのです。その子は、にこりとして良寛様にお礼を言いました。「天上大風《てんじょうおおかぜ》 下小風《したこかぜ》」という童唄《わらべうた》があります。天上の大いなる風を受けて、凧よ、あの青空に悠々と泳いでおくれ。地上の清き小風を頬に受けながら、子供達よ、大地に踏ん張り、天真爛漫《てんしんらんまん》に凧を揚《あ》げておくれ。そんな願いを受け、「天上大風」の凧が、天高く虚空に舞うのを思い描いたのでございました。

松之尾では「良寛様の字は難しくてわからないから、わかる字を書いて下さい」と請われ、「よしよし」と言って筆をとりました。

ござの上の大きな二枚の紙にそれぞれ大きく「一二三」「いろは」と入れました。「ふり仮名をふってやろうかの」という良寛様の言葉に遠慮していると、「ならば意味を書いてやろうかの」と言ってくれました。でもやはり遠慮してしまいました。あとで悔《く》やんだといいます。

「一二三」と「いろは」は、それぞれ「一二三歌《ひふみうた》」「いろは歌《うた》」という、すべての仮名四十七文字（「ん」を入れて四十八文字）を一字も重ねずに作った歌があります。

「ひふみ歌」は、「一二三《ひふみ》　四五六七八《よいむなや》　九十百千万億兆《こともちろらね》　しきる　ゆゐつわぬ　そをたはくめか　うおえ　にさりへて　のますあせゑほ　れけ（ん）」です。人や物の進化を表わしていて、元気を再び取り戻す力があるともされています。

「いろは歌」は、「色《いろ》は匂《にほ》へど　散《ち》りぬるを　我《わ》が世誰《よたれ》ぞ　常《つね》ならむ　有為《うい》の奥山《おくやま》　今日《けふ》越《こ》えて　浅《あさ》き夢見《ゆめみ》じ　酔《ゑ》ひもせず（ん）」です。「涅槃経《ねはんきょう》」の中の四句の「諸行無常偈《しょぎょうむじょうげ》」を表わしているといわれています。

諸行無常偈

諸行無常《しょぎょうむじょう》（すべてのものは、変わり続ける）

是生滅法《ぜしょうめっぽう》（生ずるものは必ず滅する）
生滅滅已《しょうめつめつい》（生滅を超越し、煩悩が無くなる）
寂滅為楽《じゃくめついらく》（煩悩《ぼんのう》を滅した境地に、真の楽しみがある）

「ひふみ歌」にも「いろは歌」にも、唱えるだけで気が転じる、不思議な力があるのです。「一二三」も「いろは」も物事の始まりを表わしています。本来の姿、元の気に戻る大切さを表わしています。坐禅の数息観《すそくかん》に通じます。

再び元気になり、清らかな心が保てますようにと願って、良寛様は「一二三」「いろは」と書いて下さったのかもしれません。

良寛様は人々に知足《ちそく》の心を教え、何も持ってなくても、ちょっとした心がけで、自分も周りも心が良くなっていくことを示し続けておられたのでした。

五十三歳の頃、五十九歳の亀田鵬斎《かめだほうさい》（一七五二年～一八二六年）との出会いもありました。ある良い月夜の晩、鵬斎は五合庵に良寛様を尋ねました。「ちょっとお酒を求めて来ます」と良寛さんは出掛けて行きました。ところが中々帰って来ません。鵬斎が良寛様の行った方へ西参道を歩いて行くと、ほどなく本覚院《ほんがくいん》そばの松の根に腰掛ける良寛様が……。そして「良い月でしょう」と言うのです。「本当に良い月ですね。ところでお酒はどうなりましたか?」と鵬斎が尋ねると、「や、忘れていた」と夢中で駆け出したとか（「月見坂《つきみざか》」のいわれ）。

江戸で活躍していた亀田鵬斎《かめだほうさい》は書がたくみなことで有名で、落語「亀田鵬斎《かめだほうさい》」になったくらいです。懐素《かいそ》（中国 唐の書家）の字を勉強していた良寛様と出会い、鵬斎はその字に触れ、衝撃を受けます。江戸に帰った鵬斎の字が変化していたので皆が驚きました。

鵬斎《ほうさい》は 越後帰《えちごがえ》りで 字《じ》がくねり　（江戸川柳）

（亀田鵬斎は越後から帰ってきて、字がくねってしまったことよ）

こんな川柳も詠まれるほど、亀田鵬斎は越後で、良寛様の字に影響を受けたのでした。

文化《ぶんか》九年（一八一二年）春、良寛様五十四歳の頃、「北越奇談《ほくえつきだん》」（橘崑崙《たちばなこんろん》著）が葛飾北斎《かつしかほくさい》

の挿絵《さしえ》入りで出版されます。その巻之六《まきのろく》に良寛様が越後に帰郷し、しばらく郷本の空庵に暮らしたことが書かれています。「北越奇談」は、江戸の人々に人気を博し、良寛様が「一《いち》奇僧《きそう》」として紹介され、良寛様の名も江戸で広く知られるようになりました。

いつのころのことでしたでしょうか。良寛様は五合庵で柳宗元の漢詩「江雪」を念頭に、漢詩を詠みました。

遠山《えんざん》 飛《と》ぶ鳥絶《とりた》え
（遠くの山には飛ぶ鳥の姿がなく）
閑庭《かんてい》 落葉《らくよう》 頻《しき》りなり
（閑《しず》かな庭には落ち葉がしきりである）
（良寛様の漢詩）

五合庵からの景色もそうだったのでしょうか。それとも、柳宗元と心を同じくしたのでしょうか。「孤舟《こしゅう》 蓑笠《さりゅう》の翁《おう》　独釣寒江《どくちょうかんこう》の雪《ゆき》」のように、この五合庵での暮らしもまた孤独である、と。

文化十三年（一八一六年）、五十九歳の良寛様は年久しく住みなれた五合庵をひき払うことになりました。その時、五合庵で愛読してきた『源氏物語』の注釈書『湖月抄』五十四帖を、五合庵で暮らした記念として、国上寺に奉納しました。

残しおく　このふるふみは　末長く
　我がなきあとの　かたみともがな

と表紙の裏に一冊一冊、丹念な文字で書き留めたのでございました。

索索《さくさく》たる五合庵で、源氏物語の全文に注釈の施された『湖月抄』をほの暗いともしびの中、読みふけったのでした。

この『湖月抄』には、「水草清き山の末に……」という明石入道から娘明石の君に託した手紙の中の文言が玄賓僧都の「とつ国は　水草きよみ　事しげき　都の中《うち》は　すまずまされり」を典拠にしている、と注釈が付けられています。

明石入道は、玄賓僧都もそうであったように、都から離れ、表舞台から身を隠して生きる道を選びました。そこは水も草も清らかなのです。禅門に入ってから玄賓僧都のあとを追い、修行に励んできた良寛様の住む五合庵も人里離れ、水も草も清らかな山中です。

玄賓僧都や明石入道にも心を馳せて読んだであろう『湖月抄』を国上寺に残し置いたのでございました。

そうして、六〇歳になろうという頃、良寛さんは五合庵での暮らしが難しくなり、国上山の麓《ふもと》にある、乙子神社《おとごじんじゃ》の草庵へ居《きょ》を移しました。

ここでの暮らしにも慣れてきたある日のこと。

文政二年（一八一九年）七月。良寛様は六十二歳になっておられました。

良寛様は托鉢から帰って来て驚きました。

近くの村人たちが我が草庵の周りを掃

いたり、草を抜いたりしていたのです。

「あ、戻ってみえられた」と中の一人が言いました。

「良寛さ、待っておったのですよ」と別の一人が言いました。

なんでも、長岡藩《ながおかはん》九代 藩主《はんしゅ》 牧野忠精《まきのただきよ》公が、良寛様のお人柄に敬慕の念を抱かれ、良寛様を城下へお迎えしたいと思っておられて、お住まいであるこの乙子神社の草庵へ尋ねて来られる、というのです。

その報《しら》せを耳にした村人たちは、急いでこの草庵に駆けつけ、皆で掃除をしていたのでした。良寛様は、「草をこんなに抜いてしまわれては、虫の寝床がなくなってしまうわい。虫が他所《よそ》に行ってしまって、もうこれからは鳴き声が聞こえなくなってしまうかの」と、ぼそりと切なそうに言いました。

「良寛さ、虫の寝床も大事ですが、ご自分の寝床のことも考えて下さい。これからはこんな山の中ではなく、城下で暮らすことが出来るのです。わしらはそれが嬉しいのです。良かったですな、良寛さ」と中の一人が言うのを潮《しお》に皆帰って行きました。

後に残された良寛様は庭をしみじみ眺めておりました。

「長岡藩《ながおかはん》九代 藩主《はんしゅ》 牧野忠精《まきのただきよ》公か……」と一人つぶやきました。

歌の心を持つ人物と耳にしておりました。

すでに心は定まっておりました。

忠精公の来訪を閑かに待ち、庵の庭を掃いておりました。

やがて、人の気配を察した良寛様は顔を上げます。

忠精公は、たった数人でやって来ました。

「良寛様、私は牧野忠精《まきのただきよ》と申します。村長からお聞きおよびかと存じますが、私は城下に寺を建立し、その暁には良寛様をその寺にお迎えしたく存じております」と恭《うやうや》しく言いました。良寛様は柔らかく微笑んで、少しお待ち下さいとばかり一礼しました。忠精公に背を向け庵に入って行ったのでした。

周りの家臣たちは訝《いぶか》りました。忠精公は閑かに待っております。

良寛様は、庵に入り、机に向かって一人、墨をすり始めました。

すーっ、すーっ。しゃーっ、しゃっ。

閑かに墨をすり出すと、しばらくして墨の良い香り、龍脳《りゅうのう》の香りがしてきました。

この香りを聞く時が、良寛様は最も落ち着くのでした。墨の香りが、庵に満ち満ちてきます。筆に墨を湿らすと、紙にさらさらと書き付けました。筆を置き、忠精公にその紙を差し出しました。忠精公はその紙を受け取ります。ゆっくりと紙の文字を一文字、一文字読みました。忠精公は閑かに笑い、「よき一句を頂戴つかまつりました」との言葉を残し、その場を去ったのでした。

近くにいた忠精公の家来は、何が何だかわけがわかりません。

「一体、あの紙には何と書いてあったのでしょうか」と中の一人が尋ねました。

「あの紙か……、さすがは良寛様じゃ。我は良い句を賜った」

それは、

焚《た》くほどは　風《かぜ》がもてくる　落《お》ち葉《ば》かな　（良寛さんの俳句）

という一句でした。

「どのような意味なのでしょうか」と、また尋ねます。忠精公はにこにこ笑って答えました。

「ん。焚くべきほどの落ち葉は自然と風が運んでくれる。つまり、今の暮らしに不足はない、ということじゃ。庇護は要らぬ。今のままで十分事足りているから、このまま放っておいてほしいという心じゃ。風に任せ生きておる、という境地でおられるのだろう。良寛様は我の心に、この一句のみを残された。なんと清らかなお心よ。国上山《くがみやま》へ遙々《はるばる》参った甲斐《かい》があったというものじゃ」

忠精公は、すがすがしい心で帰途についたのでありました。

さらに時が経ち、良寛様は六十九歳になられました。国上山での暮らしが困難になってきました。

文政《ぶんせい》九年（一八二六年）、島崎村《しまざきむら》（長岡市 島崎）木村元右エ門《きむらもとえもん》の好意で、木村家の一隅にある庵室に移ることになりました。

「良寛様、是非、表座敷に」という元右エ門の申し出に、

「いやいや、離《はな》れの方が、修行のためには有り難いので」

と、良寛様はお答えになりました。

それで、木村家邸内の小庵《しょうあん》に暮らすことになったのです。八畳二間《はちじょうふたま》ほどの広さで、中央

の炉《ろ》に、竹の自在鉤《じざいかぎ》。薪も飲み水もすぐ側にあります。

「国上山での暮らしから考えますと、本当に楽になりました」と良寛様は、いつも感謝の言葉を口になさるのでした。

翌、文政十年（一八二七年）の四月十五日頃、ここに住むという良寛様を尋ねてはるばるやって来たのが、貞心尼だったのでございました。その時、良寛様は不在でしたので、会えずじまいでした。六月になって、ようやく木村家の庵室に戻って来て、貞心尼の来訪を知るや、和歌を返し、そこから、師匠として、貞心尼に仏道を導くことになったのでございました。良寛様はいろんなお話しをなさいました。出家した当時のこと、ご自分の発心、沙弥としての日々。沙門となりて、国仙和尚について備中の玉島へ行ったこと。毎日、修行に没頭したこと。僧都 玄賓のことを知り、その在り方を学び、高徳を慕うようになったこと。さらに、備中各地に数々の玄賓僧都伝承があることを知って、その跡を追い、玄賓僧都ゆかりの古の足跡を辿《たど》ってみたこと。それは、はるかな道のりであったことなどを楽しそうに、懐かしそうに、お話し下さるのでございます。

人々の心に活き活きと生き続ける玄賓僧都は、その土地その土地で、多くの伝承を残したことを憧れを以《もっ》てお話なさるのです。そうお話しなさる良寛様も、またその土地、その土地の人々から慕われ、多くの逸話が語られている、と貞心尼は思うのでした。

子ども達と手まりをつくのを「たわいもないこと」だと人はいう。しかし、禅を組むのと手まりをつくのと、まったく同じことをしている。目的が同じである以上、同じこと。はたから見れば、たわいもないかもしれないけれど、為すことは、いつか大きな力となってゆく。禅と同じ働きが、手まりをつくことにもある。それゆえ、子ども達と手まりをつくときは真剣になる。

真剣だから、にこにこと笑顔を絶やしてはならぬ。

時に、それを心に受け止める瞬間が、子ども一人ひとりにおとずれる。

その時、その瞳には、生命のきらめきが宿る。

だから、手まりをつく。今日も明日も、手まりをつく。

と良寛様はおっしゃいます。

それゆえなのでしょうか、貞心尼と良寛様との間には、いつも手まりがあるのでございました。

第十七章　手まり上人《しょうにん》　はるかな道へ

なごやかな雰囲気の良寛様。周りの人々はなぜか笑顔に。

子ども達は、良寛様を見かけると心がわくわくしてきます。

良寛様は手まりが大好きなので、いつしか「手まり上人《しょうにん》」と呼ばれるようになっていました。良寛様の姿が村に現われると、

「良寛さまが、やって来た」

「手まり上人、やって来た」

と、皆がかけよって来るのでありました。

十牛図の第十図 入鄽垂手《にってんすいしゅ》のお姿そのものでございます。自然に任せてゆるやかに。何のはからいもないお姿。みんな安心してそばに寄って来ます。

楽しい春の野です。

冬が過ぎて、生れ故郷の出雲崎に足を運ぶこともありました。

春の野で、若菜を摘んでいるとき、鳥の声が聞こえてきました。

　ケンケーン
と、響きました。雉子の声です。

春《はる》の野《の》に　若菜摘《わかなつ》みつつ　雉《きじ》の声《こえ》　聞《き》けば昔《むかし》の　思《おも》はゆらくに
（良寛様の和歌）

（春の野に若菜を摘みながら雉子の声を聞くと、昔のことが思い出されることです）


野に響く、雉子の鳴き声を聞いて、昔のことを思い出したのでございました。

あの頃、元気だった父と母。いつも気にかけ、厳しくも優しく育ててくれた父。柔らかな眼差しで、あたたかき陽だまりのような母。

あの頃の時間を取り戻したくても、もう戻っては来ません。

雉子の声を聞いて、あまりの切なさに良寛様は目が潤むのでした。

雉子は子ども思いで、家族を大切にする鳥です。

清らかな風に乗って、飛翔する雉子。

その土地、その土地の守り神。


備中へ送り出してくれた時の父、母の姿を良寛様は心に思い浮かべました。

今生の別れかもしれぬ時に、多くを語らなかった父。何も言わず手に手を取り、生命のぬくもりを伝えてくれた母。

父母が伝えようとしたのは、あるがままの子を受け入れ、ただひたすらに元気でいてくれるようにと願っている、ということでした。

再び笑顔で逢えますように、と希《こいねが》っているのでした。

いつでも帰っておいで、戻ってくる場所は、ここにあるのですよと。その思いを胸に受け止め、越後を立ち去った、あの二十二歳の若き日。あれから何十年と経ちました。

良寛様は苦しいとき、投げ出したくなったとき、堪《こら》えきれなくなったとき、迷ったとき、惑ったとき、もう駄目《だめ》かとあきらめそうになったとき、それでもあきらめなかったのは、あの日の父母の眼差しが、慈愛に満ちていたからです。

人は冷たい心を持つと、簡単に悪い方へ向いてしまいます。

あたたかい心でつつまれると良い方へ向《むか》います。希望を持つ力が得られるのです。生きていこうと。

温石《おんじゃく》という石は懐《ふところ》に入れて使います。外から胃を温めて、しばしの空腹をしのぐ役目があります。温石で充分あたためたら、そのぬくもりはしばらく残るのでございます。心も同じ。充分にあたためられると、そのぬくもりが心に残ります。あたたかさがあふれると、周りの人にも自然にぬくもりが伝わるのです。

良寛様があたたかいのは、父母のあたたかな思いを受け取ったからなのです。そうして、つらい時、かなしい時、孤独の時を越えたからなのでございます。

良寛様が蛇崩の丘で決心したのは、生きていこうということでした。

生きていくのは、つらいときもありますが、自分の生命は、自分だけのものではありません。父母から受け継いだ大切な、かけがえのない生命なのです。

大切に、精一杯の生命を生きて行ってほしい、これが、両親の真《まこと》の願いだったのです。

だから、良寛様は子どもたちと一生懸命に手まりをつくのでございました。

春の野。あちらこちらから鶯の声が聞こえてきます。

　ほう、ほけきょう　けきょけきょ　けきょけきょ

「良寛様がやって来た」

「手まり上人、やって来た」

あっという間に、子ども達は良寛様の周りに集まって来ました。

みんなで手まりをつきます。数《かず》を数《かぞ》えて囃《はや》します。

十まで数えて、また一に。

十は大きな力となって広がってゆく特別な数字。

この世は十方世界《じっぽうせかい》。十方とは、東《とう》西《ざい》南《なん》北《ぼく》、北東《うしとら》東南《たつみ》 南西《ひつじさる》 西北《いぬい》、上下《じょうげ》の十の方角。上下は天地《てんち》（乾《けん》坤《こん》）。この十方世界は、広大無辺の世界なのです。

大きくはるか彼方《かなた》までひろがります。無限の可能性を秘めています。

古《いにしえ》、奈良の大仏様はお釈迦様の背丈だという丈六《じょうろく》仏を、十倍の大きさにして、限りなき大きな力にあやかろうと作られました。どっしりと東大寺にそびえ動くことはありません。だから見上げた皆が安心

したのでした。

良寛様は掌《てのひら》に乗る小さな手まりにその願いを込めました。いつも懐や袖に入れて持ち運びます。手まりをつくときには、十《とお》と数えました。

十は特別な数字です。小さな手まりをつくことで、大きな力が得られるのです。

それを切《せつ》に願っておられました。

今はつらくとも、あきらめなければ、またよい日がおとずれる。

その信じる純粋な心が、その童心《どうしん》が、いつか大きな力となるであろうと。

みなそれぞれに背負うものがある。みな一人ひとりに、つらい日がある。堪《こら》えきれない現実がある。なぜ自分だけと悲嘆にくれる日々がある。もう絶望的になる時がある。人に言えない悲しさと、人にわかってもらえない苦しみの深さがあって、それを心の奥にたたえている。だから、同じように苦しんでいる人に寄り添い、共に涙を流すことがある。厳しい現実は変わらない。それでも明日を信じて生きていきたい、という希望。つらいこと、悲しいことは絶えず繰り返しやって来る。けれど、そのほんのちょっとのすきまに、とびきり良いこともやって来る。

もう駄目かと思ったとき、よい方へ、ぽーんと転《てん》じる。この手まりのように。

一《ひー》 二《ふー》 三《みー》 四《よー》 五《いー》 六《むー》 七《なー》 八《やー》 九《ここの》 十《とお》
十《とお》とおさめて また始《はじ》まるを

あちらこちらで鳴く鶯の声に耳を傾けながら、手まり上人、良寛様は今日も子ども達と手まりをついておられます。手まりをついていれば、大丈夫、と思いながら。と、そこへ一声、雉子が鳴きました。

ケンケーン

と。

良寛様も子ども達も、一斉に声のする方を向きました。

その向こうには、ふわりとした青空が広がっていたのでございました。

明るき未来の青空が。

良寛様は、晴れやかな心になりました。

今ここに、春の野に立っているのだと。
古《いにしえ》の青空を心で感じれば、はるかな時を越えて語りかけてくれます。
信じていれば大丈夫と。
未来の青空を見ようとすれば、はるかな時に向《む》かって導いてくれます。
信じていれば、大丈夫と。
良寛様は、はるか彼方に広がる青空を見渡しました。
そして、強く、強く、信じようと思いました。
子ども達は、きっと輝き続けていくであろうと
笑顔の向こうに、きっと良き将来がある。
はるかな未来に向《む》かって。
無限の可能性を秘めて。
それは今、始まったばかりなのだと。

（完）

おわりに

ご縁というものは本当に不思議なものでございますね。

良寛様の本を書かせていただいたのは、この度で三冊目でございました。

思えば、第一作目「ゆるり良寛さん〜玉島円通寺のゆかり〜」の執筆中、これから本文をという平成三十年七月六日、七日に、倉敷市真備町で大きな水害が起こり、ぴたりと筆が止まりました。涙ながらにやっと書き上げたことでした。

第二作目「うたた良寛伝〜玉島円通寺物語〜」は執筆途中に世の中が新型コロナで大変なことになって行きました。その中で、それでも書き上げようとしていた、令和二年九月のつごもりの頃、全国良寛会の会長になられたばかりの小島正芳先生と電話でお話しする機会がありました。その中で、「備中良寛さんこころの寺巡り五か寺について、一冊の本にして下さい」というお言葉をいただきました。勿論、即座に私にはとても無理だと思いましたのでいつもの通り、生返事をしておりました。数日後、お手紙を頂戴いたしまして、その中に「本を楽しみにしております」という一文が書かれておりました。内心、どうしましょうと焦ったのですが、ともかくも円通寺の仁保《にほ》哲明《てつめい》住職様に、ご相談申し上げることにいたしました。

ちょうど、五か寺の一つである洞松寺の役寮《やくりょう》の方が来られていて、その方に「今度、五か寺の本を書かれるそうですから、そちら（洞松寺）にお話を聞きに行かれると思いますので」とその場で、私をご紹介して下さったのでした。これが奇縁となり、三冊目を執筆させていただくことになったのでございます。

一冊目、二冊目同様、まったく自信がなかったのですが、これも良寛様のお導きなのかもしれないと思い、精一杯書かせていただくことにいたしました。円通寺様、洞松寺様、長川寺様、長連寺様、大通寺様には本当にお世話になりました。

また、玄賓僧都のゆかりがある大通寺様の柴口成浩《しばぐちじょうこう》老師が「蓮の露」（貞心尼筆）のあとがきに「（良寛禅師は）僧都玄賓のあとをおひ《い》」とあるので、良寛様は玄賓僧都のご遺徳を慕って備中をいろいろまわっていかれたのではないでしょうか、とおっしゃられましたので、三冊目は玄賓僧都のことも取り上げさせていただくことにしました。小島正芳先生や「良寛だより」編集長 吉井清一様に、お電話で玄賓僧都のことをお尋ねしますと、玄賓僧都のことは、新潟では聞いたことがないということでした。それで、ますます、備中に残る玄賓僧都伝承の地を、良寛様は行脚なさったのではないか、と思えるようになりました。私も、備中の玄賓僧都伝承の残るおもだった寺々へ伺うことに致しました。赴く途中、玄賓僧都のあとを追って行脚した良寛様のあとを、私もまたそのあとを追い、古蹟に足を向けているのだわ、と不思議に思いました。

何しろ行ったことのない場所ばかりでございましたので、同じ岡山県内とはいえ、不案内のところばかりでございました。

その寺々（湯川寺、定光寺、大椿寺、四王寺、松林寺、深耕寺、臍帯寺）では、急な訪問でございましたのに、あたたかく迎えて下さり嬉しゅうございました。

ほかにも執筆中は、多くのことに出会いました。

まん丸お月様があまりにきれいなので外に出て、私にその映像を見せたいと思って下さった鴨方にお住まいの方（柚木理恵様）が、動画を撮ろうとした時、星がこちらに降ってきたというのです。映像を拝見させていただくと、本当に星がたくさん、わーっと降って来ていました。これを三冊目に書かせていただきました。実は私も似たような経験を以前、玉島でしていたのです。

玉島円通寺の御本尊、星浦観世音菩薩様のお導きのように思いました。

ほかにも、この度は矢掛の阿倍山についても書きました。裏千家茶道の先生をしておられる船穂の小野享子《おのきょうこ》先生の御祖母様（吉沢幸子《よしざわゆきこ》様）や御母堂様《ごぼどうさま》（吉沢睦子《よしざわむつこ》様）が、矢掛のお米は阿倍山からのお水が流れているからおいしいと昔から言われていますとおっしゃられていたそうですが、それはちょうど、星にまつわる阿倍晴明のことを書こうと思っていたところでしたので、お米のことも書かせていただいたのでした。

山歩きがご趣味の玉島在住の岡田みゆき先生は、山に登っているときに疲れてきたら、ちょっと一休みして息をゆっくりするのだそうです。そうすると、もう一度元気になって、また歩き出せるからとおっしゃられました。私は、人生もそうなのではないかと思いました。このコロナ禍でほとんどの人が、一様に立ち止まったはずです。そして、忘れかけていた大切な何かを思い出した人も多かったのではないかと思います。私も見失っていたことを再び思い出したのでございました。それで、本文にも取り入れさせていただきました。

せっかく立ち止まったのだから、あの時に気づけて良かったと思える機会にしたいと思うようにもなりました。あまりに長い長いトンネルです。

いつの間にか、丑年になっておりました。

十牛図の尋牛、そのものだったように思います。

何かを失っていた、ということに気付き、さがし始める、という尋牛。

良寛様もそんな気持ちで越後から玉島へ旅立たれたに違いありません。

蛇崩の丘で母が三度、わが子 良寛の頭を撫でた、というのは後藤田恵子先生（全国良寛会 玉島大会のミュージカル「良寛さんの夢想」をお作りになられたバレエの先生）がお教え下さったことでした。三度というのは「過去 現在 未来」の三世において幸あれ、という意味なのだそうです。わが子への慈愛はいつの世もかわらないのだと思ったことでした。

以前、「ゆるり良寛さん」を同居の祖母（器楽堂多美子）に見せたとき、実は認知症が進んでいて、私のことも孫だとは分からないようになっていたのですが、本を見たとたん、涙を流して、「まぁ、すごいことが出来たんなぁ、ほんにすごいことが出来たんなぁ」と喜んでくれました。私もぽろぽろ涙を流してしまって、おばあちゃん、本能で喜んでくれているんだなぁ、と実感したことがありました。それから、時が経ち、「うたた良寛伝」の執筆をしている頃、多くの方々にお世話になっているおばあちゃんと（コロナでほとんど会えない頃だったので）久しぶりに会った時、さらに認知症が進んでいるのがわかりました。おばあちゃんの記憶を呼び戻したいとき、いつも口ずさむ和歌が一首あります。

ほととぎす　鳴きつる方を　ながむれば
　ただ有明《ありあけ》の　月ぞのこれる
（「百人一首」八十一番　後徳大寺左大臣《ごとくだいじのさだいじん》）

この和歌は器楽堂の曾祖母《ひいおばあちゃん》（マサおばあさん）の布団に刺繍されていたらしく、おばあちゃんが認知症になり始めた頃、話してくれたことでした。それで、毎日、「おばあちゃん。ほととぎすー」と話しかけておりました。最初の頃は「鳴きつる方をーながむればーただありあけのーつきぞーのこれるー」と必ず即座に返してくれていたのですが、だんだんと上の句を聞いても、全部を聞いても、しばらく思い出せないような感じになっていきました。コロナでほとんど会えなくなってからは、もう一人ですらすらと歌うことは出来なくなっていました。一緒にゆっくりとやっと一首歌ったのでした。

実は祖母は七歳で器楽堂へやって来ました。そのちょっと前に父親から（京都で暮らしていたらしいので）北野天満宮で「てんまる」（手まり）を買ってもらっていたらしいのです。兄弟でただ一人だけ。嬉しくて毎日手放さず「てんまる」をついていたそうです。ある日、「ちょっと一緒に行こう」と家族に言われ、机の下にある「てんまる」を取ってこようとしたとき、「急いでいるから」と言われ、「てんまる」は机の下に置いたままに出掛けたそうです。汽車に乗って玉島へやって来たのですが、それから実家へ帰ることが出来なくなったらしいのです。

祖母は認知症になってから、その話をするようになりました。

「あのてんまるはどうなったじゃろうか……」と。それで、「ほととぎす」の和歌が中々思い出せなくなっていたのを見て、思い切って「てんまる」の話をしてみました。「おばあちゃん、この話、覚えてる？」と申しますと、「もう、何のことか覚えておらん」と言うのでした。祖母は本当に忘れているようでした。私は、祖母がこの悲しい「てんまる」のことを忘れていて、どこかでほっとしました。私にはどうすることも出来ない、おばあちゃんの辛かった日。それをおばあちゃんは、もう忘れているのでした。ぼろぼろ泣きながら、もう一度、「ほととぎす」の歌を一緒に歌いました。おばあちゃんの表情は少しだけやわらいでいたように思いました。

良寛さんの手まりを書くことに、私は抵抗がありました。それはおばあちゃんの「てんまる」の話があまりにつらかったからです。けれど、この度は、だからこそ、書きました。良寛さんは手まりに、つらいことや悲しいことも、みな良い方向へ転じてほしい、という願いを込めておられたように思えたからです。みんな、笑顔になれたらいいなぁ、と良寛さんは思っておられたはずです。厳しい現実は変えられませんが、望みを持っていたいのでございます。きっと良くなっていく、と。コロナを経験し、昔から疫病に苦しんできた歴史があることを、この度《たび》は肌身《はだみ》で感じたという人は多かったことと思います。皆が困っていく世の中がつらかったと思う人も多かったと思います。こんな最先端のすごい時代でも、結局、人を思いやる優しい心や、きっと良くなると強く信じる心が打ち勝つ力となるのだと知りました。

この間、なぜか不思議と幼い頃を思い出したりしていました。春になって蓮華《れんげ》や蒲公英《たんぽぽ》を摘み、土筆《つくし》をひいていたあの頃を。

ふと立ち止まり、ぽかぽか陽気がこんなに心地よいものだったのだとあらためて感じたことでした。

平成八年（一九九六年）に「玉島の良寛さん」（玉島ライオンズクラブ発行）という絵物語が作られましたが、画は母方の祖父 宮尾清一が手がけました。その原画は倉敷市立中央図書館に所蔵されていますが、これを御寄贈なさったのは、玉島幼稚園の頃（もも組）の恩師 服部《はっとり》欣子《きんこ》先生です。そして、欣子先生の弟様は、玉島小学校 六年C組の時の恩師　原田《はらだ》 正敏《まさとし》先生なのです。「はるか良寛伝」に祖父の絵を使いたいと思いまして、それをご縁に電話させていただいたのですが、原田先生のお声を耳にしただけで、あたたかい気持ちになり、続いて欣子先生に電話申し上げ、そのお声をお聞きしたとたん、涙が止まらなくなってしまいました。いつになっても恩師のお声はあったかいですね。

土筆　宮尾清一の絵
（「短歌と墨彩画」より）

「はるか良寛伝」は幼稚園の頃から、すでにご縁が始まっていたのかもしれません。

この度も新潟県 考古堂書店の柳本雄司《やぎもとゆうじ》会長と、玉島活版所の中藤収様にお世話になりました。

実は、三冊の拙著にはそれぞれ仕掛けをさせていただいておりました。

一冊目「ゆるり良寛さん～玉島円通寺のゆかり～」は全十二章の本文それぞれの最初の一文字目（漢字はひらがなに直してその一文字目）を、

第二作目「うたた良寛伝～玉島円通寺物語～」は全九章の本文の最初の一文字目（すべて漢字）を、

第三作目「はるか良寛伝～玉島円通寺から備中の寺々へ～」は全十七章の本文の最初の一文字目（すべてひらがな）を順番通りにつなぎ合わせて下さると、それぞれ浮かび上がる言葉があります。折句《おりく》のようにしてあります。第一作目は十二文字、第二作目は九文字、第三作目は十七文字を、お読み下さいますと嬉しゅうございます。

良寛さまのご縁に導かれ、やはり大切なのは人と人との心のあたたかさなのだと気付かされました。コロナで人と距離を取らねばならないからこそ、気付けたことだったように思うのです。

また、大丈夫な世の中に、もっとあたたかな笑顔あふれる世の中になって行きますようにと、切に祈り、願って、筆を置きます。

令和三年三月三日

器楽堂ゆう子

巻末附録

巻末附録（備中《びっちゅう》良寛《りょうかん》さんこころの寺巡《てらめぐ》り・五ヶ寺《ごかじ》）

①円通寺

場　所　岡山県倉敷市《くらしきし》玉島柏島《たましまかしわじま》四五一

御本尊　聖星浦観《しょうほしうらかん》世音《ぜおん》菩薩《ぼさつ》（行基作）

開　創　行基《ぎょうき》菩薩《ぼさつ》

開　山　徳翁良高《とくおうりょうこう》和尚《おしょう》　元禄《げんろく》十一年（一六九八年）

御詠歌　日々日々《ひびひび》に　参《まい》る心《こころ》は　円通寺《えんつうじ》

　　　　みちびきたまえ　ひとりゆくみち

住　職　仁保哲明《にほてつめい》和尚

仁保哲明住職様は二十九世でいらっしゃいます。十二歳の時、円通寺にお父上様と一緒に来られ、得度をなさったそうです。円通寺から学校に通ったら良いですね、というお話

があったそうなのですが、朝、境内を掃除していて、毎朝こんなに広い境内を掃除するのは大変そうだ、と三日目に思われ、「お父さん、帰ろう」とおっしゃったとか。これぞまさしく「三日……」、にこっと笑顔になられました。それが数十年の後、昭和六十二年に四十代で円通寺の御住職になられました。「結局、毎朝円通寺の広い境内を掃除することになりました。よっぽどの御縁です」と快活に笑っておっしゃられました。奥様も、そのお話をして下さったことがあります。「よほどの御縁です」と。

この度の「はるか良寛伝」の文中には「汐見門」「青銅露座地蔵」「薬師如来様」「本堂」「賓頭盧尊者像」「聖星浦観世音菩薩」「愛宕殿」「白華石」「八代龍王」「衆寮（良寛堂）」などを書きました。

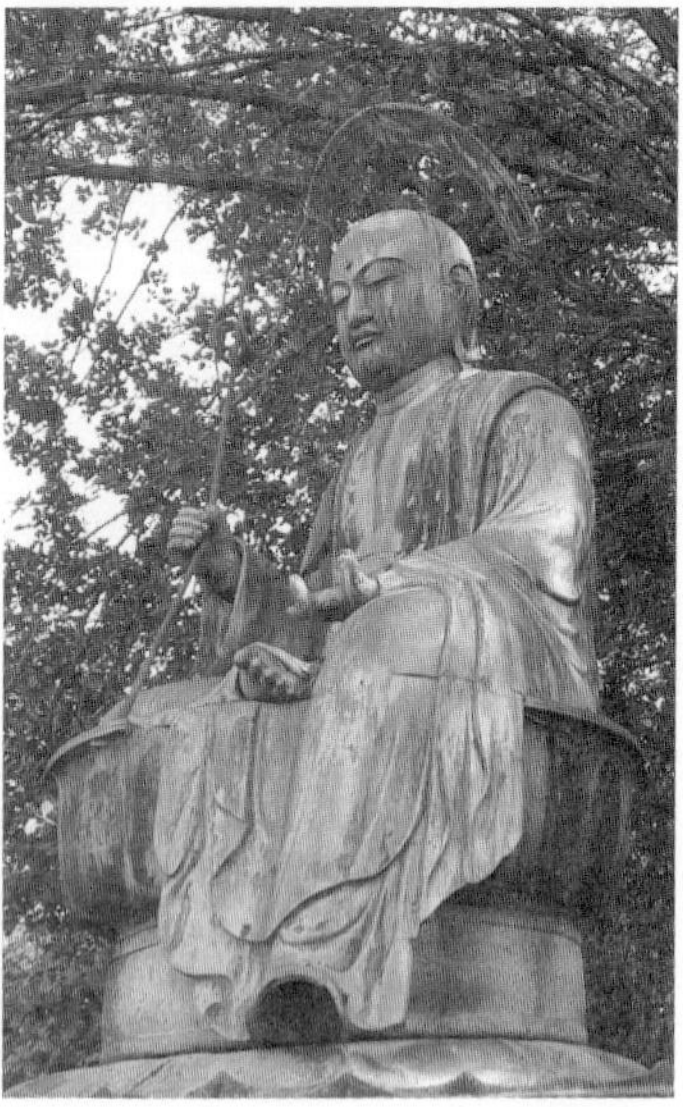

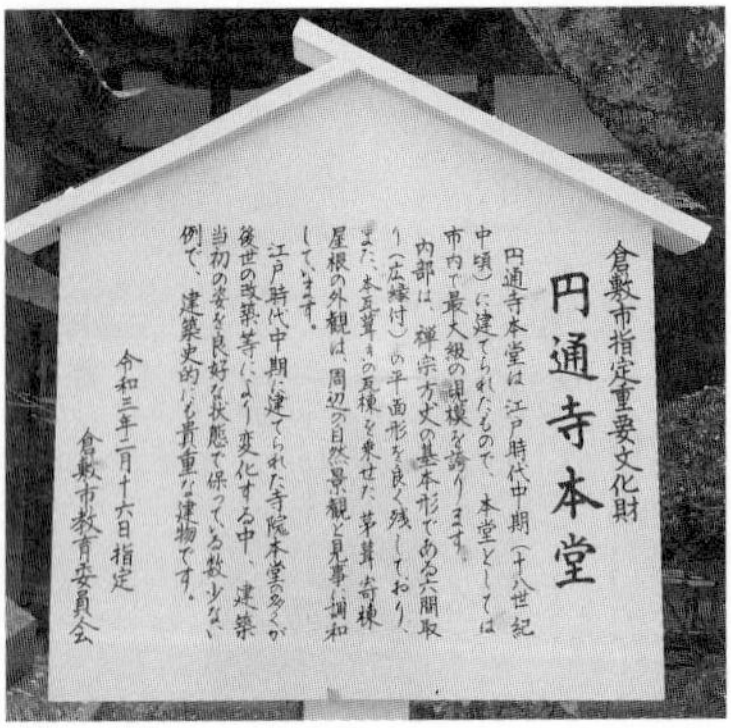

円通寺 本堂が令和三年二月十六日、
倉敷市指定重要文化財に。

正月の本堂 この奥に聖星浦観世音菩薩様
がおわします

賓頭盧尊者像《びんずるそんじゃぞう》(おびんずるさま)
(円通寺本堂の外陣の隅におわします)

衆寮は、昭和のはじめ頃に「良寛堂」と名前が変わりました。正面の扉の左右に聯《れん》が掛かっています。「妙法蓮華経《みょうほうれんげきょう》（法華経《ほけきょう》）」の「如来寿量品偈《にょらいじゅりょうほんげ》」の中の四句が二行で書かれています。

寶樹多花果《ほうじゅーたーけーかー》　衆生所遊楽《しゅーじょうしょーゆうらく》（右の聯）
諸天撃天鼓《しょーてんきゃくてんくー》　常作衆伎楽《じょうさーしゅーぎーがく》（左の聯）

円通寺境内 白華苑《はっかえん》 良寛様坐禅石

ある日の事、仁保哲明住職が「良寛様の坐禅しておられた石の近くに、涙観音をお移しします」と私にお話し下さいました、それからこの石の在る丘は、どんどんと様変わりしていくことになります。

拙著「ゆるり良寛さん～玉島円通寺のゆかり～」の帯にある「北前船を見ては涙ぐむ若き日の良寛の孤独」という言葉に因み、「涙観音様」をお移しになったということでした。令和二年に予定されていた全国良寛会 玉島大会が延期され、この機会に「良寛様の坐禅石周辺を整備します」とも、おっしゃられたのでした。

「これが良寛様が坐禅しておられた坐禅石です」と案内されたところは、実は、うちの(器楽堂の)祖母が話してくれていた曾祖父たち所有の別荘跡地でした。八十年ほどの時を超えて、思いがけずこの場所に向き合うことになりました。

「ゆるり良寛さん」の中で母方の祖父、宮尾清一自作の「時折は 北前船を 見下ろして ふるさとこひしか 良寛様は」という歌と絵を使ったのですが、良寛椿の会の安藤瑞子《あんどうかずこ》先生と早川正弘様（岡山県良寛会理事）から「その歌の石碑を、円通寺境内の港の見えるところに建てるべきです」というお話があり、これを奇縁に感じて、母と相談の上、その旨を仁保住職に申し上げました。御住職はとても喜んで下さり、「それはちょうど良いですね」と坐禅石のそばに立てさせていただくことになりました。

その坐禅石広場の整地を心待ちにしていたころ、吉井清一様（良寛だより編集長）が「越後長岡藩の河井継之助が備中松山（現 高梁市）の山田方谷を訪ねた縁で、円通寺に行っています。境内の石から瀬戸内の景色を眺めたという記述が『塵壺』（継之助旅日記）にありますよ」と、教えて下さいました。継之助の休んだ石は、良寛様の坐禅石かもしれない、と直感しました。円通寺境内の中で最も見晴らしが良いのです。良寛様も継之助も、そして曾祖父も、同じこの石から同じ景色を眺めていたかもしれません。そして私も。そう思うだけで、とても嬉しくなったのでした。つながっていると思うだけで、なんだかほっとするのです。継之助はその石から、讃岐富士を見たとも記しています。実はこの坐禅石から、真っ直ぐに讃岐富士が見えるのです。心がふるえました。

坐禅石の広場の整地を心待ちにしていたころ、あれは暑い夏の昼下がり、偶然にも、円通寺の仁保哲明《にほてつめい》住職と幾美子《きみこ》奥様に、円通寺の駐車場でお会いしたのでございました。いつも笑顔のお二方《ふたかた》ですが、より一層《いっそう》ニコニコなさりお話し下さったのです。「あそこに、ほら、あなたのおじいさんの歌碑を建てる予定の、良寛様の坐禅石のそばのあそこに、観音様を建てることになったのですよ」と。

奥様も「大きな、背の高い石像なんです。この駐車場から、そのお姿が見えるようになると思います」と、本当に嬉しそうにお話し下さったのでした。

季節が巡り、秋が来ました。仁保住職は「弥勒菩薩座像も建立することになりました」とおっしゃられました。展望休憩所のそばにあった以前の建物が建て替えられていました。その新しくなった建物の左半分には、弥勒菩薩様がおわします。その弥勒菩薩座像を石像になさるということでした。

更に冬がやって来ました。令和二年の年の瀬に観音菩薩立像《かんのんぼさつりつぞう》（高さ4・6m）と弥勒菩《みろくぼ》薩座像《さつざぞう》（高さ2・4m）と、祖父（宮尾　清一）の「ときをりは　北前船を　見下ろして　ふる里こひしか　良寛さまは」の歌碑が立ちました。私が見ることが出来たのは年が明けてからでした。

元日の初日の出の光を浴び、そこに建っていました。

仁保住職は鳳凰《ほうおう》の法衣《ほうえ》を御身に纏《まと》われ、払子《ほっす》を手になさり、般若心経《はんにゃしんぎょう》をお唱えになられました。そのお声は初春の光輝く空に、高く響いたのでございました。

この弥勒菩薩様の石像は実は元日の初日の出の方向に向いて立っているとのことです。隣にある祖父の歌碑も同じような方向に向いています。本当にありがたく思ったことです。

展望休憩所そばの
建物の左半分におわす
弥勒菩薩様
白華の苑の
弥勒菩薩座像のモデル

令和三年元日の初日の出の光をあびる、白華の苑

「ときをりは 北前船を 見下ろして
ふる里こひしか 良寛さまは」
宮尾清一の歌の石碑
令和三年元旦の光をあびて
（令和二年　器楽堂老舗謹建之）
（赤澤石碑店施工）

宮尾清一　絵葉書　良寛さん

令和三年元旦、仁保哲明住職が坐禅石にお坐り下さいました。

それから二週間あまり、令和三年一月十八日の初観音《はつかんのん》の日、観音菩薩立像《かんのんぼさつりつぞう》と弥勒菩薩座像《みろくぼさつざぞう》の開眼式《かいげんしき》が午前中に行われました。今年は円通寺境内の鶴亀池も度々《たびたび》凍る寒さが続いていました。そんな折でしたが、その日は不思議とあたたかく、からっと晴れた青空が広がっ

ていました。

通称、白華観音《はっかかんのん》と弥勒《みろく》さん。並び立つ二尊仏《にそんぶつ》。

その柔らかな眼差《まなざ》しは、玉島の港を御覧になられています。

かつて北前船の行《い》き交《か》った港を、二四〇年ほども前に良寛様も御覧になられていました。

時に涙を流しながら。会いたくても会えない人がいて、帰りたくても帰れない、ふるさとがあったのでした。望郷《ぼうきょう》の思い。ふる里へとつながる北前船。

良寛様が故郷に思いを馳《は》せたであろうこの丘に、観音様を建てるきっかけが、実は幾美子奥様の発願《ほつがん》であったことをこの日、初めて知りました。あの暑い夏の日、あんなにも目をきらきら輝かせてお話し下さった奥様のお姿を思い出し、胸が熱くなったのでございました。

ここは「白華苑《はっかえん》」と名づけられました。

観音様と弥勒様に込められた御住職様と奥様の願い、疫病退散。現世の幸せをかみしめ、未来の希望を思う。この苑は慈悲《じひ》の光に照らされているのです。

拙宅に「一華開五葉《いっかごようをひらく》」という円通寺二十七世 活禅和尚筆のお軸が伝わっています。この言葉は、達磨大師が一人で始められた面壁九年の坐禅により、五つの宗派（潙仰《いぎょう》宗・臨済宗・曹洞宗・雲門宗・法眼宗）に広がっていったことを意味します。「結果自然《けっかじねん》に成る」と対になっています。その心が純粋ならば、必ず広がっていく。この結果は自然に成るのだということだそうです。

「白華苑」はまさに、仁保哲明住職と奥様の一つの願いから、五葉を開くがごとく素晴らしい苑へと成っていったのでございます。

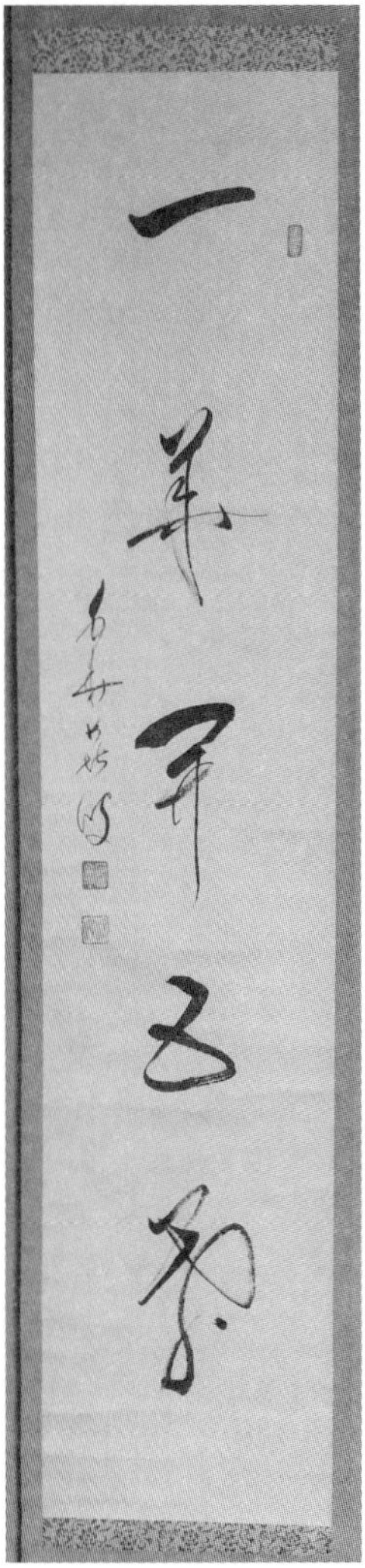

軸「一華開五葉《いっかごようをひらく》」円通寺二十七世 活禅和尚筆（器楽堂所蔵）

漫画「補陀洛山圓通寺　圓通寺物語」南一平作画

拙著「うたた良寛伝～玉島円通寺物語～」は、仁保哲明住職から、例えば「玉島円通寺物語」という題の漫画の冊子の原作を、ということで書き始めたものでしたが、その漫画が令和三年三月一日に発行されました。

とてもわかりやすく、絵がかっこよくて、拙著とはちがう感動がありました。

円通寺境内　西国三十三か所巡り

円通寺境内には西国三十三か所巡りができる場所があります。白華石のある山頂を下りたところです。道をぐるりと巡ります。以前は白華山をぐるりとめぐるように配置されていたのですが、仁保哲明住職が円通寺へ来られて三十三年目の頃に石像を巡りやすい場所に移動なさいました。（上野石材移設《うえのせきざいいせつ》）

白華山展望休憩所のそばに「自来円通寺」の巨大な良寛詩碑がありますが、その前に立つと右手少し奥に「探鳥案内」の看板が見えます。そのすぐそばに一番があります（実はその手前に三十三番があります）。さらに奥に進み、二手に道が分かれていますので、左側に上の方に進みます。岐路に「観音順路」の立て看板があります。それに従って上がり、二番から三番へ。三番から十六番は続いています。（十一番は白華山山頂の「霞立つ長き春日を」の歌碑の裏側にあたります。十五番、十六番の後ろを振り替えると、瀬戸内海が一望できます。讃岐富士も瀬戸大橋もお天気だと見えます。）

少し間があって十七番から二十九番までが続いています。

その中の二十三番には石の祠があり、その側面には井上家寄進であることが書かれています。さらに「嘉永元戊申歳九月吉日」という文字も読めるので、この「西国三十三か所巡り」の石像は嘉永元年（一八四八年）前後にだいたい造られたと思われます、と上野石材様がお教え下さいました。安政六年（一八五九年）に河井継之助は円通寺へ足を運んでおりますので、もしかすると、出来て十年ほどの「西国三十三か所巡り」の石像を見ているかもしれません。

巡っている途中、二十六番のそばに「山火事用心 観音様の愛の道」と書かれた丸い看板（孫悟空のような絵）を見ました。ちょっとほっとします。

二十九番のところで二手に分かれていますので、左手の道に行きます（下ります）。少し行くとまた二手に分かれていますので、まっすぐに（観音順路の立て札と逆方向に）進みます。そうしたら本堂の裏手になりまして、三十番が見えてきます。三十番は少し見つけにくいです。三十一番は「薪を担いて」の良寛歌碑のすぐうしろで、秋葉宮の裏にあたります。三十番から三十三番が続いています（間に一番があります）。これで一巡、十五分ほどです。

「探鳥案内」看板

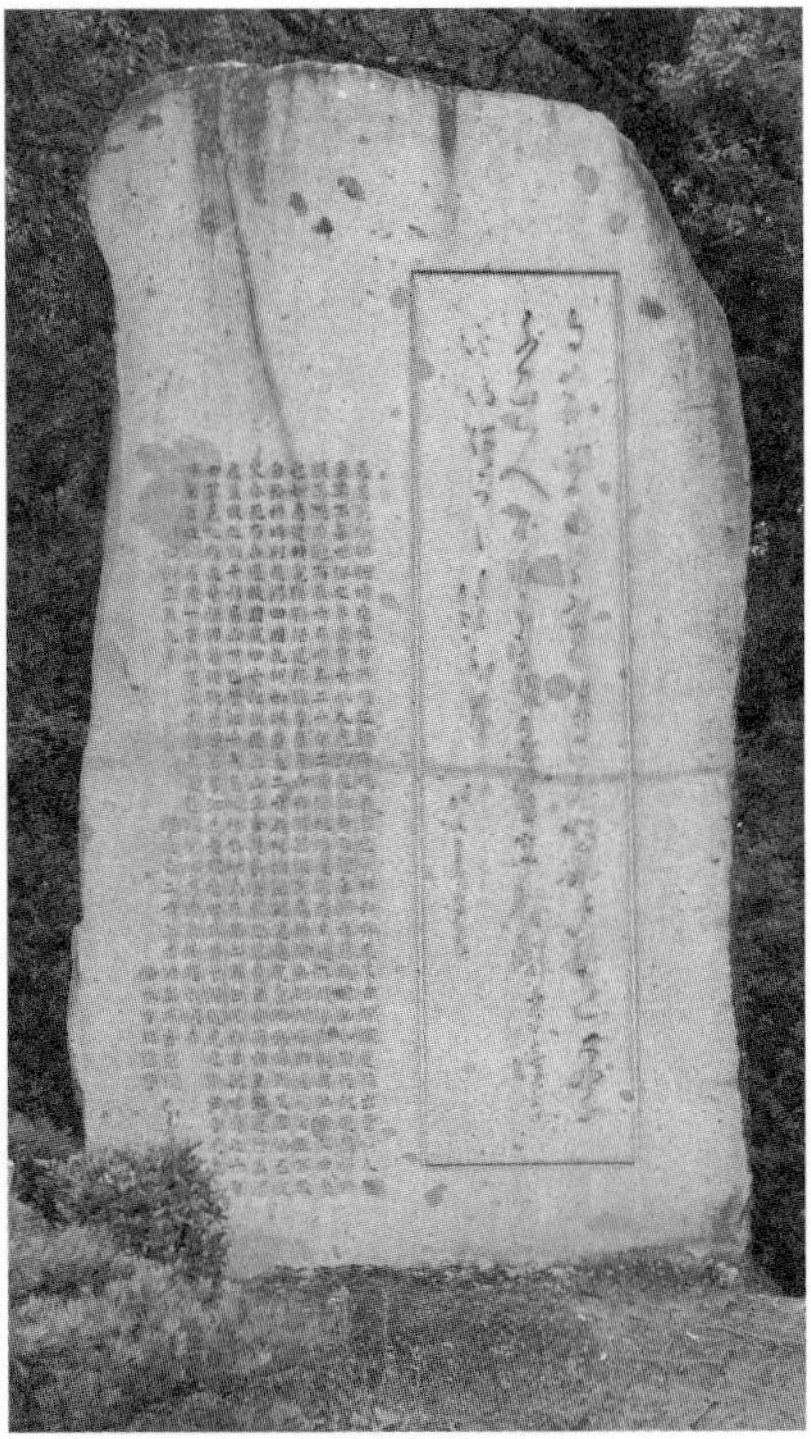

「自来円通寺」
白華展望休憩所
そばの良寛詩碑

第７番
岡寺
如意輪観世音菩薩

第４番
施福寺
十一面千手千眼観世音菩薩

第１番
青岸渡寺
如意輪観世音菩薩

第８番
長谷寺
十一面観世音菩薩

第５番
葛井寺
十一面千手千眼観世音菩薩

第２番
金剛宝寺
十一面観世音菩薩

第９番
南円堂
不空羂索観世音菩薩

第６番
南法華寺
千手観世音菩薩

第３番
粉河寺
千手千眼観世音菩薩

第10番
三室戸寺
千手観世音菩薩

第11番
上醍醐寺
准胝観世音菩薩

第12番
正法寺
千手観世音菩薩

第13番
石山寺
勅封二臂如意輪観世音菩薩

第14番
三井寺
如意輪観世音菩薩

第15番
観音寺
十一面観世音菩薩

第16番
清水寺
十一面千手千眼観世音菩薩

第17番
六波羅蜜寺
十一面観世音菩薩

第18番
頂法寺
如意輪観世音菩薩

第19番
行願寺
千手観世音菩薩

第20番
善峯寺
千手観世音菩薩

第21番
穴太寺
聖観世音菩薩

第22番
総持寺
千手十一面観世音菩薩

第23番
勝尾寺
十一面千手観世音菩薩

第24番
中山寺
十一面観世音菩薩

第25番
清水寺
十一面千手観世音菩薩

第26番
一乗寺
聖観世音菩薩

山火事用心の丸い看板
第26番そば

第27番
圓教寺
六臂如意輪観世音菩薩

第28番
成相寺
聖観世音菩薩

第29番
松尾寺
馬頭観世音菩薩

第30番
宝厳寺
千手千眼観世音菩薩

第31番
長命寺
千手十一面聖観世音菩薩

第32番
観音正寺
千手千眼観世音菩薩

第33番
華嚴寺
十一面観世音菩薩

新星浦観音堂のお砂踏みもしんどいときは白華苑の観音立像の前のお砂踏みへ。三十三か所のお砂がすべて入っているそうです。一歩上がれば、三十三か寺分の御利益が。十秒程です。

円通寺　西国三十三か所巡りがしんどいときは、白華山展望休憩所そばの新星浦観音堂へ。新星浦観音堂の周囲がお砂踏み霊場になっていて、履き物を脱いで、手すりを伝って番号順に歩けるようになっています。番号そばの石を歩きます。足の裏のマッサージにもなります、とのことです。これは1分ほどでまわれます。

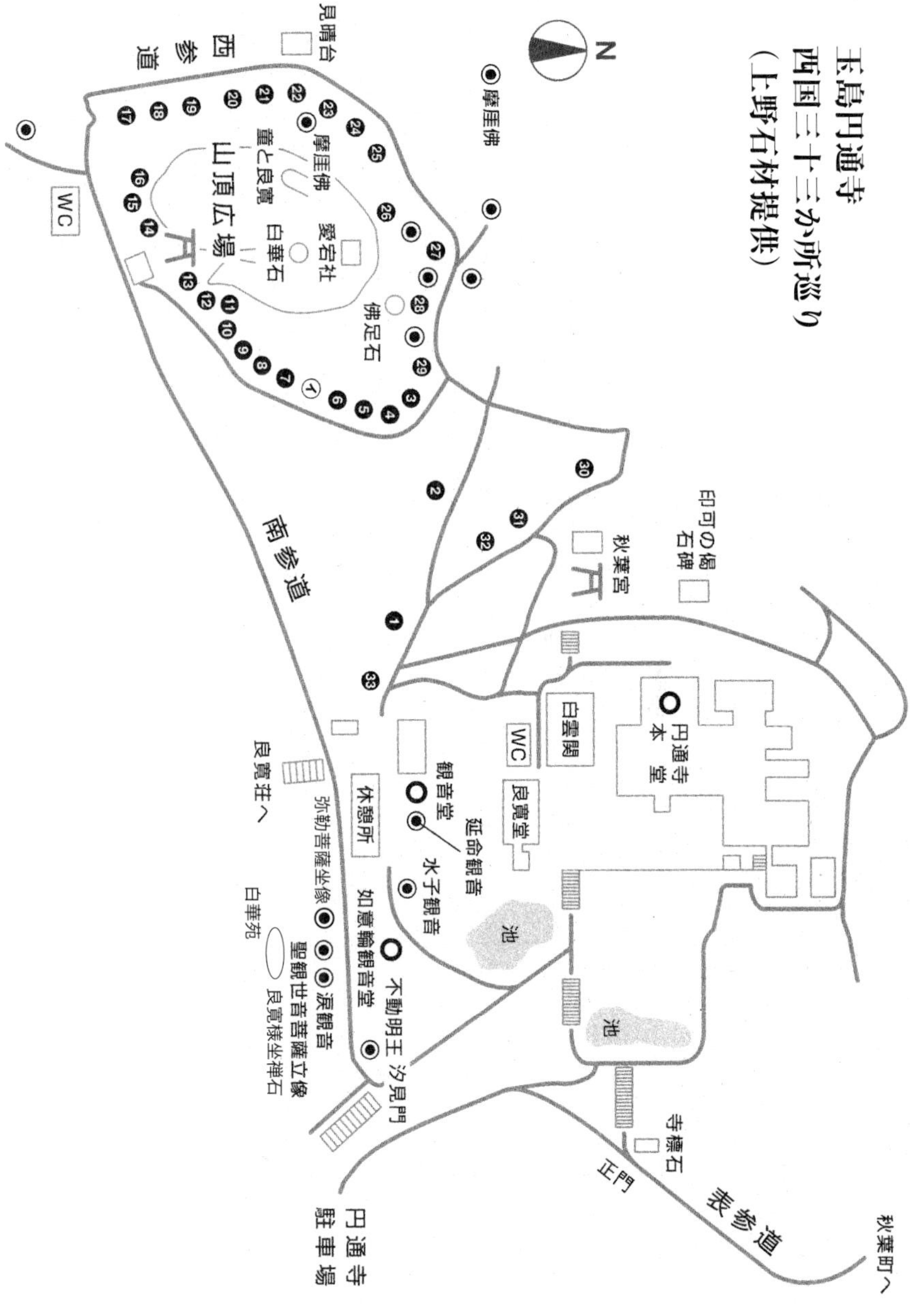

玉島円通寺
西国三十三か所巡り
（上野石材提供）

第二十三番施主 井上家について

円通寺の仁保哲明住職が、西国三十三か所巡りについて、井上家の方にお話しをお聞きになられては、とすぐにお電話をしてくださいました。お宅にお邪魔させていただき、いろいろ貴重なお話しを伺いました。ご当主 井上浩《いのうえひろし》様と奥様 井上浩子《いのうえひろこ》様は御先祖様伝来の物をとても大切にお思いでいらっしゃいます。北前船を所有していた井上家の屋号は「井出屋」で繰綿や穀物、肥などを扱っておられたそうです。北前船については玉島図書館の方が丁寧に詳しくお教え下さいました。当時、肥料の中心は北海道産のニシン粕《かす》だったようです。

初代 井上藤介恒本（享保五年（一七二〇年）～寛政六年（一七九四年））、二代 井上藤助恒定（明和四年（一七六七年）～文政七年（一八二四年））の生きておられた頃、良寛様が円通寺におられましたので、当時の方々にお会いしておられるかもしれません。嘉永元年に二十三番は建立されたようですので、三代 井上藤助恒友（寛政六年（一七九四年）～天保九年（一八三八年））以降のご当主が発願なさったのだと思われます。

「商家繁昌　中備の魁　全」(高瀬安太郎編)の
井上家の図に描かれている右端の蔵は
今もあります(写真の右端)。

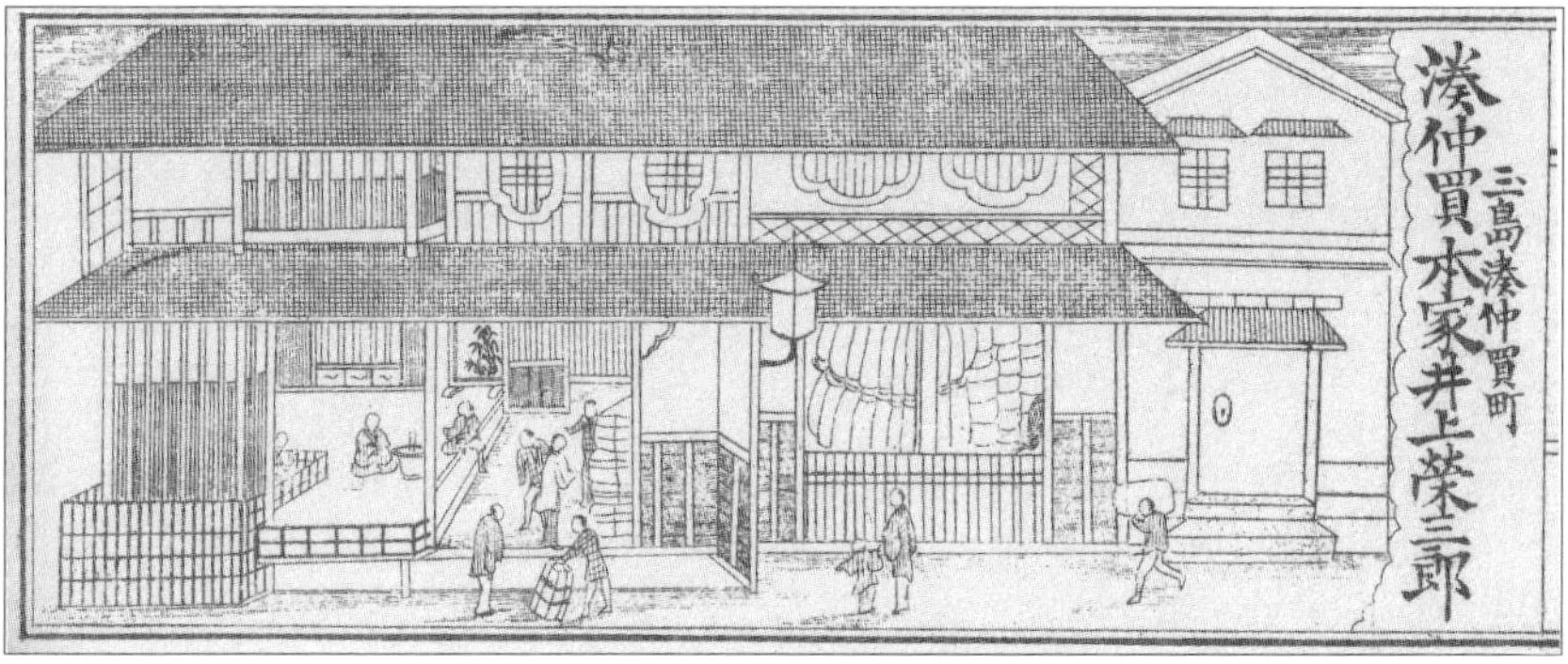

「商家繁昌　中備の魁　全」(高瀬安太郎編)〈井上家〉

これは引札(ひきふだ)と呼ばれるもので、当時の広告チラシなのだそうです。井上家は北前船を持っておられたそうです。

「北前船の里資料館」(石川県加賀市橋立町イ乙1-1)では、「萬問屋 備中玉島港中買町 井上栄三郎」とある引札が展示されています。井上様はそれをご覧になられたことがあるそうです。

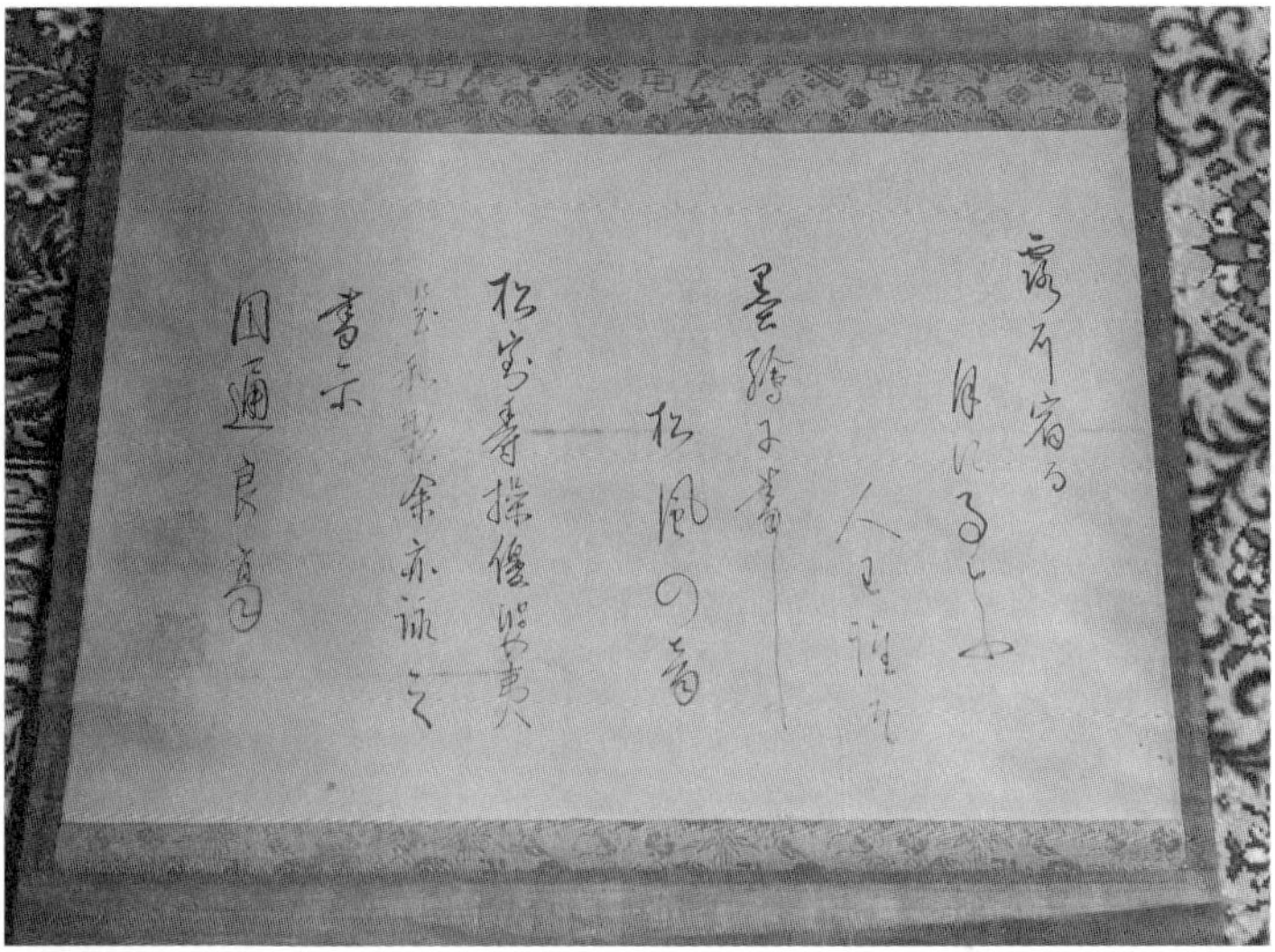

井上家に伝わる 徳翁良高和尚（円通寺 開山）の和歌のお軸（左端に「円通 良高」）。

「露《つゆ》に宿《やど》る　月《つき》に事《こと》とふ《とう》　人《ひと》わ《は》誰《た》そ　墨絵《すみえ》に書《かき》し　松風《まつかぜ》の音《おと》」（徳翁《とくおう》良高《りょうこう》和尚《おしょう》）

これは、

「心とは　いかなるものを　言ふやらん　墨絵に書きし　松風の音」（一休宗純《いっきゅうそうじゅん》）

という一首の本歌取《ほんかど》りの和歌です。

「茶の湯とは　いかなるものを　いふやらん　墨絵に書きし　松風の音」

（表千家《おもてせんけ》七代 如心斎《じょしんさい》）

という一首もあります。良寛様には、

「世の中は　何にたとへむ　水鳥の　はしふる露に　宿る月影」（『傘松道詠《さんしょうどうえい》』より）

という道元禅師の歌と一休宗純の歌を本歌取りにした五合庵時代の一首があります。

「世の中を　何にたとへむ　ぬばたまの　墨絵に描ける　小野の白雪」

（良寛 五合庵時代）

井上家に伝わる菅原道真公の画賛の軸です。紅白梅を背に、道真公が畳に座し、前に香炉があります。一文字は梅鉢紋になっています。

讃の左端には「白華林 国仙老衲《こくせんろうのう》」という文字が見え、良寛様の師、国仙和尚の書かれたものとわかります。

その一行前に天明甲辰春正月吉旦とあり、天明四年（一七八四年）の正月に書かれたものだとわかります。この頃は、良寛様が円通寺に来られて四～五年の頃です。このお軸は良寛様もご覧になったかもしれません。

良寛椿の会のホームページ

令和三年二月十八日に玉島良寛椿の会（安藤瑞子代表・家守 修治代表）のホームページが立ち上がったそうです。

「良寛椿の会」で検索なさると出てきます。おしゃれなホームページです。

いずれ、良寛椿の森を、という未来を描いておられます。

②長連寺

場　所　岡山県倉敷市船倉町《おかやまけんくらしきしふなぐらちょう》一六六六

御本尊　釈迦牟尼仏

開　創　倉敷代官　浅井作左衛門

開　山　大覚雪峰和尚　宝暦《ほうれき》年間（一七五〇年代）

中　興　大忍国仙和尚　天明《てんめい》五年（一七八五年）

御詠歌　み佛《ほとけ》に　導《みちび》かれてや　五台山《ごだいさん》

澄《す》みわたりたる　月《つき》の昇《のぼ》りき

寺　宝　大忍国仙頂像《だいにんこくせんちんぞう》

住　職　仁保清寿《にほせいじゅ》和尚

備中良寛さんこころの寺巡り・五ヶ寺《ごじ》第二番　倉敷市船倉町《くらしきしふなぐらちょう》にある五台山《ごだいさん》　長連寺《ちょうれんじ》。倉《くら》敷美観地区《しきびかんちく》にほど近くの小高い丘の上にあります。

第2番 長連寺

良寛の師 大忍国仙和尚《だいにんこくせんおしょう》により再興されたと伝えられる玉島円通寺の末寺《まつじ》で、江戸時代には代官《だいかん》の菩提寺《ぼだいじ》となっていました。

徳川家康公の御位牌を本堂内に奉安しているということです。

長連寺からは倉敷の町並みが一望できます。

今、このお寺には仁保哲明御住職のご長男様 仁保清寿《せいじゅ》和尚様がおられます。とてもおだやかに優しくお話なさる、包み込むような笑顔の方です。お粥を炊くのがお上手でいらっしゃって、いつぞや「天井粥《てんじょうがゆ》」と呼ばれるお粥の話などを楽しく聞かせて下さったことがありました。

実は、清寿和尚様は明治百年生れなのだそうです。

ご長男の 亮晴《りょうせい》様（仁保哲明住職のお孫様）は同じく円通寺境内でご幼少の頃、お見かけしたことがありましたが、数年前、「拈華微笑《ねんげみしょう》」のお話をして下さったことがありました。個人的には「あの三輪車に乗っていた男の子が、こんなお話をして下さるなんて」と、しみじみしたことがありました。そのときのたたずまいは凜としておいででした。亮晴様は長連寺が居心地が良いとおっしゃるのだそうです。

長連寺山門は「威厳《いげん》に寄り添う、やさしさが感じられる」と言われています。

長連寺へは倉敷アイビースクエア近くの小路を入って、迷いそうになりながら、ちょっと坂になったところを行き、長連寺駐車場に車を止めて、そこから少しだけ歩きます。本当にこの辺りに長連寺があるのかしら、と思いながらも階段を上がって参ります。するとほどなく門が見えてくるので、安心します。

長連寺山門
正面「五臺山」(大仙無着和尚筆)
右の柱「長連寺」(赤松月舩筆)
左の柱「備中良寛さんこころの寺 第二番」

門の正面には「五臺山《ごだいさん》」という額がかかっています。その額の左に「大仙」とありますので、玉島円通寺開山 良高和尚の法孫 大仙無着和尚の御手です。

向って右の柱には「長連寺」という文字の板がありますが、左に「舟木山主月舩」と彫られていますので、備中矢掛町横谷の「洞松寺」(備中良寛さんこころの寺巡り・五ケ寺《ごかじ》の第三番)の前住職 赤松月舩《あかまつげっせん》老師(一八九七年~一九九七年)の御筆になるものです。

向って左の柱には「備中良寛さんこころの寺 第二番」の板がかかり、そのすぐ左には

「山門《さんもん》禁《きん》葷酒《くんしゅ》」と五文字彫られた石柱が建っています。

この山門をくぐると、葷酒《くんしゅ》を禁じます、という意味ですね。葷《くん》（韮《にら》や葱《ねぎ》などの野菜）とお酒を、食べたり飲んだりしてはいけませんということです。

清寿和尚はこの門を一歩出て、何となく門の上の方をふり返ると、梁の上で雨宿りしている猫がいて、おどろいたことがあるそうです。「あの時はほんとうに驚きました」と。

長連寺は曹洞宗のお寺です。

備中矢掛町横谷にある洞松寺《とうしょうじ》の末寺《まつじ》でしたが、失火で焼失。

元禄年間（一六八八年～一七〇四年）、円通寺開祖 徳翁 良高和尚が復興を願いますが、頓挫してしまいます。

宝暦《ほうれき》十年（一七六〇年）、良高和尚の法孫《ほうそん》 大仙無着和尚が洞松寺に再び請願し、寺籍を倉敷の地に移転し、宝暦十二年（一七六二年）開創に至るも、志半ばにして、円通寺十世国仙和尚に後事を託し、遷化。

国仙和尚の尽力により、天明五年（一七八五年）、五台山 長連寺は落慶。爾来《じらい》、長連寺は倉敷地方唯一の曹洞禅寺として、また、倉敷代官の菩提寺として、代官も一般庶民も帰崇する所となり、今日に及んでいるのです。

長連寺の山門を入りますと、左手に、観音堂があります。

准胝観音様《じゅんていかんのんさま》・聖観音様《しょうかんのんさま》・十一面観音様《じゅういちめんかんのんさま》の三観音《さんかんのん》がまつられています。


清寿和尚はその廊下に、一匹の猫が土足で歩くのを見て思わず笑ってしまったそうです。観音堂の廊下は土足《どそく》禁止《きんし》です。猫には問わなくていいのですね。

また、本堂奥のふみ石に猫が坐っていて、こっちを見たのでじーっとにらめっこをしたこともあるのだとか。

庶民だけではなく、猫からも親しまれているお寺なのです。

観音堂の廊下を土足で歩く猫
（清寿和尚撮）

③洞松寺

場　所　岡山県《おかやまけん》小《お》田《だ》郡《ぐん》矢《や》掛町《かげちょう》横谷《よこだに》三七九八

山　号　舟木山《ふなきさん》

御本尊　宝冠《ほうかん》釈迦《しゃか》如来《にょらい》

開　創　猿掛城主《さるがけじょうしゅ》 庄駿河守《しょうするがのかみ》

開　山　恕仲天誾禅師　応永十九年（一四一二年）

御詠歌《ごえいか》　名《な》にしおふ　舟木《ふなき》の山《やま》の　ほらの松《まつ》
　　　　ちよのためしは　いまもふりせず

住　職　鈴木聖道《すずきせいどう》老師

備中良寛さんこころの寺巡り・五ヶ寺《ごじ》第三番は矢掛町横谷にある舟木山《ふなきさん》洞松寺《とうしょうじ》です。

遙照山《ようしょうざん》の麓、舟木谷《ふなきだに》にあります。

洞松寺の舟木山という山号は、神功皇后 朝鮮出兵の折に、兵船のための舟材を献じたこ

第3番 洞松寺

とに由来するそうです。

応永十九年（一四一二年）、喜山性讃《きさんしょうさん》禅師が猿掛城主《さるかけじょう》庄《しょう》氏の帰依を受け、この洞松寺を開創なさったそうです。

歴史に名高き猿掛城の趾は矢掛町と真備町《まびちょう》との境で小田川《おだがわ》の南にあります。洞松寺からは少し距離がありますが、どちらにしても、今はとても静かな場所です。洞松寺に六月頃伺いましたときには、鶯と時鳥の声が聞こえておりました。

先ず、「二ノ門」があり、その奥に山門があります。この山門には「蒼龍窟」と書かれた扁額が掛かっています。その門をくぐると、円を描くように建物が並んでいます。正面には「萬徳殿」という扁額の掛かった建物がありますが、「萬徳殿」とは本堂のことなのだそうです。

御住職は鈴木聖道老師です。品のおありになるお方でございます。時折、静かにニコッ

洞松寺 二ノ門

となさいます。お通し下さいましたお部屋には「無《む》一《いち》物《もつ》中《ちゅう》 無《む》尽《じん》蔵《ぞう》」のお軸が掛かっておりました。意味をお尋ね申し上げますと、「たとえば、容器にお水が一杯入っていたら、それ以上は何も入りませんが、空っぽだったら、無尽蔵に何でも入るのです」とおっしゃっておいででした。心の中もそうなのだということだと思われました。世の中がコロナ禍の未《み》曽《ぞ》有《う》の大変な時でございましたので、そのお言葉にジーンと致しました。

「はるか良寛伝」のことで取材に参りましたときには、快くお迎え下さり、なんと『独

洞松寺山門の扁額「蒼龍窟」

洞松寺本堂「萬徳殿」

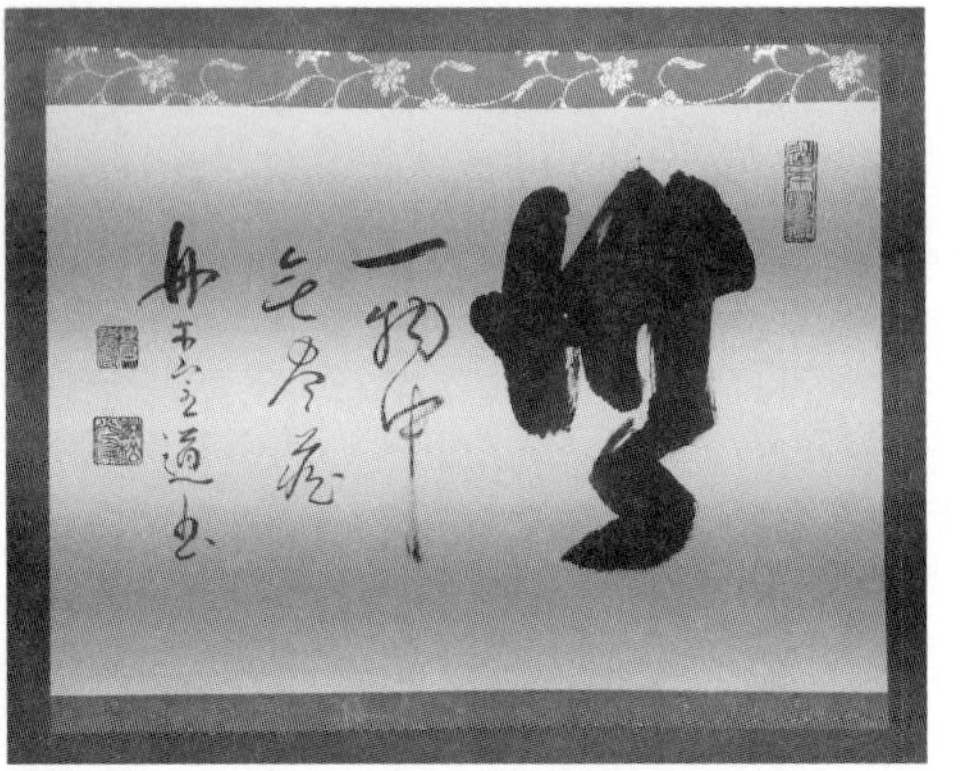

洞松寺住職　鈴木聖道老師筆
「無一物中無尽蔵」

住十四世東堂賞山覚了和尚葬儀控』を拝見させて下さったのでした。

鈴木老師は、法衣の袂からお出しになった素手で丁寧に頁をめくっておられました。

私は見ても何のことかさっぱりわかりません。

そんな私にわかりやすくゆっくりと、そこに書いてある言葉の意味をお教え下さったのでした。

この記録を読むと、どんな式が執り行われたのかがわかるのだそうです。

当日の雰囲気も。

後の方々のために記しておかれるのだと思われました。

「大愚上座」とありますが、この記録には随喜荷担した寺々の名前が記されておりまして、その参加した寺の雲水の名前をたどり、「大愚」は良寛ではないかと推測されるそうです。

他にも多く「大愚」の号を持つ僧はいらっしゃいます。円通寺にも、国仙和尚の弟子の中にも良寛のほかに「大愚」の名の雲水はいます。

この記録の時期に「上座」とつくのは、まだ得度して間がない、そんなに時が経ってない雲水のことだそうなので、「良寛」しか考えられないのだそうです。『独住十四世東堂賞山覚了和尚葬儀控』が現に洞松寺に残っているのは深い御縁があるからなのでしょう。

良寛様がこの地に足を運ばれたのではないかと思うと、うぐいすの声もほととぎすの声も、なんだか慕わしく感じられます。

私は、それがご縁なのだと思われてしかたないのです。

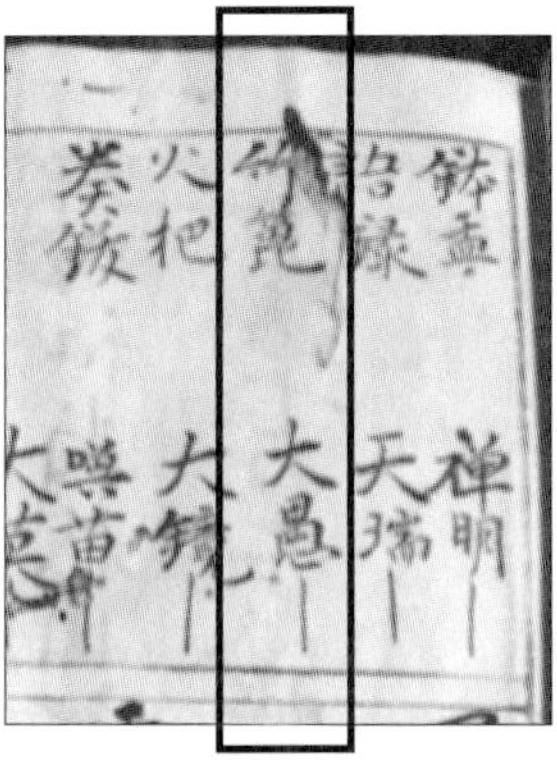

右から三行目に「竹篦　大愚―」とあります。「―」は「上座」を略しています。

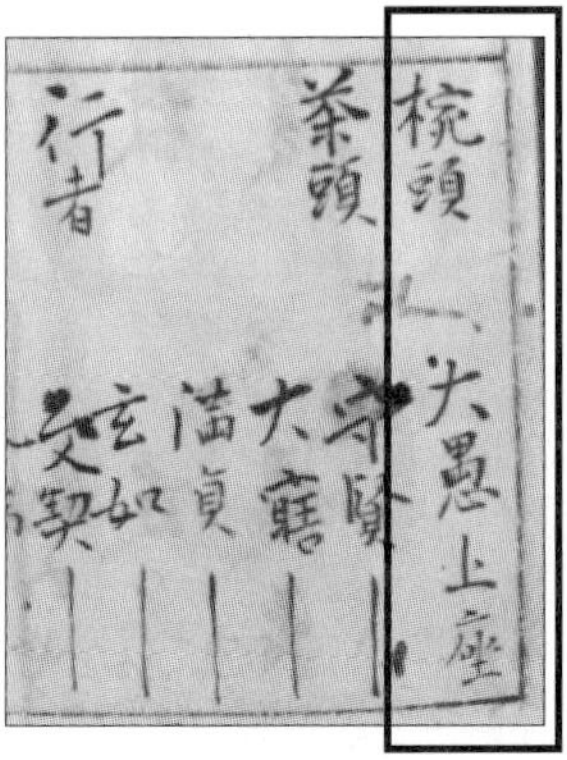

一番右端の行に「椀頭　大愚上座」とあります。

④大通寺

場　所　岡山県《おかやまけん》小田郡《おだぐん》矢掛町《やかげちょう》小林《おばやし》一八一五
山　号　高峰山《こうほうざん》
御本尊　釈迦如来《しゃかにょらい》　地蔵菩薩
開　創　東大寺 三綱 承天和尚　天平十五年（七四三年）三月
開　山　月溪良掬和尚　永享年間（一四二〇年代）
御詠歌《ごえいか》　高峰に　法の慈光《ひかり》　かがやきて　微笑む地蔵尊に
　　　　捧ぐまことを
東　堂　柴口成浩《しばぐちじょうこう》老師

備中良寛さんこころの寺巡り・五ヶ寺《ごかじ》 第四番は矢掛町小林にある高峰山大通寺《こうほうざんだいつうじ》です。
第三番の洞松寺に割と近い所にあります。
玄賓僧都《げんぴんそうづ》ゆかりのお寺であり、毛利輝元《もうりてるもと》の祈願所ともなったお寺です。そして、中西源兵衛の作り出したお庭が有名です。「三級《さんきゅう》浪高《なみたか》うして魚《うお》龍《りゅう》と化《か》す」の三段の滝があります。鯉《こい》が三段の滝を登り切ると龍になるという、鯉のぼりの起源で有名なことばの滝です。本堂の左の方にあるお部屋の窓からは立派な松が見えます。坐禅堂には大きな木魚がかかっています。大通寺の坐禅堂は二方単（踏床を用いる）などの古式の禅堂であり、岡山県最古といわれています。

成浩《じょうこう》老師は円通寺本堂の前に建つ、若き日の良寛像のモデルになられた方でございます。明るくお優しいそのままのお姿でいらっしゃいます。

円通寺本堂前の良寛像

大通寺には「分福茶釜之寺」という洞松寺先代住職 赤松月船《あかまつげっせん》和尚筆の額があります。成浩老師からお話を伺ったり、資料をコピーしていただいたりしました。

お庭が立派で、いつも、成浩老師が丁寧にご説明下さいますが、お庭の見える廊下のところに、手水鉢があるのですが、これがハート型なのです。花びらの形なのかもしれませんが、とてもおしゃれです。古い石のようです。

洞松寺に現住職が来られるまでの間、洞松寺のものを近くにかわしておられたとき、古文書に「大愚」とあり、良寛様が洞松寺で一週間ほど、お役をお勤めになられたことがわかり、それが山陽新聞に紹介されました。そのときの記事を銅版になさっておられます。それも拝見させていただきました。

山陽新聞

若き良寛さん　葬儀で配膳、洗濯係？

記録文書に道号「大愚」

岡山・矢掛　洞松寺

修行時代知る史料の可能性

いろいろ拝見させていただいた中で意外で驚いたのは「古池蛙飛込水音」と彫られた石碑とその拓本（軸）でした。一七四四年に芭蕉五十回忌追善供養碑として建碑されていますので、良寛様は修行時代にご覧になっておられることでございましょう。そう思うだけでも心が弾んだことでした。

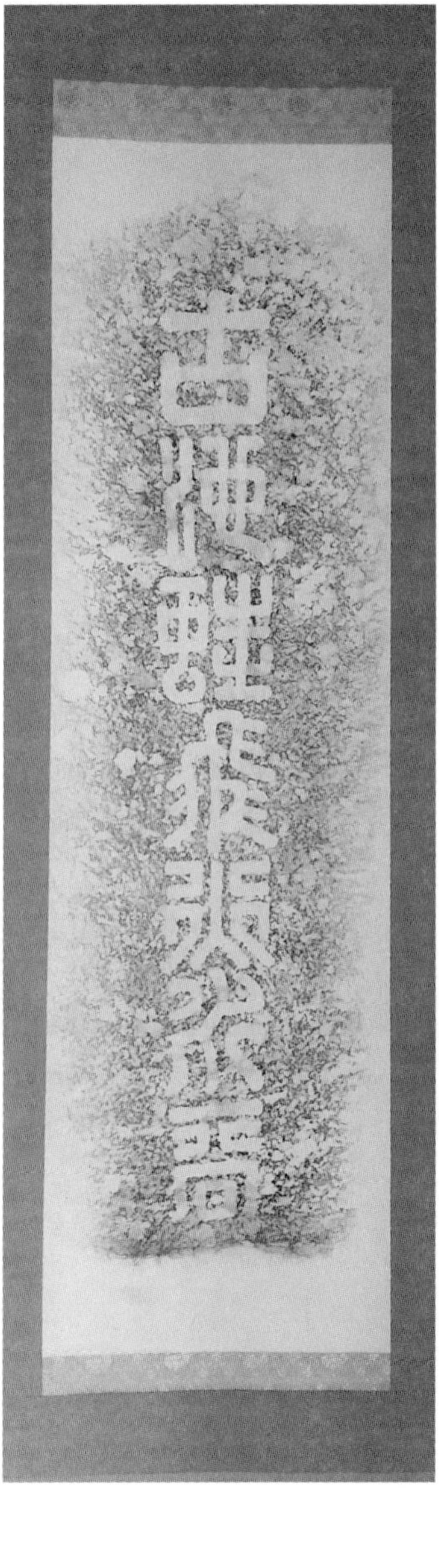

大通寺仁王門を入ってすぐ左手に建てられた石碑。
「掃除《そうじ》は創寺《そうじ》にして創自《そうじ》なり」と書いてあります。

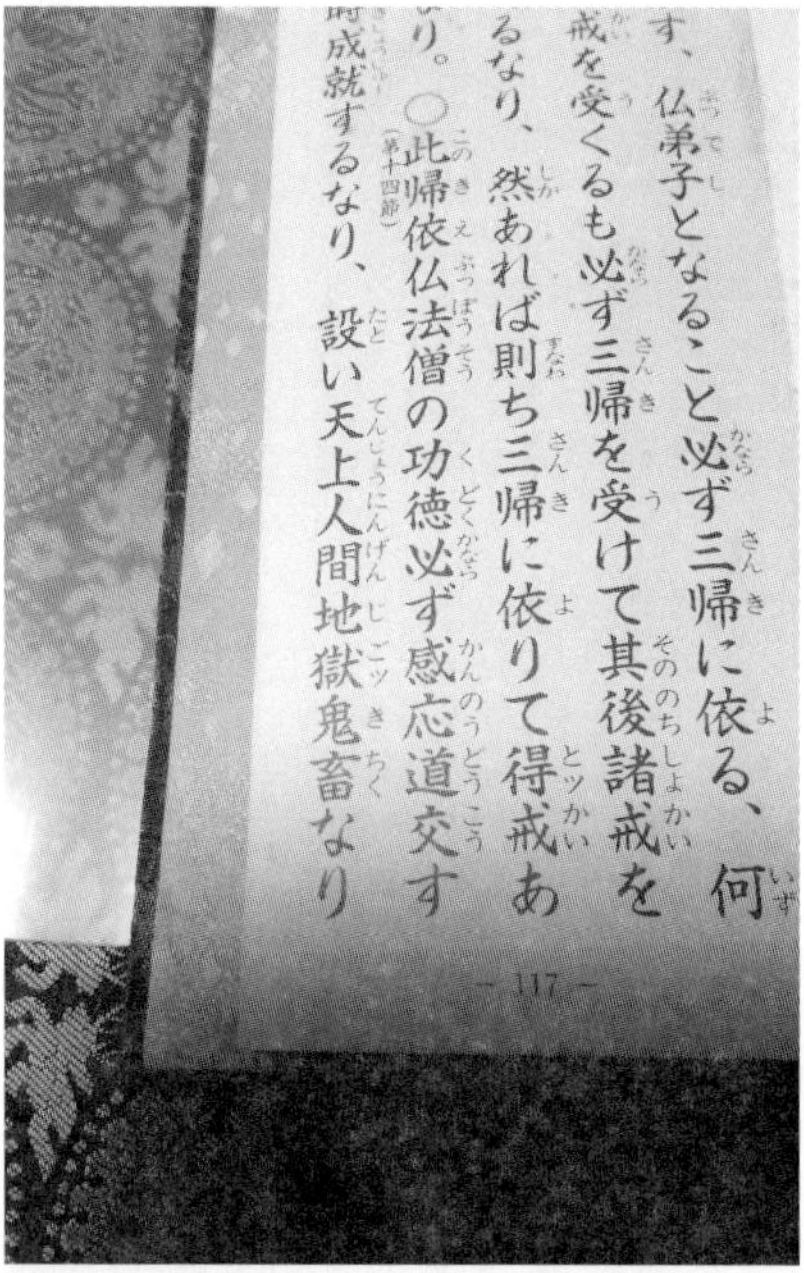

成浩和尚が長年お使いの経折本です。所々に灰がついています。「感応道交する時成就するなり」と書いてあります（「修証義」）。深く思っておられたから「大愚」と書かれた洞松寺の古文書に出会われたのですね、と成浩和尚はある方から言われたそうです。まさに、感応道交ですね、と。

大通寺の駐車場そばの塀は長いので有名です。本堂の前の塀も長いです。ある方に成浩和尚が「この塀は岡山県で一番長いのだそうです」とおっしゃった時、「へぇ」と言われたとか。
成浩和尚がにこっと笑ってお話下さいました。

大通寺門前にある茶筌塚の石碑

「笠置の松」跡地の立て看板

⑤長川寺

場　所　岡山県《おかやまけん》浅口市《あさぐちし》鴨方町《かもがたちょう》鴨方《かもがた》三八七

山　号　清瀧山《せいりゅうざん》

御本尊　釈迦如来

開　基　近江守　西山源五郎宗久《にしやまげんごろうそうきゅう》（源三位頼政《げんさんみよりまさ》の末裔《まつえい》）（正中二年（一三二五年）頃）

開　山　英巌章傑《えいがんしょうけつ》和尚（大本山《だいほんざん》總持寺《そうじじ》輪住《りんじゅう》七十三世・井原市《いばらし》西江原《にしえばら》永祥寺《えいしょうじ》三世）

御詠歌　清瀧《きよたき》や　長《なが》き川瀬《かわせ》に　澄《す》む月《つき》は　御代《みよ》の仏《ほとけ》の　光《ひかり》なるらん

住　職　吉川龍眞《りゅうしん》和尚

備中良寛さんこころの寺巡り・五ヶ寺《ごかじ》第五番は鴨方の清瀧山《せいりゅうさん》長川寺《ちょうせんじ》です。

源三位頼政の末裔、金光占見西山城主、近江守西山源五郎宗久（正眼院殿 華庭栄公大居

士・正中二年（一三二五年）歿）を開基とする古刹です。

禅寺としては、応永十九年（一四一二年）に曹洞宗 大本山 總持寺 住職の英巌章傑《えいがんしょうけつ》和尚が開かれました。

当山は室町幕府の成立・発展に大きく寄与した名門細川氏の備中国における拠点の一つとして整備され、この地を治めた細川家の菩提寺として、今日に至っています。

長川寺の寺紋である五七の桐も、細川家が室町幕府から賜っ

山門へ渡る石橋

山門前にある「禁葷酒」の石碑

長川寺の扁額（月舟筆）

た由緒あるものです。

特に戦国時代の浅口郡を統治した細川通董公との因縁は深く、その子孫が長府藩家老として転封した後も、長川寺は支援を受け続けました。

現在も細川通董公の墓所や肖像画が文化財として現存しています。

当山と武家との交流は江戸時代を通して続き、この地が鴨方藩に帰属すると、歴代住職は岡山在住の藩主に年始の挨拶を行うことが慣例になりました。

また当山十一世独秀鷟雄和尚は玉島円通寺の開創に尽力し、この御縁から長川寺開山像を安置するにあたって、円通寺開山の徳翁良高和尚から祝いの法語を賜っています。

さらに記録によると毎年正月の四日には、年始の挨拶として円通寺から僧侶が遣わされていた事が判明しています。これらの事実は年分行持等において近隣寺院の相互協力が当時からの慣習であった証でしょう。そしてそれは良寛さんが一修行僧として研鑽を積んでいた時代も例外ではなかったと推測されます。

良寛さんと長川寺 十六世　明道心光和尚（天明六年（一七八六年）一月七日寂）や、十七世　天麟慈明和尚（天明五年（一七八五年）晋住）が相まみえた機会は少なくなかったのかもしれません。

記録には良寛様のことは書かれていませんが、お寺同士の交流があったので、良寛様も何度も足を運ばれたことと思われる、ということです。

長川寺は由緒のあるお寺様ですが、おおらかな気風を感じます。

現在の東堂様もゆったりとした方です。

「ゆるり良寛さん」の初出版の折、御挨拶にお伺い申し上げました時には、吉川正明《きっかわしょうみょう》東堂様は九十歳になられるとのことでした。まさに和顔愛語の方で、時折お腹から笑うお姿は近くに居るだけでこちらも楽しくなるのです。

お寺には「良寛文庫」を設けておられ、その中に私の「ゆるり良寛さん」をお加えくださっているとのこと、長川寺の寺報《じほう》「長川寺だより」その感想と共に掲載してくださいました。

今回の「はるか良寛伝」の取材には住職様がご対応下さいました。

今の住職は吉川龍眞和尚です。

お若く、真っ直ぐな方です。

「梅湯茶礼」や「西山拙斎」などの話は龍眞和尚から教え導いていただきました。

清瀧、実は今は長川寺では瀧は流れていません。

「良寛様がここへ来られていた頃は、すでに瀧はもう枯れていたのでしょうか」と尋ねますと、しばらくして、

「流れていたと思います」とお答え下さいました。

大正六年生れのお檀家さんが子供の頃に、その方のおばあちゃんから聞いたという話なのだそうです。長川寺のうらのあたりに、昔は瀧があったと。

清瀧の音を聴いていたそのおばあちゃんは、おそらく江戸時代か明治時代の方なので、その頃までは瀧があったということです。でも、大正六年生まれの方が子供の頃にはすでに枯れていたからこそ、

「昔はなぁ、長川寺様のうらのへんに瀧があったんよ」とお話しされていたはずです。

でも、心の中に瀧の音は響き続けているのです。

願いが代々受け継がれて行く、その証しとして。

私はその音を清いと思いました。そんな長川寺です。

巻末附録（備中《びっちゅう》での玄賓僧都伝承）

① 廣大山《こうだいさん》　臍帯寺《ほそおじ》（行基菩薩開基）

岡山県 高梁市《たかはしし》 有漢町《うかんちょう》 上有漢《かみうかん》 長代《ながしろ》　九四〇番地

玄賓僧都の臍帯《へそのお》がおさめられたお寺です。臍帯自体は今はありません。

院家様《いんげさま》の大本一学和尚がお話して下さいました。奥様も御応対下さいました。

廣大山山門

臍帯寺山門の
扁額「廣大山」

行基井戸と呼ばれる苔むすところ灯籠の奥に鍾乳洞の入口があります。以前はもっと小さい穴だったとか（臍帯寺住職談話）

②湯川寺《とうせんじ》（定光寺末寺）

岡山県 新見市《にいみし》 土橋《つちはし》 寺内《てらうち》二一五五番地

湯川《ゆかわ》という地域にある無住のお寺です。今は、定光寺の末寺です。

玄賓僧都は実は、定光寺を開基したのち、湯川寺を開基なさったという説もあるそうです。

定光寺の山号「巨龍山」の扁額　月舟宗胡筆

③巨《こ》龍《りゅう》山《さん》 定《じょう》光《こう》寺《じ》（玄賓僧都開基）

岡山県 高梁市 中井町 西方三七四番地

照《てる》田《た》峰《ほう》玄《げん》住職様がお話しして下さいました。猫のみゃー住職様も時折お顔をのぞけて下さいました。

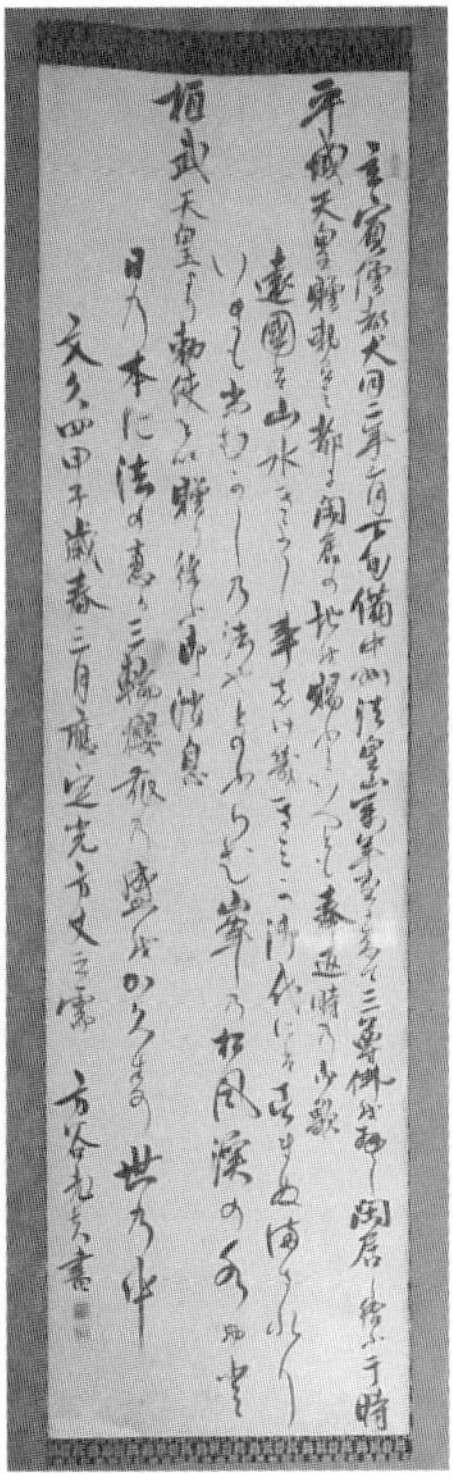

山田方谷の山田家は定光寺が菩提寺なのだそうで、「天下太平」と方谷が四歳の時に板額に書いたという建物も残っています。玄賓僧都が天皇より賜った「法皇山 萬年堂」のことなどを山田方谷は書いています。

（玄賓僧都についての軸 山田方谷筆 定光寺蔵）

④伝医山《でんいさん》 四王寺《しおうじ》（玄賓僧都開基）

岡山県 新見市《にいみし》 哲西町《てつせいちょう》 大野部《おおのべ》一七六七番地

四王寺に行く途中、若山牧水の歌碑を見に行きました。

「幾山河《いくやまかわ》 こえさりゆかば さびしさのはてなむ国《くに》ぞ けふ《きょう》も旅《たび》ゆく 牧水《ぼくすい》」と彫られた石碑がありました。

石碑

「幾山河 こえさりゆかば さびしさの
はてなむ国ぞ けふも旅ゆく 牧水」

四王寺に着きますと、突然の訪問にもかかわりませず、吉田壮佑《よしだそうゆう》副住職ご夫妻が丁寧に御応対して下さいました。真言宗のお話しなどもなさって下さいました（仁王門やちょうちんらい、など）。

また、三月のお彼岸に伺いました時には、御住職の吉田宥正《ゆうしょう》和尚様もお話し下さいまし

四王寺の仁王門

左右に仁王様がそれぞれおわします

た。四王寺 本堂の両界曼陀羅《りょうかいまんだら》は周りに蟹《かに》とか獅子《しし》とか牛の絵などが描かれています。それぞれ蟹座、獅子座、牡牛座のことで、「星座が描かれているのですよ」とお教え下さいました。

玄賓僧都の「和」の逸話の石碑が境内に建っていますが、宥正《ゆうしょう》和尚様の先代様も宥正《ゆうしょう》和尚様に「和」の一字を残されたのだそうです。

代々、「和」が大切に伝えられてきたという四王寺です。

⑤龍華山《りゅうげざん》　大椿寺《だいちんじ》（玄賓僧都開基）

岡山県　新見市《にいみし》　哲多町《てったちょう》　花木《はなぎ》四六四九番地

鷲山晃道《わしやまこうどう》住職様がお話し下さいました。夕方に突然お邪魔してしまいましたにもかかわりませず、いろいろお教え下さいました。

玄賓僧都の像を拝見させていただきました。上には扁額があり、なんと円通寺二十七世活禅和尚の筆になるものでした。

大椿寺のつくばね

大椿寺のホームページの写真

大椿寺の寺紋「吾唯足知」の図

（鷲山晃道住職撮）

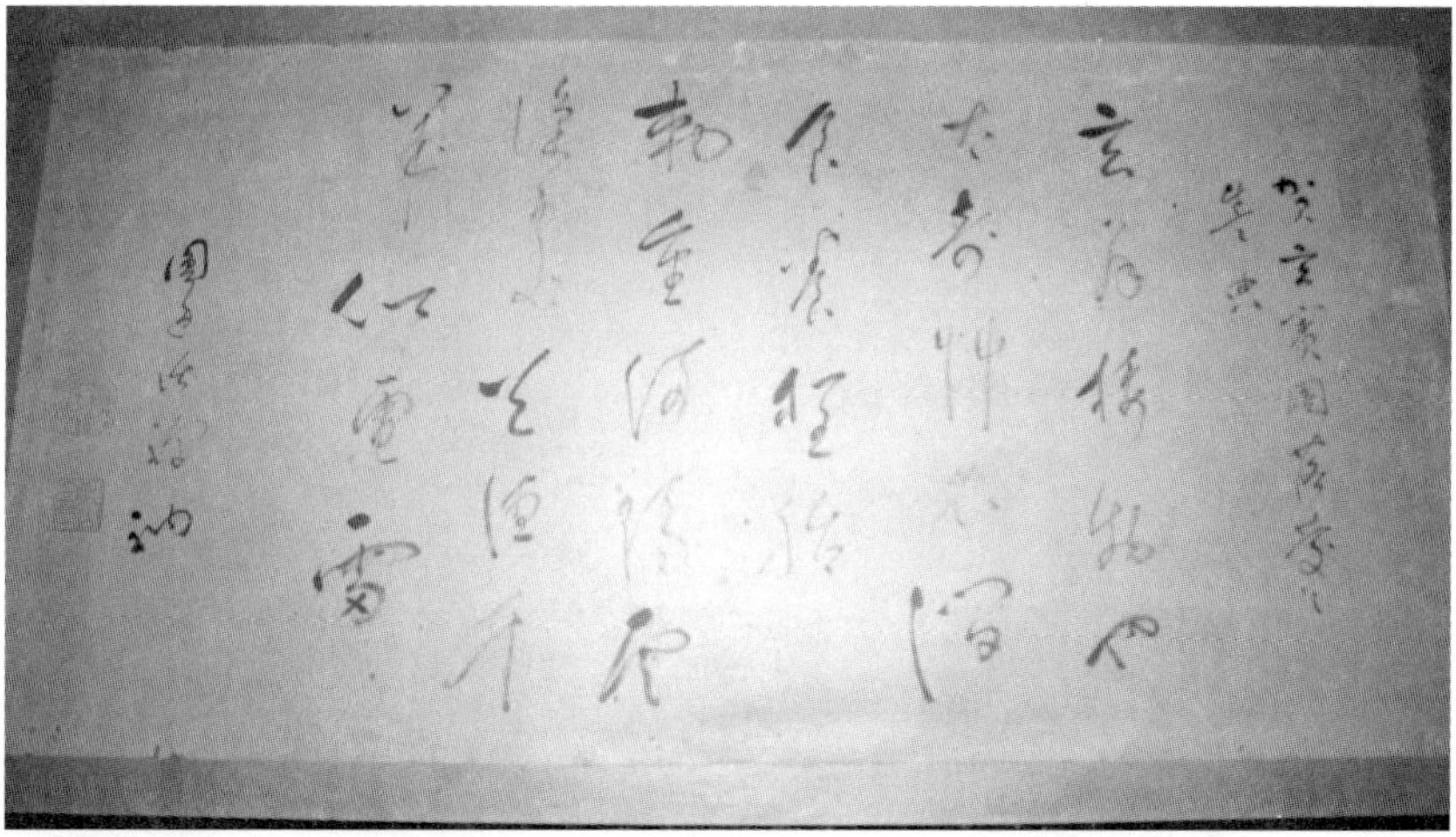

円通寺　27世 活禅和尚の筆になる額

玄賓僧都像が安位されている玄賓堂(位牌堂)完成を祝うお言葉が書かれています。

(鷲山晃道住職撮)

⑥千光山《せんこうざん》 松林寺《しょうりんじ》（深耕寺末寺）

岡山県 高梁市《たかはしし》 落合町《おちあいちょう》 近似《ちかのり》一〇八一番地

松林寺は深耕寺の末寺ですので、深耕寺へ伺いました。松林寺からさらに奥へ奥へと車で参りました。

和久野《わくの》賢正《けんせい》住職様と奥様がご応対下さいました。立派なお寺でした。

「玄賓跡地」の石碑
車で坂を上がっていく途中にあります

松林寺近くのバス停

松林寺に掛かっていた板。
「心月輪」と描いてあります。
（筆者撮）

松林寺の建物（筆者撮）

瑞源山 深耕寺の山門

⑦玄《げん》賓《ぴん》庵《あん》跡《あと》（大通寺末）・倉《くら》見《み》池《いけ》・山《やま》野《の》神《じん》社《じゃ》・僧《そう》都《ず》橋《ばし》など

大通寺東堂 柴口成浩和尚様がご案内下さいました。
矢掛の「山野神社」「倉見池」「僧都橋」「五輪塔」を車で先導して下さいました。

山野神社
玄賓僧都が祀られています。山の上にひっそり建っています。八幡様のすぐうしろです。車が一台、やっと通れる道を上へ上へとあがって行きました。向こうの山々の稜線と同じような高さでした。

倉見池です。山を上へ上へと車であがりました。車を止めたところの道を挟んで反対側に何か建物があるので、成浩和尚に尋ねますと、「牧場です」とお答えになられました。「倉見池はこちらです」と反対側に奥へと歩き、そこは写真のような景色が広がっていました。こんな山の上にこんな大きな池が、と呆然としました。鶯が鳴きましたので、ふり返ると、竹林がありました。私にとって今年の初音でございました。その鶯の声に和するように、牛の鳴き声が聞こえてきました。
丑年に牛の声が……。ありがたいご縁でした。

成浩和尚は良寛様がお立ち寄りになられたという毘沙門堂にも車で先導下さいました。

玄賓僧都の五輪塔です。僧都橋のそばに建っています。
成浩和尚はこの五輪塔に着くなり、お経をお唱えなさり、いつの間にご用意なさっておられたのか、灯をともしたお線香をあげておられ、我々にもあげまささせて下さいました。

良寛様がお立ち寄りになられ、書も残っていたという矢掛の毘沙門堂です。その書は残念ながら今はもう無いそうです。現在は「市場公会堂」となっているそうです。

成浩和尚は「修行の実践高僧　玄賓僧都」を発行なさった武井浄司《たけいしょうじ》先生にお電話してくださり、お会いする機会を得ました。僧都橋の近く、僧都という地区の隣の方の下小林《しもおばやし》にお住まいです。井原市立小学校長、井原市立図書館長、矢掛公民館長を歴任された武井先生は玄賓僧都 示寂一二〇〇年となる平成三〇年に「修行の実践高僧　玄賓僧都」を発行なさいました。

武井先生は私に「玄賓　「袈裟掛」の由来」（芝村哲三著）をお貸しくださいましたが、その中に、松尾芭蕉が玄賓僧都のことを詠んだ句「針立《はりたて》の　玄賓僧都《げんぴんそうず》　見《み》まはれて　青」（「武蔵十歌仙（正しくは、江戸十歌仙）」『旅《たび》ぎせる三唫《さんぎん》』より）が紹介されていました。調べてみましたら、『折口信夫《おりくちしのぶ》全集』第十巻（昭和三十一年中央公論社刊）に載っていました。江東区芭蕉記念館（東京都江東区常盤一―六―三）（深川《ふかがわ》の芭蕉庵跡付近）の斉藤照徳《さいとうあきのり》様に電話でこのことについてお聞きいたしますと、たしかに芭蕉の詠んだ句だということでした。

巻末附録（本文に出てきたその他のお寺）

①法悟山 妙泉寺《みょうせんじ》（日蓮宗）（岡山県 小田郡 矢掛町
横谷 一二六三）

御守護神 葛城大尊天・大弁才天

以前からずっとお世話になっている妙泉寺 住職
谷口妙道上人は女性住職でいらっしゃいます。「不求自得」の色紙を揮毫していただいたことがありました。

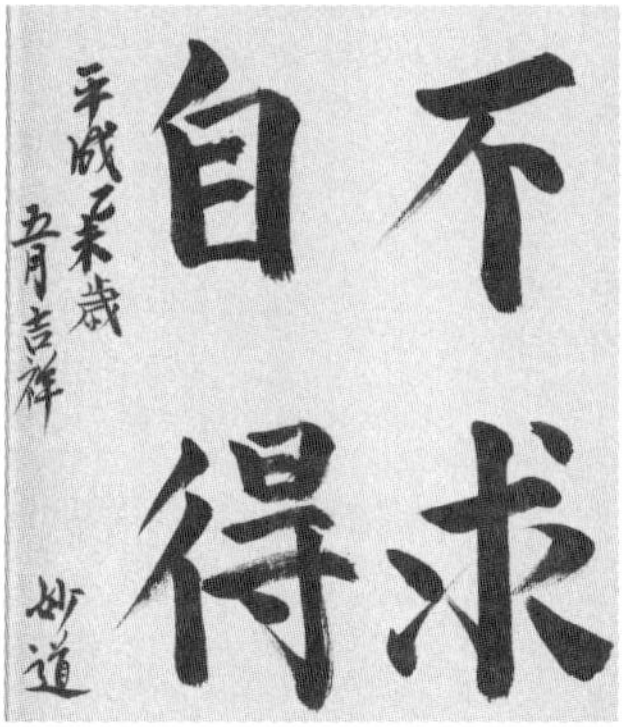

②大日山《だいにちさん》　観照寺《かんしょうじ》（真言宗《しんごんしゅう》　御室派《おむろは》）（岡山県小田郡 矢掛町 横谷三六六三）

井上《いのうえ》智雄《ちゆう》住職ご夫妻が楽しくお話しくださいました。

近くの洞松寺の現住職　鈴木聖道《すずきせいどう》老師の御祖父様が以前、観照寺の御住職だったことがあるそうです。つながっています、と知雄住職はおっしゃいました。

妙泉寺の現住職 谷口妙道上人の弟様（仏師の谷口宣剛《せんごう》様）が以前、観照寺の御本尊 大日如来座像（木像）を修復なさっておられ、ご縁を感じます。

観照寺　臥竜梅の写真の絵葉書
樹齢200年を超す臥竜梅は二本に見えますが、一本の木なのだそうです。一度地面について、もう一度上に拈り上がっている、非常に珍しい臥竜梅です。
ピンク色の八重咲きの梅です。

③神遊山《じんゆうざん》　圀勝寺《こくしょうじ》（高野山真言宗《こうやさんしんごんしゅう》）（岡山県小田郡矢掛町東《ひがし》三成《みなり》一三四四）

圀勝寺は樹齢三二〇年という立派な八重の椿で有名です。花の色は赤色です。吉田《よしだ》　宥禪《ゆうぜん》住職は圀勝寺と四王山《しおうざん》　多聞寺《たもんじ》を兼務されているそうです。多聞寺へ参りました折には、住職ご夫妻と先代奥様がお話して下さいました。

巻末附録（貞心尼自筆「蓮の露」より）

良寛様最後の弟子、貞心尼は、良寛様遷化の四年後、『蓮の露』を記しました。「雁島《がんじま》なる稲川惟清翁《いながわこれきよおう》の書《かき》そへ《え》しこと葉《ば》」（あとがき）で結ばれていますが、このあとがきは稲川惟清《いながわこれきよ》の文章を貞心尼が筆で書いています。その中に「僧都玄賓のあとをおひ」とあるのですが、新潟県では玄賓僧都はあまり知られていないようですので、良寛様が新潟に帰ったあと、身近な方々にお話ししていらしたのだろうと思われます。

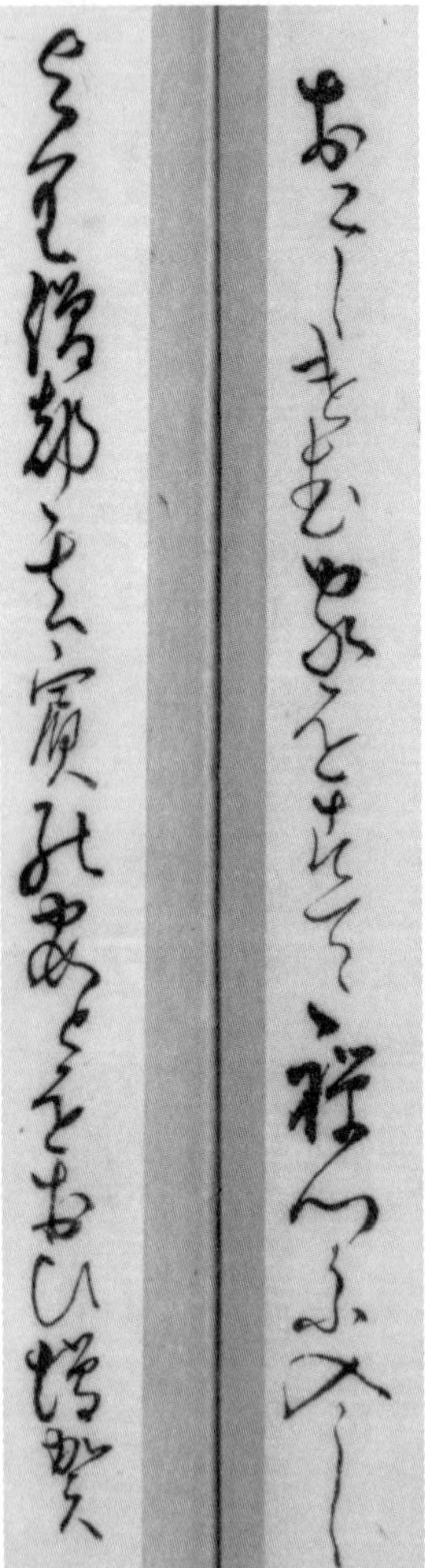

「禅門に入しより僧都玄賓のあとをおひ」とあります。
（貞心尼筆「蓮の露」（柏崎市立図書館蔵）より）

「蓮の露」の命名者 山田静里翁《やまだせいりおう》は貞心尼の歌の友であったようです。

「蓮の露」という言葉は「蓮葉《はちすば》の にごりに染《し》まぬ 心もて なにかは露を 玉とあざむく」(『古今和歌集』巻第三・夏歌・一六五番・僧正遍照)の詞書《ことばがき》に「蓮《はちす》の露《つゆ》を見《み》て詠《よ》める」とあるのでこの歌を響かせているのでございましょう。

清少納言の書いた『枕草子』「菩提といふ寺に」の章段にも「蓮の露」は「法華八講《ほっけはっこう》」の意味で出てきます。「法華経」の講説が行われる法会のことです。

紫式部の書いた『源氏物語』にも「蓮の露」という言葉は出て来ます。第三十五帖「若菜下《わかな》」の中で三十九歳の紫の上《むらさきうえ》(女性主人公)が光源氏(四十七歳)に詠む和歌に、第四十帖「御法《みのり》」の中で、光源氏(五十一歳)が四十三歳でみまかった紫の上を思い、出家する決意の心の中にそれぞれ出てくる言葉です。いずれも紫の上と光源氏の世界で使われている言葉なのです。

嘉永四年(一八五一年)、山田静里翁《やまだせいりおう》などによって「不求庵《ふぐあん》」が五十四歳の貞心尼のために建てられました。そこは貞心尼にとって終の棲家となったそうです。この「不求庵」は山田静里翁《やまだせいりおう》が付けた庵名で、「不求自得《ふぐじとく》」という言葉からとったのだそうです。実は、「不《ふ》求自得《ぐじとく》」は以前に出合ったことのある言葉でございました。岡山県の矢掛 横谷の妙泉寺の谷口妙道上人（女性住職でいらっしゃいます）が「無上宝聚《むじょうほうじゅ》　不求自得《ふぐじとく》」（『法華経《ほけきょう》』「信《しん》解品第四《げほんだいよん》」より）という言葉を御師僧様からよく聞かれたそうで、無上の宝が求めなくても、自然に得られるという意味なのだそうです。不思議な出会いのご縁にも「不求自得」を近く深く感じております。

実は、貞心尼自筆の短冊が円通寺に所蔵されています。これも不思議なご縁でございますね。

巻末附録（河井継之助と玉島）

河井継之助は、山田方谷に師事するため、岡山県高梁市に来られました。武家宿「花屋」や方谷の出掛かり屋敷「水車」に宿泊したりして、二ヵ月ほど山田方谷に学んでいた継之助は山田方谷が江戸に出立したのを機に、西国を見聞します。玉島にやってきたときには「児島屋」に一泊し、円通寺にあがり、讃岐富士などを眺めたり、石の上に座って休んだりしています。

その時のようすは継之助自筆日記「塵壺」に書かれています。

「現代語訳　塵壺　河井継之助記—蒼龍への熱き想い—」の著者 竹村保先生に電話でいろいろ教えていただきました。

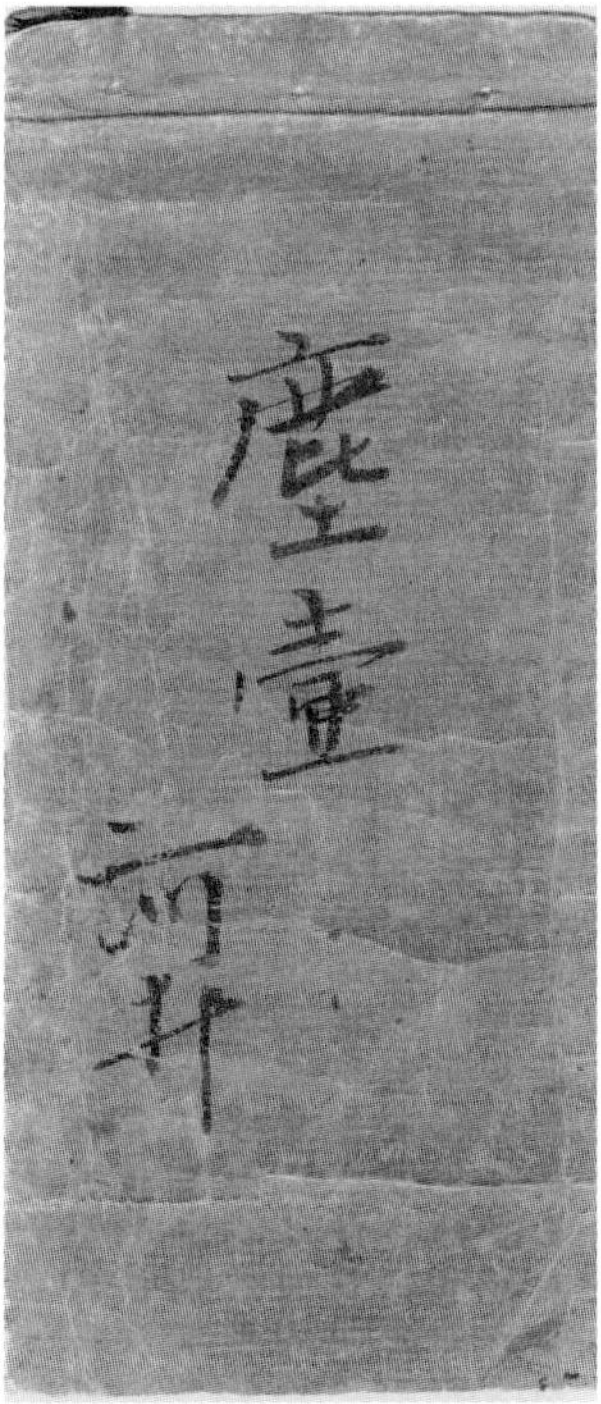

塵壺　表紙（長岡市立中央図書館所蔵）

佐藤一斎筆「盡己」
（山田方谷への餞）山田家蔵
（高梁山田方谷記念館にもレプリカ
が展示されていました）

山田方谷肖像
平木政次筆
山田家蔵

「水車」（旧 備中 松山藩 御茶屋跡）
高梁市奥万田町
そばに吉備国際大学があります

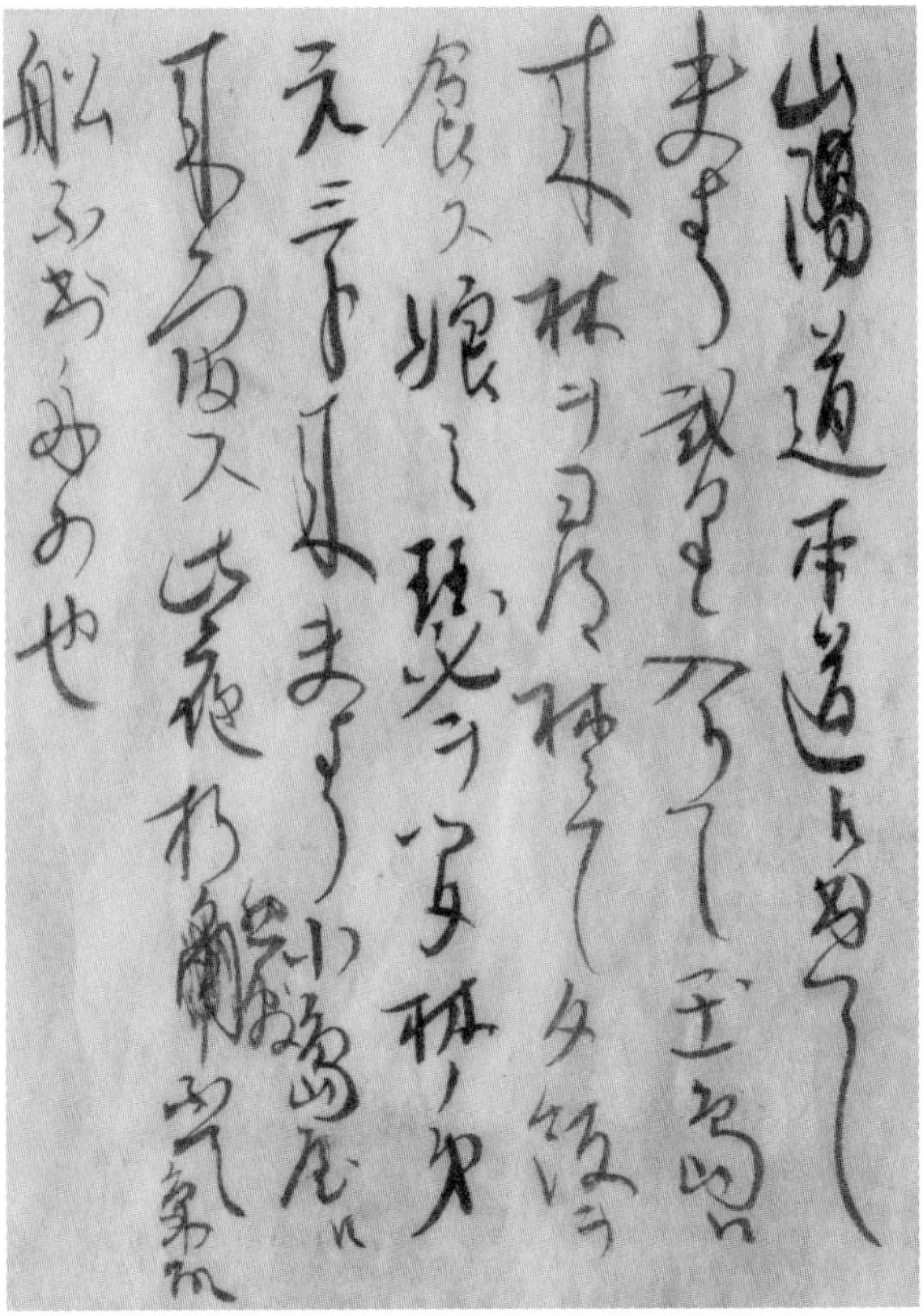

「塵壺」九月十八日より
五行目に「小島屋（児島屋）」と
あります。継之助は一泊しています。
（「塵壺」長岡市立中央図書館所蔵より）

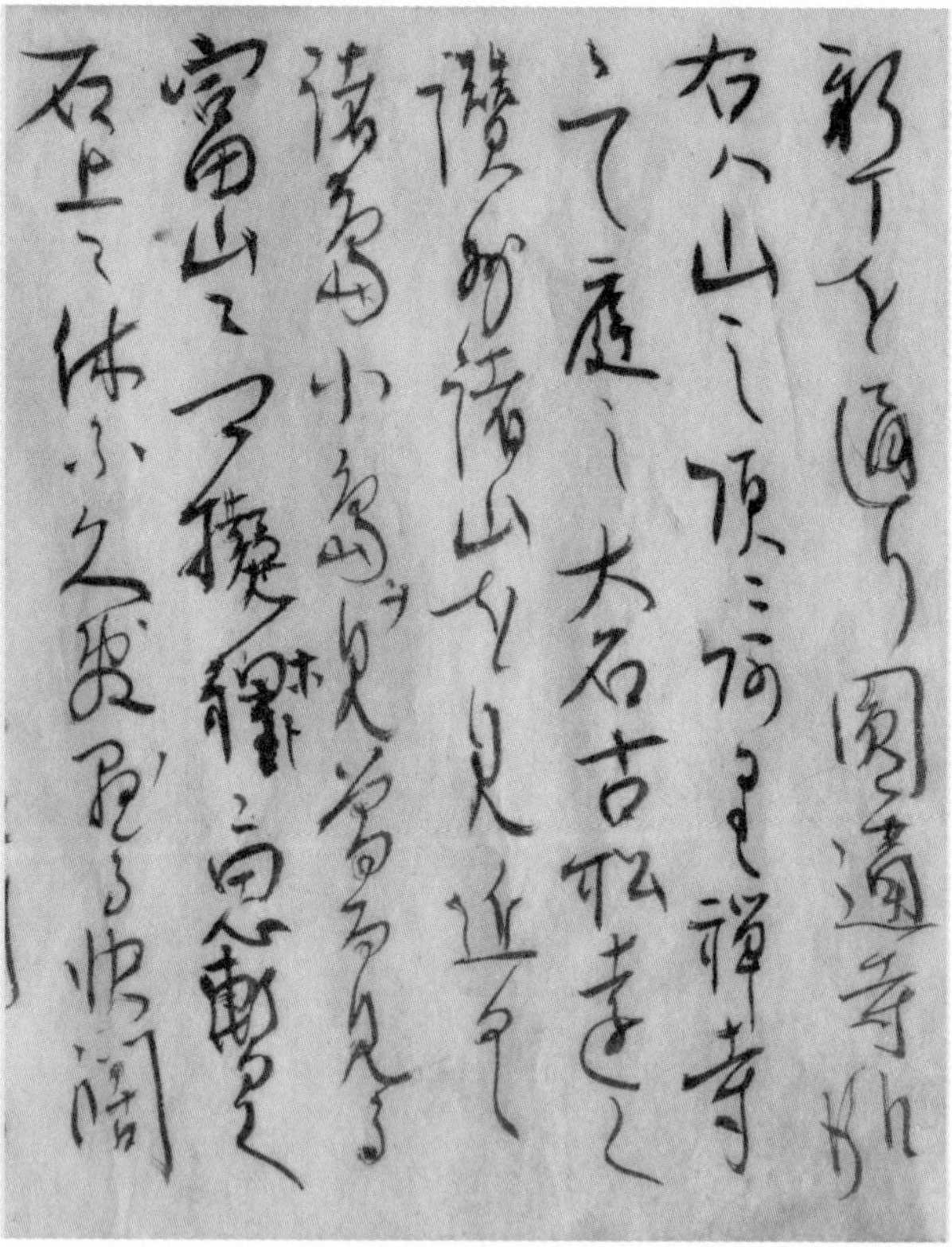

「塵壺」九月十九日より
一行目に「圓通寺」、四行目に「讃州諸山」、
六行目に「富士山」、七行目に「石上に休ふ」とあります。
（「塵壺」長岡市立中央図書館所蔵より）

NPO法人 備中玉島観光ガイド協会の
西 廣行代表 が下さった備中綿の花
備中綿で玉島が繁栄しました
日本遺産には北前船の寄港地として玉島が、
一輪の綿花から始まる倉敷物語として備中綿
が認定されました。

「倉敷・過去・現在Ⅱ』(内田錬太郎著)124頁
「81.玉島港」(昭和24年11月撮影)
雁木《がんぎ》(船着場の階段)のある向こう側の建物で、
一番右が「児島屋」跡。

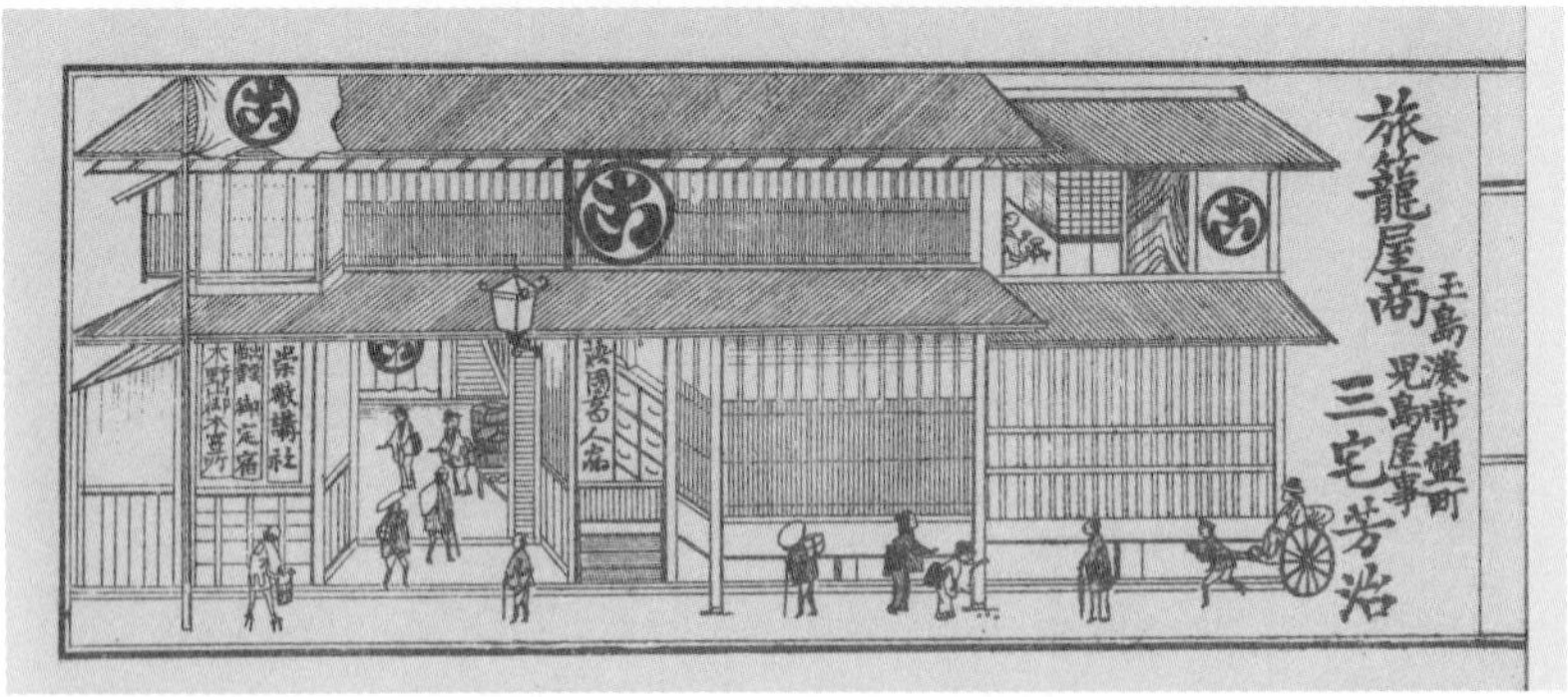

「商家繁昌　中備の魁 他 全」(高瀬安太郎編)
〈十六頁裏(玉島湊常盤町 旅籠屋商 児島屋事 三宅芳治)〉

NPO法人 備中玉島観光ガイド協会の
西廣行代表撮の児島屋の建物の写真
今はもうこの建物はありません

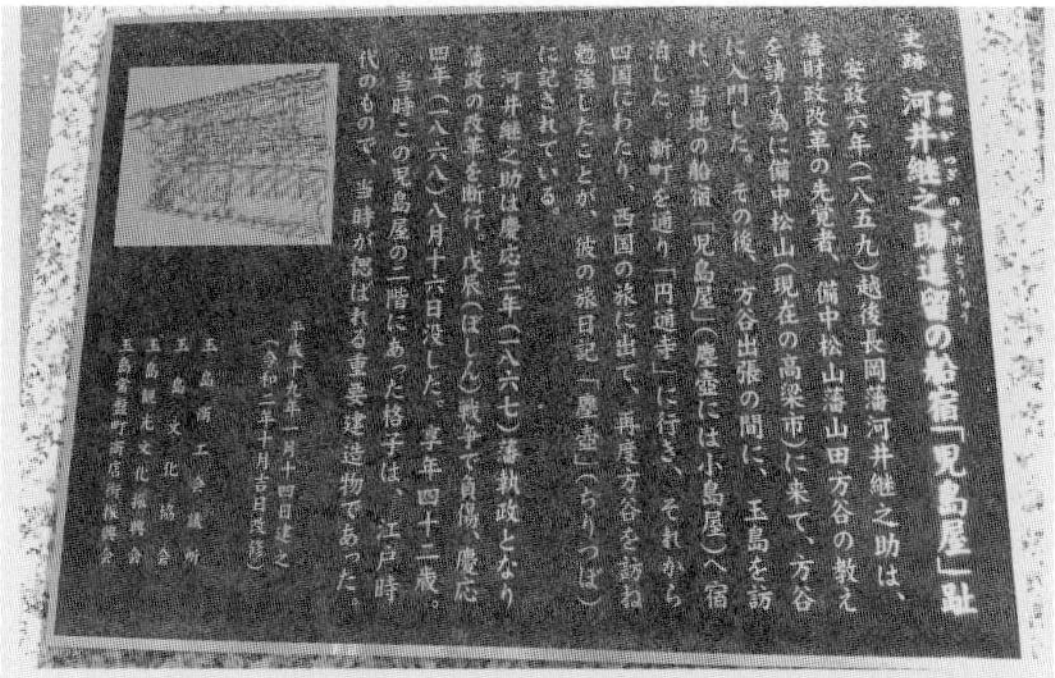

史跡 河井継之助逗留の船宿「児島屋」趾
この石碑、実はうちのご近所にあります
（同じ町内です）。

昭和26年9月に円通寺山上から撮られた写真の一部　讃岐富士が映っている
「倉敷・過去・現在Ⅱ」(内田錬太郎氏撮)127頁

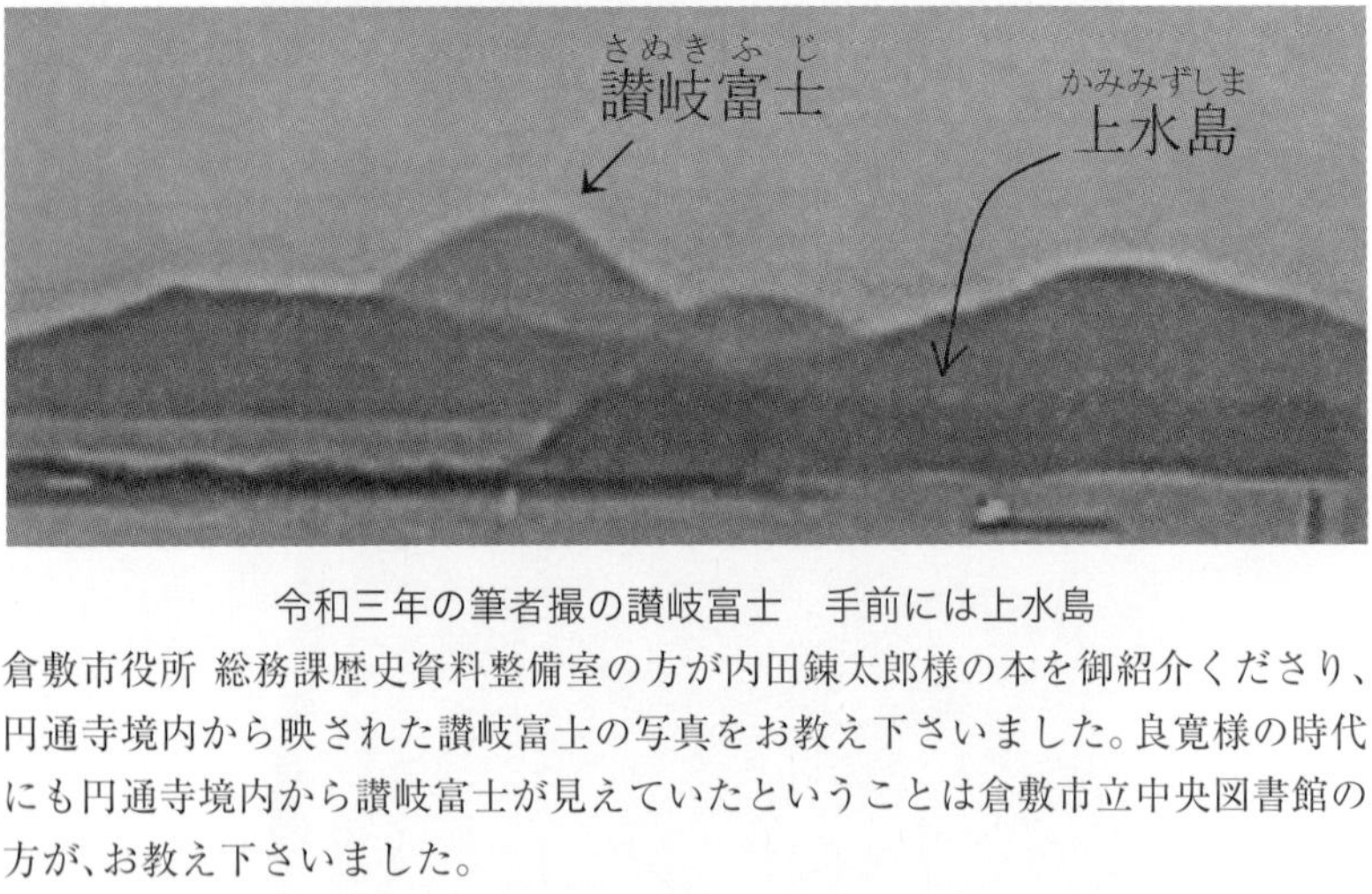

令和三年の筆者撮の讃岐富士　手前には上水島

倉敷市役所 総務課歴史資料整備室の方が内田錬太郎様の本を御紹介くださり、円通寺境内から映された讃岐富士の写真をお教え下さいました。良寛様の時代にも円通寺境内から讃岐富士が見えていたということは倉敷市立中央図書館の方が、お教え下さいました。

参考資料

「圓通寺」円通寺発行

「良寛修行と円通寺」岡山県良寛会編集　萌友出版発行

「たましま　歴史百景」玉島テレビ放送株式会社著作・制作　萌友出版発行

「若き良寛の肖像」小島正芳著　考古堂書店発行

「良寛―その人と書〈五合庵時代〉」小島正芳著　考古堂書店発行

「良寛―人と書芸術の完成」小島正芳著　考古堂書店発行

「良寛の生涯と母の愛」小島正芳著・発行

「保内郷《ほないごう》の良寛さん」小島正芳著　椿の森倶楽部発行

「校注　良寛全句集〈新装版〉」谷川敏朗著　春秋社発行

「校注　良寛全歌集〈新装版〉」谷川敏朗著　春秋社発行

「校注　良寛全詩集〈新装版〉」谷川敏朗著　春秋社発行

「良寛墨蹟大観　第一巻」良寛書　中央公論美術出版発行

「良寛墨蹟大観　第二巻」良寛書　中央公論美術出版発行

「良寛墨蹟大観　第三巻」良寛書　中央公論美術出版発行

「良寛墨蹟大観　第四巻」良寛書　中央公論美術出版発行

「良寛墨蹟大観　第五巻」良寛書　中央公論美術出版発行

「良寛墨蹟大観　第六巻」良寛書　中央公論美術出版発行

「良寛字典」駒井鵞静編著　雄山閣出版発行

「正法眼蔵」四　増谷　文夫全訳注　株式会社講談社発行

「正法眼蔵随聞記」懐奘編　和辻哲郎校訂　岩波文庫発行

「方丈記　徒然草　正法眼蔵随聞記　歎異抄」小学館発行

「岩波　仏教辞典」　株式会社岩波書店発行

「行基の時代」金達寿著　朝日新聞社発行

「行基　菩薩とよばれた僧」岳真也著　株式会社KADOKAWA発行

「大忍国仙禅師伝　大愚良寛禅師伝」矢吹活禅著　円通寺白雲会発行

「良寛～逸話でつづる生涯～」安藤英男著　すずき出版刊

「大愚良寛」相馬御風著　考古堂書店発行

「備中良寛さんこころの寺」津田さち子著　備中良寛さんこころの寺発行

「良寛　逸話いろいろ　良寛さんってどんな人」一般財団法人 良寛会発行

「補陀洛山圓通寺　圓通寺物語」南一平作画　補陀洛山圓通寺発行

「西來徳翁高和尚年譜」門人　白龍　良英　良機等　輯録
「曹洞宗全書 史伝 下」曹洞宗全書刊行会出版
「葛の松原」野盤子支考著　井筒や庄兵衛出版（刊年不明）
「葛の松原」各務支考著　桃葉菴蓁々出版（文政三年　一八二〇年）
「おくのほそ道」松尾芭蕉著　寺町 井筒屋庄兵衛出版（江戸中期）
「100分de名著 松尾芭蕉『おくのほそ道』」二〇一三年一〇月　NHK出版発行
「隠徳のひじり 玄賓僧都の伝説」原田信之著 法藏館
「発心集」上　浅見和彦・伊東玉美注釈　鴨長明著　角川ソフィア文庫発行
「発心集」下　浅見和彦・伊東玉美注釈　鴨長明著　角川ソフィア文庫発行
「新潮日本古典集成　方丈記　発心集」三木紀人校注　鴨長明著　新潮社発行
「新編　日本古典文学全集　十九　和漢朗詠集」菅野禮行校注　小学館発行
「新編　日本古典文学全集　二　萬葉集　巻第五～巻第九」小学館発行
「玄賓説話と和歌」新間水緒著
「二十一代集　十一　續古今和歌集 下」ケンブリッジ大学付属図書館蔵
「古今著聞集」橘成季著　有朋堂書店出版
「修行の実践高僧　玄賓僧都」武井浄司著　平成三〇年四月二〇日発行
「三輪」廿四世 観世左近訂正著作　檜書店発行
「県広報誌　おかやま」昭和四十九年二月一日号「大通寺のカンス」（稲田和子著）
「備中地方における坐禅堂の歴 史」柴口成浩筆　曹洞宗総合研究センター　学術大会紀要（第十七回）二〇一六年 七月
「備中円通寺修業時代の良寛和尚の一考察」柴口成浩筆　曹洞宗総合研究センター　学術大会紀要（第十五回）二〇一四年 七月
「書断」張懐瓘撰（唐時代）
「書指」伝湯臨初著（明時代）
「再現日本史　原始・奈良⑤」講談社発行
「再現日本史　原始・奈良⑥」講談社発行
「再現日本史　原始・奈良⑦」講談社発行
「再現日本史　原始・奈良⑧」講談社発行
「再現日本史　原始・奈良⑨」講談社発行
「再現日本史　原始・奈良⑩」講談社発行
「再現日本史　平安①」講談社発行
「再現日本史　平安②」講談社発行

「新釈漢文大系 十六　古文真宝《こぶんしんぽう》（後集）」明治書院刊
「偉僧 玄賓僧都」宮田正悦著　松林寺刊
「実践　虚空蔵菩薩求聞持法」白日孔著　八幡書店出版刊
「旅《たび》ハ風雅《ふうが》の花《はな》 旅客 五老井許六」石川柊著　朱鳥社刊
「繪本西遊記」誠光堂　池田屋清吉刊
「繪本西遊全傳」法木書屋刊
「頓悟漸修論と『西遊記』―『西遊証道大奇書』の観点―」荒木見悟著　妙心寺
「100分de名著　維摩経」釈徹宗著　NHK出版刊
「蓮の露」貞心尼筆（復刻）　考古堂発行
「良寛と貞心尼」（新装版）　加藤僖一著　考古堂発行
「塵壺」河井継之助著
「現代語訳 塵壺 河井継之助記―蒼龍への熱き想い―」竹村保訳　雑草出版発行
「塵壺　河井継之助日記」安藤英男校注　平凡社発行
「小説河井継之助」童門冬二著　東洋経済新報社発行
「峠　上」司馬遼太郎著　新潮文庫発行
「峠　中」司馬遼太郎著　新潮文庫発行
「峠　下」司馬遼太郎著　新潮文庫発行
「山田方谷全集　第一册」山田準編集　明徳出版社発行
「山田方谷全集　第二册」山田準編集　明徳出版社発行
「山田方谷全集　第三册」山田準編集　明徳出版社発行
「備讃瀬戸西部　W137B」海上保安庁　日本水路協会発行
「ゼンリン住宅地図岡山県倉敷市　3」ゼンリン発行
「新潟県人物小伝　良寛」加藤僖一著　新潟日報事業社発行
「新潟県人物小伝　河井継之助」稲川明雄著　新潟日報事業社発行
「解良栄重筆　良寛禅師奇話」加藤僖一著　考古堂書店発行
「倉敷・過去・現在Ⅱ」内田錬太郎著・出版
「商家繁昌　中備の魁　全」高瀬安太郎編・出版
「長川寺由緒記」吉川正明編　清滝山 長川寺発行
「西山拙斎先生の面影」岡山県浅口郡鴨方町教育委員会発行
「関西の孔子 西山拙斎」朝森要著　鴨方町発行
「良寛修行と玉島」玉島良寛研究会編　考古堂発行
「新装版 図説 禪のすべて」鈴木大拙監修　木耳社発行

「良寛だより」一六三号「良寛を訪ねて＝十二＝　生家を通り過ぎ郷本に」（文・吉井清一）全国良寛会発行

「良寛だより」一七一号「良寛を訪ねて＝二〇＝　索索五合庵㊦」（文・吉井清一）全国良寛会発行

「ゆるり良寛さん～玉島円通寺のゆかり～」器楽堂ゆう子著　考古堂書店発行

「うたた良寛伝～玉島円通寺物語～」器楽堂ゆう子著　考古堂書店発行

「聞き書き集　やかげ」第６号　やかげ聞き書き人の会発行

「玄賓《げんぴん》「袈裟掛《けさかけ》」の由来」芝村哲三著　吉備人出版

「折口信夫《おりくちしのぶ》全集」第十巻 武蔵十歌仙『旅《たび》ぎせる三唫《さんぎん》』中央公論社発行

「新砥村郷土誌《あらとそんきょうどし》」岡山県新砥村郷土史編纂委員会発行

「新編　日本古典文学全集　枕草子」小学館発行

「新編　日本古典文学全集　源氏物語四」小学館発行

「花鳥餘情《かちょうよせい》」一条兼良《いちじょうかねら》著

「湖月抄《こげつしょう》」若菜上《わかなじょう》　北村季吟《きたむらきぎん》著　村上勘左衛門《むらかみかんざえもん》出版

「巨龍山　定光寺」超山峰玄・尾﨑久志・脇坂正吉著　巨龍山　定光寺を後世に伝える会発行

「大椿寺　弥勒だより　第10号」龍華山　大椿寺発行

「絵物語　玉島の良寛さん」画 宮尾清一・文 倉敷市小学校社会科教育研究会・玉島ライオンズ発行

絵の模写先

「貞心尼肖像」照阿《しょうあ》上人筆　新潟県 極楽寺蔵

「襖絵《ふすまえ》　雲龍図《うんりゅうず》」海北友松《かいほうゆうしょう》筆　重要文化財　京都 建仁寺《けんにんじ》蔵

「寒江独釣図《かんこうどくちょうず》」伝馬遠《ばえん》筆　南宋時代　重要文化財　東京国立博物館蔵

「飛行三鈷杵《ひぎょうさんこしょ》（金銅三鈷杵《こんどうさんこしょ》）」重要文化財　高野山《こうやさん》 金剛峯寺《こんごうぶじ》蔵

「つくばね」新見市指定天然記念物　写真　龍華山 大椿寺のホームページより

「備中名所圖會《びっちゅうめいしょずえ》　三」の「備中名勝考《びっちゅうめいしょうこう》　下　十」湯川の絵

「吾唯足知」大椿寺の寺紋の写真　大椿寺住職撮

「西來徳翁高和尚年譜」徳翁良高和尚の絵　東川寺蔵

「絵本西遊記《えほんさいゆうき》」「悟空到須祖師之門《ごくうすそしのもんにいたる》」誠光堂　池田屋清吉発行

「西王母《せいおうぼ》」狩野探幽《かのうたんゆう》筆　東京国立博物館蔵

「心月輪」解良家伝来

【著者紹介】

器楽堂　ゆう子

昭和51年、玉島 銀座商店街（常盤町）に生まれ育ち、同地で暮らす。

初の著書「ゆるり良寛さん～玉島円通寺のゆかり～」で第22回日本自費出版文化賞　特別賞受賞。

二冊目の著書「うたた良寛伝～玉島円通寺物語～」を令和３年１月20日に上梓。


【挿絵】

器楽堂　康子

玉島 道口に生まれ育つ。

現在 玉島 銀座商店街（常盤町）器楽堂老舗 七代目。

良寛さんの絵を描いていた玉島の宮尾　清一は父。

著者の母。

「うたた良寛伝～玉島円通寺物語～」で挿画を担当。

【挿絵】

宮尾　清一

大正４年生まれ。著者の母方の祖父。玉島 道口で暮らした。

中央美術学園卒。郡山三郎に師事。

昭和17年より昭和47年迄教職に在り倉敷市立上成小学校教頭を最後に退職。

中央美術協会委員。

日本美術選賞・アートワールド賞受賞。

短歌と墨彩画作品集出版の他数多くの個展を開いた。

NTTよりの依頼により、テレホンカードに良寛の画をデザインし市販された。

創立四十周年を迎えた玉島ライオンズクラブが記念事業として、絵物語「玉島の良寛さん」を制作したとき、絵を担当した。この本は社会科の副読本として倉敷市内の全小学校などに配布された。また、英語に訳された本もある。現在この原画は倉敷中央図書館に寄贈されている。

はるか良寛伝 ～玉島円通寺から備中の寺々へ～

2021年6月1日　発行

著　者　　器楽堂ゆう子

発　行　　株式会社 考古堂書店

〒951-8063　新潟市中央区古町通4

TEL.025-229-4058（出版部直通）

印　刷　　株式会社玉島活版所

ISBN978-4-87499-893-9　C0015　¥2000E